中外著名江河史传丛书

蔡桂林 著

天下在河上

中国运河史传

华东师范大学出版社

谨以此书献给中华人民共和国成立 70 周年

中外著名江河史传丛书

杭州电子科技大学融媒体与主题出版研究院　组编

主　编

韩建民　任文京

编辑委员会

陈梧桐　蔡桂林　陈名杰　王　焰　韩建民

张俊玲　龚海燕　黄诗韵　黄劲草　李雪铭

李　婷　卢　锟　祁文娟　肖　真

总 序

韩建民　任文京

　　《中外著名江河史传丛书》是一套以中外著名江河为"传主"，以跨学科视野系统呈现中外著名江河历史发展的传记体丛书。这些"传主"有些是天然河流，有些是人工河流，但它们都在历史进程中与人类的发展有着普遍而深刻的联系，重新认识和理解它们也即重新认识和理解人类自身发展的历史。

　　江河孕育了人类文明。许多江河被人们称作"母亲河"，如黄河之于华夏文明，尼罗河之于古埃及文明，幼发拉底河与底格里斯河之于古巴比伦文明，恒河之于古印度文明等。江河的历史比人类的历史要早，河流和民族的发展与兴盛息息相关。江河支撑着有机生命体，也支撑着人类社会，承载和积累了很多智慧和文化。许多国家的发展都离不开其背后河流的支撑与催化，例如德国的莱茵河、英国的泰晤士河、法国的塞纳河，等等。这些河流的历史往往也是其所在国家历史的缩影。

　　江河是流动的，所以它本身就承载了信息的交流、文化的交流，更带来了许多统一和融合的东西。直到今天，水运依然是重要的货运方式，我们的经济带依然是按照江河来命名的。中国的南北运河不仅曾是南北物资的集散通道，还对中华文明的统一起了很大的作用，运河的兴盛与繁荣也积累了大量的风俗雅趣、历史故事和深层文化。运河的历史也正是运河两岸人们的生活史。

江河都是连心的，江河都是连亲的。江河有源头，有入海口。从源头到入海口的路途中，江河往往跨越许多国家和地区，因而常常被人为切分，不同的河段拥有不同的名字。然而，当我们给江河著史立传时，它被纳入整体的视野中，得以被全面地认识和理解。发源于中国的澜沧江到了越南成了湄公河——这条河在不同国家至少有三个以上的称呼。类似地，西欧第一大河莱茵河有1000多公里，流经多个国家。当我们为这些跨越多个国家的河流做整体研究时，全景的视角会让我们对它们有一个全新的认识，这有助于唤起不同国家人们的人类命运共同体意识。因此，这套图书的出版对于国际上形成人类命运共同体是有促进意义的。

回到中国传统文化观念的世界，可以发现那些自然存在的江河、湖泊并不完全是自然的存在，也是人类生活的榜样。人们相信"上善若水"，相信水"润物细无声"。古人相信江河是有生命的，大概未曾想到今日世界上会有很多江河断流抑或消失。此套为江河立传的丛书还将引领人们反思科学技术与江河的关系，思考经济发展与江河保护的矛盾。那些被认为有利于经济发展、有利于物质文明积累的行为，在长时间无节制的实施之后，对江河意味着什么？进而对人类文明意味着什么？这些值得我们掩卷深思。

尽管前些年也有过江河传记的图书，但时代不同，内容也被赋予了新的角度。本丛书的作者都是各个领域的资深专家，以丰沛的史料为基础，复活江河的生命史。本次所选江河既有国内，也有国外，研究相得益彰，很有比较意义。系统地出版中外著名江河史传，在改革开放发展40年后的今天，中国已经成为全球第二大经济体的今天，有更深层次的意义。

近年来，中国政府致力于建立和完善全面的生态保护制度，但真正的人与自然和谐关系的建立有赖公众的理解和参与。此套丛书即是将江河作为生命来对待，探讨人和江河的生态关系，思考人与江河之间历史性依存这一时代的新课题的产物。丛书的出版不仅有历史意义，还有现实意义。中国的发展模式也在转变。今天，我们要保持良性、健康、可持续的发展，要更讲究生活和生存的质量，就要正视江河这一人类社会中的重要元素。我们要追求江河在更高层次的地位和作用。江河不仅给了我们躯体和物质，还给了我们灵魂和精神，更给了我们修养和品位。现在，随着环境污染的加剧和保护失当，许多与江河相关的美好人文图景逐渐成了想象。江河不只是一个物理存在，还代表一种境界。今天，我们出版这套丛书，就是在呼吁历史的江河重现。

华夏五千载，江河万古流。《中外著名江河史传丛书》的出版将是一个新的标志。江河是人类的母体，而图书恰恰是人类文明的载体。为江河立史立传是一件非常有意义的事情，它不仅让我们换个新的角度思考，更能让我们换个新的角度生活。历史在江河中跳舞，让我们期待《中外著名江河史传丛书》的精彩！

在遥远的古代，地球的东方爆发了一场特大洪水，结束了在这里生活的人们在蛮荒中跋涉的步履。各部落纷纷走出丛林沼泽，麇集到一个叫"大禹"的人的麾下，开始了艰苦卓绝的治水行动。人们挥动倚天大锄，疏江通河，兴沟修渠。九川既疏，九泽既洒，具有国家性质的夏王朝自水的波涛中诞生。

水，生命之源，万物赖以生存，文明赖以进步。人类文明的曙光无一不是从水波中升起的；人类文明最初的硕果也无一不是从水波中捧出的。犹如一轮红日的华夏文明就是从黄河的滔天巨浪中喷薄而出的。

伴随着壮美的日出，华夏民族经大河水洗涤过的湛蓝天空上飞翔着五彩缤纷的神话和梦想：精卫衔西山之木石填东海；女娲炼五彩之石补苍天；羿怒射九日，为人间酿造温凉世界；嫦娥御舒广袖，凌虚奔月……而面对浩浩汤汤之水，华夏祖先用想象的经纬编织出美妙神幻的童话，"水网"就是其中的一个浪漫的梦想。

茫茫禹迹，画为九州：冀州、兖州、青州、徐州、扬州、荆州、豫州、雍州、梁州。国都定在九州之首的冀州。冀州紧依四渎之宗黄河，定都冀州，其他八州便可通过水路将贡赋运到都城来：冀州的贡赋经黄河直接运抵国都郊外；兖州的贡赋入济水、漯河，再入黄河，达国都；青州的贡赋入汶水、济水，再入黄河，达国都；徐州的贡赋入淮水、泗水、菏水，再由菏水入济水，再入黄河，达国都；扬州的贡赋入大江，进入大海，由海道进入淮水，由淮水入徐州，然后借用徐州的贡道达国都；荆州的贡赋入江、沱、潜、汉水抵豫州边界入洛水，再入黄河，达国都；豫州的贡赋入洛水，再入黄河，达国都；雍州的贡赋入渭水、泾水，再入黄河，达国都；梁州的贡赋入嘉陵江，再入潜水，经潜水入汉水、渭水，再入黄河，达国都。

这就是中国最早的典籍《尚书·禹贡》导水篇为我们描绘的贯通九州、壮阔浩荡的"水网梦"，这就是我们祖先由"水网"而强化的宏赡高远的大一统人文理想。

面对《尚书·禹贡》擘画的这张"水网"，我们不难发现，凡东西方向都十分顺畅，切实可行；而南北方向，不是十分迂远，就是事实上无法通行。比如，梁州贡赋的水运路线就根本行不通，因为汉水和嘉陵江上游并没有"潜水"这条水道。

"潜水"，两水之间应该有却没有，此时"潜在"着，通过开挖构筑就可以将"潜在"化作"实在"。是这个意思吗？不然为什么叫"潜水"？如果是，这正是华夏文明关于运河的最早预言。

华夏地貌西高东低，呈现高度渐降的三级台阶状。水往低处流。除被山脉横断之外，华夏大地上的大江大河多自西向东归入大海。它们以傲然于世的泱泱之风，冲决峡谷山峦，荡漾高原险滩，气势磅礴，壮阔如虹，在它们所流经的峰谷峁梁、城邑村落泼洒下仁慈与暴戾的印痕，镌刻下毁灭与创造的徽记；它们连接东西，沟通山海，养育民族，创造文明，书写历史。

然而，造化天地的大自然在畅通东西的同时，客观上阻碍和屏蔽着南北，使南来北往或翻山越岭，或漂洋过海，迂远艰辛。

真的无法通过水路畅通南北吗？

真的不能将在大地上生活了亿万年，朝着各自的方向奔流的大江大河连接起来，成为真正的网吗？

只要梦到，就能做到！

怀揣初心，踏上探索之路，步入开创之途，华夏子孙在九州大地上代代遥想、世世圆梦……

第一章
运河源头

　　隆冬。一个没有月亮的深夜，两个黑黝黝的影子闪出了渭水中游以北的周王城东门，骛骛疾奔，踣踣碎跑，消失在黑暗中。

　　这两个黑黝黝的影子正是周王古公亶父的两个儿子。

　　伟大的母亲姜原在野外踩巨人脚印后受孕所繁衍出的周人传十二代至古公亶父，占据岐山一带。这里土地肥沃，适宜耕种，连苦涩的野菜也如饴糖一样甜。古公亶父在这方土地上开良田、设官吏、筑城邑、营宫室，逐渐强大起来，被尊为周太王。

　　周太王有三个儿子：长子太伯，次子仲雍，三子季历。随着古公亶父的老迈，继位问题被提上了周王室的议事日程。

　　周王朝吸取商代"九世内乱"的教训，确定了父王死后嫡长子承位的礼制原则。但长子太伯认为三弟季历更贤达、更全面、更出色，由他继承周国王位是周国之幸，也是黎民之福。可是，这不合神圣不可动摇的礼制。太伯几次向父王恳请，都被父王否定了，而且绝无商量余地。无奈之下，太伯想到了出走。

太伯把自己的想法告诉了二弟，仲雍欣然："我跟长兄走。让小弟了无牵扯，一心治理好他的王国。"

仙风道骨的长子太伯、兰心蕙性的次子仲雍选择在一个月黑风高的深夜，躲过卫士和宫廷所有人的注意，直奔向东。

他们一路向东，然后向南、然后再向东，长风浩浩，衣袂飘飘，走向太阳升起的地方。

奔走了两个多月，他们在一片完全不同于周部落景象的荆蛮之地停下了奔走的脚步。

太伯停驻的"荆蛮"是哪里？司马迁在《史记》中只给出了一个大概——泛指东南地区。东汉的赵晔第一次做了确认："太伯祖卒，葬于梅里平墟。"（赵晔：《吴越春秋》）。赵晔带出的新问题是"何处是梅里"。《皇览》做出了精准的确认："太伯冢在吴县北梅里聚，去城十里。"《后汉书》中说得更清楚："无锡县东皇山有太伯冢，民世修敬焉，去墓十里有旧宅、井，犹存。"

平原和湖湾上生长着茂密的绿色植物，河流随心所欲地在低处徜徉，在朝霞中苏醒的动物们引颈长鸣。雨过天晴后，又有新的生命睁开清纯的眼睛……梅里，一切自在，一切生机勃勃。

这片动植物充裕的土地上生活着古越族的一支，他们赤身裸体、断发文身，以巢为居，以洞为室，与中原的信仰和风俗大不相同。

入乡随俗。太伯、仲雍与土著人打成一片、融为一体。周人是农耕技术一流的部落，先祖后稷"好耕农，相地之宜，宜谷者稼穑焉，民皆法之"（司马迁：《史记·周本纪》），帝尧任命他为"农师"。太伯兄弟将地处黄河流域的周部落的先进生产力和先进农耕文化带到梅里，几年间就使梅里谷丰户殷了。

接着，他们组织殷实起来的梅里人开始最初的城镇化建设——筑城（称"吴城"）。他们按照记忆中周王城的布局形制、民居格式来建房造屋。于是，梅里的土著人逐渐走出了巢穴和土洞，成了吴城居民："筑城以卫君，造郭以守民，此城郭之始也。"（赵晔：《吴越春秋》）

太伯和仲雍赢得了梅里土著的信任，太伯被一致推举为君长："太伯之奔荆蛮，自号吴勾，荆蛮义之，从而归之千余家，立为吴太伯。"（司马迁：《史记·周本纪》）

就这样，吴国在中国的历史上横空出世，在太湖之滨诞生。有了吴国，以梅里为中心的这块土地凝聚起了日后影响华夏历史的巨大力量。看起来是两个周人的偶然到来，事实上却是流淌在中华大地上的长江文明与黄河文明的历史性相遇。这样的相遇一定会结出非同凡响的硕果。

梅里地势低洼，一遇小雨就容易内涝；逢大雨则吴城遭淹，成汪洋泽国。如果有一条泄洪渠道，在大雨时将积水排入太湖，在干旱时引太湖水来梅里，以备民之旱涝，行舟楫之便利，梅里一定会更昌盛。

站在日益繁荣起来的梅里土地上，思考着梅里未来的太伯想到了父亲古公亶父的事迹：父亲率领族人，沿水来到岐山，带着他的妃子姜女查看地形，建造房屋。《诗经》有歌："古公亶父，来朝走马。率西水浒，至于岐下。爱及姜女，聿来胥宇。"正是由于父亲这一

"梅里高风"坊

梅里太伯庙

沿水而行的壮举，才有了后来周部落的强盛。

父亲的事迹启发着太伯，一个大胆的构想在他心中酝酿成熟：将梅里人动员起来，就地之势，顺水之性，开挖一条自梅里通向太湖的人工河道。

君长太伯的想法得到了梅里人的热烈响应。是年春闲季节，梅里人走出舒适的吴城，浩浩荡荡地开赴工地。未完全开化的古越族后裔头脑简单，四肢发达，浑身充满着来自旷野的蛮力，特别能吃苦。他们手掘肩扛，男挖女运，手上磨出了血泡，疼得呲牙咧嘴，也不放下手中的劳作。血泡碍事，干脆用竹针挑破它；血水淋漓，他们弯腰抓起一把湿土摁在出血的地方——他们认为土能止血，然后照干不误。

一年不成两年，两年不成三年，到第四年秋末，一条长87里、宽18丈的连通太湖的运河便蜿蜒在梅里大地上了。

这条运河为梅里人引来湖水的波涛，滋润着亘古辽阔的荒凉，浇灌出沃野上的丰硕垂穗、阳春里的茉莉花香，养育出鱼的腾跃、鸭鹅的引颈高歌。同时，梅里人"刳木为舟，剡木为楫，舟楫之利，以济不通，致远以利天下"（《周易·系辞下》）。舟行河上，棹划清波，吴人把"江蘇"的"蘇"字活生生地书写在大地上：结草为庐。庐，房舍。房舍的左边是水塘，养着鱼；房舍的右边是一望无际的禾苗庄稼，郁郁葱葱，丰盈饱满。所谓"鱼米之乡"，就是"蘇"了。吴城，凤鸾长鸣。

看看梅里，看看吴城，它们证明了人类文明发展的历史就是人与水不断较量的历史。

太伯治理一地之水患，理顺一境之水脉，促进一地之民生，为梅里人永远铭记，遂将他领导挖成的这条运河称为"太伯渎"。梅里人在渎边建起庙祠，纪念让国奔吴的这位周人。在农历正月初九太伯生日这天，梅里万人空巷，载歌载舞，用最隆重、最热烈的仪式来祭奠这位剪裁自然的卓越功臣："太伯让天下，仲雍扬波涛。清风荡万古，迹与星辰高。"（李白：《叙旧赠江阳宰陆调》）

太伯、仲雍的出走对周王室来说是件石破天惊的事。王室派出大批人马，四处寻找，一找找了几百年，直到周康王钊时，终于在太湖之滨的梅里寻找到了太伯、仲雍的后裔周章。

此时的周章是吴国君长，周王朝立即将周章封为吴王。

封与不封，他都是吴王。

造物主喜欢将流光的推移放在渐变的法则下，使之宛如一条静静的河流一样悄无声息，却倏忽之间沧海桑田，世界不再是旧日的光景。曾几何时，周王室再不是被天下尊为"共主"的周王室，周王也再不可能以天子之威号令天下。时势变迁。"封建亲戚，以蕃屏周"时建立起来的各诸侯国趁势崛起，周王室于衰微中空有虚名，风光不再。崛起之后的诸侯国都有成为新"共主"的企图和盘算，每个诸侯国王都有成为新天子的野心和梦想。大国兼并小国，强国兼并弱国，"霸主"的欲望放飞着战争的焰火。

吴王周章深知吴国弱小，很少与中原各国往来，就扎在祖先创下的那份基业上，于运河之侧一心一意谋发展，聚精会神搞建设，积蓄力量。至十八世寿梦时代，吴国这个一向被中原诸国鄙视为"蛮夷之邦"的弹丸小国，一跃而称雄东南。

称雄东南的吴王寿梦派出他的第四个儿子季札出使中原，向中原各诸侯国宣示吴国文明的强大。

公元前544年，季札经徐国来到鲁国。

鲁国，周公姬旦之封国。周天子将全套的礼乐赠给鲁国，以显示对周公的尊崇。因此，鲁国获得了深厚的文化滋养，有"礼乐之邦"的美誉，是礼乐气氛最为浓厚的文化中心。没有比从阐释礼乐入手来显示对文化的理解更能赢得中原诸国的尊重了。季札一到鲁国，最渴望做的事就是观周乐。鲁国满足了季札的请求。

弦歌响起，《周南》《召南》等《国风》中各国的诗歌一首一首演来。季札听完一首评点一首。使工为之歌《魏》，季札赞："美哉，沨沨乎！大而婉，险而易行；以德辅此，则明主也！"（《左传·季札观乐》）《唐》歌四起，季札赞："思深哉！其有陶唐氏之遗民乎？不然，何忧之远也？非令德之后，谁能若是？"（《左传·季札观乐》）为之歌《大雅》，季札赞："广哉！熙熙乎！曲而有直体，其文王之德乎！"至《韶箾》响起，季札惊得站起，听毕，赞叹不已："德行达到顶点了！伟大啊！就像上天无所不能覆盖一样，就像大地无所不能承载一样！虽然有超过大德大行的，恐怕也超不过这个了，观赏达到止境了。如果还有其他乐舞，我也不敢再请求观赏了。"

如果没有来自黄河文明的基因，身处与黄河文明截然不同的长江文明，从小沉浸在神秘奇诡的漫漫巫风中的季札，还能不能如此深刻地体察中原文化的美丽悦耳？季札闻弦歌而知雅意，在蔚为大观、乐曲深广的气魄里透析礼乐之教的深远蕴含。他的评点语惊四座，闻者为之赞叹，称之为圣人。圣人身上透出的是泱泱大国的德化之气、人文之光。有人说，"天不生仲尼，万古如长夜"。笔者说："天不生季札，对雅乐犹如失聪。"季札观乐，是开山立派的精神巨人，耸立成民族文化源头的经典高峰。

鲁国观乐后，季札接着访问了齐、郑、卫、晋等国。

季札出使，惊艳诸国。季札身上散发着两种文明深度耦合而生成的慧气，透出不可抗拒的魅力。周人在吴地开掘的运河是一种象征，象征着将两条文化之河连接了起来。这样的文化历史背景在春秋战国各诸侯国中绝无仅有。运河浃潒，吴国的强大是天定的。

又三十年过去了。公元前514年，吴王寿梦的孙子、季札的侄子公子光即位，号阖闾。

每一种事物从它诞生的那天起就会呈现出一种气象，或雄壮高古，或粗俗卑陋，决定着敉化神运的起承转合、成住坏空。这种气象是从涵养深处蕴育而生、自然流露的，如同春风化雨一般似无却有。阖闾和他的吴国气象如何，虽然目前不能遽下结论，但自阖闾登位之始，身为一国之主，能食不二味，居不重席，室不崇坛，器不彤镂，宫室不观，舟车不饰，衣服财用，择不取费，励行节俭，吊民之疾，与民同劳，是显示出过人的精神品质的。王者能如此，他领导下的国家会有过人气象就是可以预期的了。

这是一个大天、大地、大文章的大时代。生活在这样的时代里，人总是充满梦想，充满激情，充满不知疲倦、不畏艰险的奋斗精神。

雄壮高古的阖闾间流着爷爷寿梦的热血，当然会有称霸的野心和梦想。

阖闾采纳了楚国亡臣、出走吴国的伍子胥"立城郭，设守备，实仓廪，治兵库"的治国之策，一番整顿、改革之后，吴国面貌焕然一新。先破楚、后图越的战略构想也是在这时的吴王心中悄然成形。

就在吴王准备向西用兵破楚之际，伍子胥向阖闾推荐了军事思想家孙武。孙武，字长卿，齐国乐安人，兵家后裔。齐国内乱，他投奔吴国，隐身在连通太湖的运河边上的蓬草屋里，潜心著书立说。伍子胥七荐孙武后，吴王终于接见了他。当孙武将《兵法》十三篇摊在阖闾的御案上，"知己知彼，百战不殆""出其不意，攻其不备"等精妙之论跳入了阖闾的眼帘。吴王的眼睛亮了。他以宫女一百八十人让孙武操演阵法，当面验证孙武的军事才能。观后，阖闾大喜："如此人才来到本王身边，实乃苍天眷顾！"遂任命孙武为将。

楚，江汉流域的一个蛮族国家，于公元前 689 年在长江之侧的郢（今湖北江陵，沙市以西）建都，先后兼并近 50 个诸侯小国，版图不断扩大。

幅员辽阔的楚国不断宣导川谷，陂障源泉，灌溉沃泽，堤防湖浦，以为池沼，钟天地之爱，收九泽之利，以殷润国家，家富人喜。

楚国有位鄙人叫孙叔敖。他决期思之水而灌雩娄之野，筑芍陂溉田万顷，以至这片土地上的农事百里不求天。当然，这只是孙叔敖还是鄙人时出演的"小品"，这点功绩可不足以使他进入历史，成为司马迁《循吏列传》中的第一人。"激沮水作云梦大泽之池也"（司马迁《史记》）才是令尹孙叔敖的神来之笔。此时，楚都在郢，物资运输需从水路转道汉口，溯长江转运而至，水道1800里。显然，这不适应争霸的战略需要。走上令尹岗位的孙叔敖献计楚庄王：筑运河，图称霸。

斯年冬天，数以万计的乡民兵勇倾巢而出，开始了规模宏大的开挖运河工程。民工们排成长队，肩挑背扛，挖土垒堤。孙叔敖引发源于湖北荆山南流入长江的沮水（今沮漳河上游），与发源于郢都（今湖北荆州北）附近北流入汉水的扬水相接，使江、汉之间得以沟通。经近万民力的一年挖掘，沟通江汉的浩荡运河横空出世，全长172里。

运河经古云梦泽，称云梦通渠（楚渠）。也因这条运河自夏首（今湖北沙市南）通长江之口，于扬口（今湖北潜江泽口附近）入汉江，所以史称"扬水运河"。还因这条运河在荆州、汉江之间，所以也称"荆汉运河"。

云梦通渠的开通使零、桂（今湖南、广西一带）地区的物资北运免于绕行汉水下游的迂远和风险；"有余则用溉浸，百姓飨其利"（司马迁：《史记》）。楚国占尽江汉水网舟楫之利，遂民殷国富起来。

借助运河，地方五千里、带甲百万兵、车千乘、马万匹、粟支十年的楚国西通巴蜀，与秦国抗衡；东达夏纳，同吴国逐鹿；北溯汉水，问鼎中原。据此书写出春秋五霸之一的辉煌史。

云梦通渠荣幸地进入了司马迁的《史记·河渠书》，传播天下，被无数人称为中国最早的运河，也因此收获了无尽的赞美和颂扬。

其实，真正使云梦通渠不朽的不是"中国最早运河"的虚名，而是高冠广袖、身佩长剑、颜色憔悴、形容枯槁的三闾大夫被放逐时自渠上离开国都："发郢都而去闾兮，怊荒忽其焉极。楫齐扬以容与兮，哀见君而不再得。"（屈原：《九章·哀郢》）精神巨擘的莅临使云梦通渠从此装满一腔热血、一腔情怀、一腔悲愤、一种中国文化史从未有过的新鲜素质，成为先贤忧国、忧君、忧民的起点。

"阘茸尊显兮，谗谀得志。贤圣逆曳兮，方正倒植。世谓随、夷为溷兮，谓跖、蹻为廉。莫邪为钝兮，铅刀为铦。吁嗟默默，生之无故兮。斡弃周鼎，宝康瓠兮……"（贾谊：《吊屈原赋》）面对如此的世道，孤注一跃是最好的了断。大河东去，淘不尽壮士遗恨。遗恨，用诗来补偿；劫火，用水来安慰。自此，有岸的地方注定楚歌四起，屈子的精魂就在这"冲风起兮横波"（屈原：《九歌·河伯》）的水里。悲天悯人的情怀随水奔流，永不消散。

吴伐楚，必须进入长江，而当时吴国所在的太湖流域与长江并不相通，吴国的兵粮之船只能沿太湖支流荆溪到达与长江相距60余里的东坝（今江苏省高淳县境内）。东坝，一段高阜，将阖闾破楚的雄心挡在了太湖流域、长江以东。吴军伐楚的战舰要想进入长江，就必须凿开这段高阜。

"阻挡我雄心者，是山就搬掉它，况只区区一方高阜乎！"吴王阖闾的眉毛下，一对流光溢彩的眼睛瞅着什么的时候都有一股逼人的气势。他命令伍子胥："开通它，挖过长江去！"

这是吴王的土地与伍子胥的目光的相遇，两边都隐含着不言而喻的壮美。公元前506年早春，如毛的细雨纷纷扬扬。细雨过后，四望云物，光明清鲜，一阵暖风吹来，带着新生、发展、繁荣的消息。远山已从沉睡中醒来，盈盈地凝着春的盼睐。就在这个季节里，意气风发的伍子胥带着浩荡的筑河队伍来到了荆溪与水阳江之间的东坝，在高岗上安营扎寨，描画吴王心中的那份壮美。

螺角号唤醒黎明，兵士和民夫们肩披曙色，开始一天的劳作。当成群结队的老鸦在榆钱树的树巅上来回盘旋时，他们才停下，在工地一侧临时搭起的茅寮中睡去。就这样，他们用簸箕柳筐，一点一点地开掘着眼前的这方高阜。

八个月之后，当东坝村头一片柿树呈现出耀眼的火红时，长68里的水运通道穿越高阜，横卧在了异常爽朗的深秋里。

这条东连太湖、西入长江的运河因为是伍子胥领导开掘，被称为"胥渎"，又称"堰渎"。

清晨，即将班师凯旋的伍子胥披一袭长袍，站上新土湿湿的堤岸。他看见堤岸上罩着一层白霜，蜿蜒而肃穆；河道里的水被梅里的晨曦染镀得神奇瑰丽。秋风搴起伍子胥的长袍，飘逸、生动。他仿佛看见携带着阖闾梦想的吴国雄师，沿眼前的水道急驰，把吴王的梦想铺满楚国的大地。

沾在长袍上的东坝泥土尚未干脱，伍子胥又接到了吴王阖闾的新命令：为"后图越"做准备，开凿太湖连通东海的运河。

伍子胥二话没说，再率队伍，奔向工地，在太湖河渠纵横的水网地带挥锄开挖，用手中的锹、肩上的筐，将吴王的理想、吴王的意志书写到不朽的大地上。

又是八个月，指向越国的水道逶迤而成。

这段水道也因为是伍子胥领导开挖而成，史称"胥浦"。伍子胥以坚定的意志完成了时代交予他的历史作业。

胥渎、胥浦在东南大地上无声流淌。它们是运河，也是那个年代最重要的军事设施，如凤凰在大时代的战火中涅槃。它们更像一柄柄利剑，在战国的春秋中闪耀着征服的寒光。

天下事如弈棋，以落子先后、当否定胜负。应该说，吴王阖闾凿出胥溪、胥浦，算是在落子上占了先手，投子也不失其当。伐楚可谓是顺乎其势的事，眼下是只欠东风了。

阖闾所要的"东风"很快就来了。

公元前506年，阖闾九年，楚昭王十年，势单力薄的蔡、唐两个小国特使急匆匆、慌张张地来到吴国，扑到在阖闾面前，声泪俱下："我们的国家被强大的楚国所侵，请大王施以援手，不然，我们就要亡国啦！"

面对两国来使，阖闾慷慨激昂，拍案而起，命伍子胥、孙武为将，亲率吴军三万，立即驰援。吴军在蔡、唐军队的引导下，迅速通过楚国北部大隧、直辕、冥厄三关险隘（今河南信阳），出其不意地出现在汉水东岸。

昨天还沉浸在对蔡、唐作战节节胜利的喜悦中的楚昭王闻得报告，大吃一惊："怎么可能？楚、吴相接的东部边境，我有重兵防守，吴军是怎么过来的？"

"他们从淮河上来！"

楚昭王更加大惑不解："怎么可能？太湖与长江根本不通，太湖边上的这只青蛙是怎样跳过长江，进入淮河的？"

当得知是原楚国太子建的老师伍奢逃亡吴国的次子伍子胥领导凿通东坝，孙武领兵沿此运河而入长江后，楚昭王大惊失色："吴王用心深远矣！"

也就十几天的功夫，吴军攻破了楚国国都。

经此一役，吴国打出了国威、军威，声名远播，令中原各诸侯国惊叹。

为加强对"后院"越国的控制，吴王命在胥浦运河的基础上开辟第二通道。

王者的意志就是武士的剑锋，就是民夫的铁镐。开挖出胥溪、胥浦的兵士、民夫再次走上工地。掘出太伯渎的后人们拿起先人装过开挖运河第一筐土的筑河工具，加入了开河行列。

吴人自吴城起，挖到钱塘江北岸，然后东折，掘至海宁境内。这条穿过越国的运河史称"百尺渎"。

为伐楚而开的胥溪，为伐越而挖的胥浦，为加强对越控制而再筑的百尺渎，与太伯渎一起，成为江南运河网的雏形。

依靠畅通的运河，依靠强悍的东南健儿，更依靠吴越充足的物资支持，吴国败楚亡越，雄霸东南。

在胜利战鼓的振奋下，吴王膨胀起挥师北上，与在黄河、济水流域的齐、晋争霸的更大野心。

公元前 486 年，吴王跨过长江，将北岸的袖珍小国邗收入囊中，在邗地蜀冈上筑城，史称"邗城"（今扬州市），在江北建立起了兵锋北指的桥头堡。

以邗城为依托，开始开筑挺进齐国的运河。

伍子胥乘马驾舟，自邗城一路北上实地考察。江河湖川，尽入心胸；水道走向，了然在掌：从邗城西北蜀冈南沿开始，引江水绕过邗城东，然后折向北流，经武广、陆阳二湖（今江苏高邮南）之间，北注樊梁湖（今江苏高邮北），再折向东北，穿过博芝（今江苏宝应东南）、射阳（今江苏宝应、淮安两县东）二湖，再向西北至末口（今江苏淮安县城东北）入淮，因地制宜地把几个湖泊连接起来，

古邗沟

形成一条南接长江、北通淮河的水上通道。

体现着王者意志，暗藏着称霸野心的运河开挖工程在坐阵邗城的伍子胥的指挥下悄然开工。

五万吴军和民夫日夜开筑。心急的吴王一日三催："快！再快些！"不得已，伍子胥又征江淮之间的民夫三万投入工程。八万人怀揣几块干干的米粑，饿了就啃几口，渴了就用手捧起湖水喝下去，披星戴月，挥汗如雨，开掘的号子此起彼伏。

几千年的时光如梭，开筑邗沟的具体过程已被历史尘埃掩埋。20 世纪 50 年代在宝应县一户农民家的猪圈里发现了一通碑身残破、字迹依稀的汉碑，才得以知晓在开筑紧挨博芝湖一段河道时，由于靠湖的堤坝垮决，汹涌的湖水突然袭来，正在河道中挖掘的士兵和民夫逃避不及，上千人被洪水席卷而亡，尸体漂浮水上，充塞河道，相接十余里，惨绝人寰。

这段由江淮之间众多湖泊、河流连缀而成的运河起于邗城，水随城名，史称"邗沟"。

全长 380 里的邗沟水道开通后，吴人得以迅速进入泗、沂、济三水。吴人的矛尖锋铥因运河的延长而指到了齐人的床榻之侧。

对由伍子胥领导完成的这项浩大的备战工程，《左传》记八字："秋，吴城邗沟，通江淮。"

　　一边是王者不可违的意志，一边是开挖者的累累尸骨。两边相夹，一渠悲壮。连接江淮的邗沟天天呻吟，日日垂泪。运河，你注定要以人的生命为代价，才肯绽开华彩的绝世容颜吗？

　　邗沟挖成后两年，齐国国君病死，国内不稳，吴王夫差喜不自禁：伐齐的时机终于到啦！

　　吴王挥师北上的消息传到越国，越王勾践欣喜若狂：吴军伐齐，无论胜败，都会消耗吴国的人力和财力，这对于自己一洗"夫椒之耻"是天赐良机啊！

　　曾在吴国为奴而饱经凌辱的越王勾践得以回国，他感谢苍天的眷顾。回到国内，勾践发愤图强。"十年生聚，十年教训"，无不是为了报仇雪恨。

　　越国，都城会稽（今浙江绍兴东南），古百越的一支。濒海而居的百越人习水性，善用船。他们的祖先就曾在周成王诵过百越时将造船技术和航行经验一并传授给他。周成王借助百越人的船，经海上航行，绕道山东半岛，进入济水，回到了周国国都镐京。周成王因此行而成为华夏历史上走进大海的第一个王者。

可以想象，第一次见到波涛汹涌的大海对世居中原的周成王来说会有怎样的喜悦；可以想象，泛舟无垠大海对以为最辽阔的水面就是渭水的周成王来说会有怎样的激动。这份喜悦和激动很快就在周人的社会生活中呈现出来。周成王相中的夫人住在渭水对岸。迎娶那天，他命人将众多的船排在渭水上，连成一片，让新娘从用船搭成的浮桥上走过来，气派风光极了——他想的是把征服渭水当作是征服大海吧："迎亲于渭，造舟为梁，丕显其光。"（《诗经·大雅·大明》）也就是从这时起，周代社会有了按等级和身份乘船过河的制度。天子过河享受的规格是用船搭起浮桥，诸侯享受的规格是四艘船并联渡河，大夫享受的规格是用两条船，士只能用一条船，到了平民百姓则不允许乘船，只许坐筏子："天子造舟，诸侯维舟，大夫方舟，士特舟，庶人乘桴。"（《诗经·尔雅》）

被释回国的越王勾践征召国人疏浚、拓展吴人开掘的百尺渎，使之更加宽阔，直抵杭州；又承续起先人的用船技术，建造出大批先进的战舰，装备出强大的水军。

一切准备就绪。像吴国等待伐楚的时机一样，越王勾践也在等待伐吴的时机。

吴伐齐的消息传来，越王欣喜若狂："天赐良机啊！"

"备舟！本王要亲自到吴国去，去为吴王壮行！"

面对立于吴都王宫阶前一脸虔诚的勾践，洞若观火的伍子胥看得透彻，力劝吴王停止伐齐："吴、齐两国相距遥远，即使打败了他们也很难有效地治理，越国才是吴国的心腹之患！若不除掉越国，终要被其所灭！"

夫差哪里肯听？这些年来的苦心经营不就是为了眼前的这一战吗？

伍子胥犯颜直谏："大王欲攻打齐国，也得先灭越。否则，大王远在齐境，后院起火，奈何？千秋伟业，来之不易，若是崩溃，俯仰间而已！"

伍子胥的直谏激怒了夫差："我是一国之君，用得着你来指手画脚吗？属镂剑在此，自我了断吧！"说完，把手中的剑掷到伍子胥的脚下。

闻言，伍子胥面不改色，弯腰捡起了地上闪着寒光的属镂剑，将剑锋抵住自己的胸膛，大吼："请大王把我的眼睛挖出来放在城东门上，让我看看勾践是怎样打进城来灭吴的！"说完，一用力，剑锋深深地刺入胸中。血，溅出丈外，溅到越王勾践和随行的大臣们的袍襟上，惊得他们慌张地连连后退……

时为公元前484年。

天空低垂，狂风怒吼。叱咤风云的一代豪杰伍子胥倒在了吴王的属镂剑下。他的生命化作了胥溪、胥浦、古江南运河、邗沟，还有《水战法》，永恒在天地之间。

踩着伍子胥的血迹，吴王夫差亲率水军北伐。

吴军乘水而来，剑锋指处，所向披靡，大败齐军于艾陵（今山东泰安），第一次在北部诸侯国面前显示了吴人的强大，显示了运河的力量。

夫差再命水师大将徐承选择泗水与济水相距最近的地方阙为深

沟，入济水西进伐晋。

因这条深沟的水源来自菏泽，因此史称"菏水"。

公元前482年，菏水大通，吴王连夜拔寨西进。带着连战连胜的霸气，带着运河水赋予的冲天伟力，吴军阵容严整，声势雄壮，竟使晋军不敢对阵。最后，吴子先歃，晋侯亚之，吴王得以称霸各国，实现了夫差朝思暮想的夙愿。

就在吴王因大败齐、晋而忘乎所以之时，越王勾践举兵伐吴，俘吴太子，焚姑苏台，把吴国都城洗劫一空。

南返救国的夫差被越军围困在了姑苏山上，几经拼死突围，终被击溃。绝望中，吴王仰天长啸："我无颜在九泉之下见伍子胥啊！"啸毕，夫差用衣服遮住自己的脸，拔剑自刎。

自太伯、仲雍开国而传二十五世又雄霸一时的吴国灰飞烟灭。

浩荡运河，依然浩荡。

中山国，因城中有山而得名。它镶嵌在燕、赵两个大国之间，是一个仅拥有千乘的小国。然而，别看它疆土不大，却有着"战国七雄"之后第八雄的显赫。

"第八雄"的力量来自哪里？

来自水。

中山国的祖先就有水的基因。中山国的祖先是北方狄鲜虞部落，"鲜虞"就是水名。鲜虞水即今源出五台山南而流注入滹沱河的清水河。当鲜虞人游移到太行山东麓、滹沱河上游建国之后，疏浚河道、畅通物流几乎出于本能。特别是他们开筑滹沱河古道，打通了与齐国的航运。与大国的商贸为中山国带来了强劲的经济活力。中山人仰机利而食，创造了地薄人众的富裕奇迹。那些深深嵌入苍岩褐石间早已锈迹斑斑的铁钎或铁链，那些被丈二青篙顶端的铁头千万遍击点出的呈蜂窝状的篙眼石正是这一致富奇迹的注脚。运河的力量使一个撮尔小国屹立于大国之间而不倒。它创造出的璀璨文化、灿烂艺术非大国可以比拟，简直是战国神话。

公元前323年，中山国得罪了齐国，齐国断然掐断两国间的航运。中山国窒息了，国运一落千丈。20年后，赵灵王举兵攻入。面对强敌，中山人横刀立马，鼓角悲鸣，"衣铁甲，操铁杖以战，而所击无不碎，所冲无不陷，以车投车，以人投人"（《吕氏春秋》），力拔山兮，气贯长虹。然，终不免亡国。无奈，这样的结局早在航运被掐断的那一刻就已经注定了。结局的来临，早晚而已。

———

没有闲着的还有中原的魏国。

在魏惠王的战略思考中，当是先富国强民，再争霸天下。众多国家的富强之路启示魏国：要想富，先开河。魏惠王九年（公元前361年），魏惠王发人在荥阳成皋黄河与圃田泽（今郑州市圃田一带）之间开挖，数月之后，硬是在邙山之间横向切出了一条沟壑，史称"鸿沟"。

引黄济田的鸿沟为这片土地带来了富饶。魏惠王喜出望外。公元前339年，他再次大兴河工，自圃田泽引水至国都大梁（今河南开封）城北，绕城趋南，经通许、太康，注入沙水，再南至陈（今河南淮阳）东南入淮河支流颍水。鸿沟像一条被天风鼓荡的飘带，一头系在邙山中，另一头随着那逶迤起伏的地势自由自在地飘舞，舞过奇峰幽谷，舞过乱云危石，舞过平原丘岗，一直舞到淮河水。魏国之舟穿行水上，得以驶入韩、楚、卫、齐、鲁、宋等国，开封也开始显露它在中国历史上的分量。

魏国之霸业由鸿沟孕育，就漂浮在这鸿沟之上。

胥浦、百尺渎、胥溪、菏水、鸿沟将黄河、长江、淮河、济水这四渎第一次连接起来，形成了华夏东南部的水网。在中国大地上，第一次出现了淮河流域与中原沟通的局面。

运河流动着浩然独立的精神与一往无前的勇气。大地因此而旌旗猎猎、呐喊阵阵，充盈着经久不息的英雄交响曲，传至久远。于是，时代的身影更为鲜活，社会的变动更为火热，古老的部落邦国分崩离析，运河的伟大力量渐渐将民族在大一统的高耸峰巅上凝聚。

面对这样的时势大局，无尽的慨叹涌动于运河之上，涌动于人们宏阔的胸怀中。

此时，诸侯争霸，净土难觅。争城以战，杀人盈城；争地以战，杀人盈野。"豺狼互吞噬，盗贼化王侯"（季振宜：《潼关有感》），"千古留话柄，恨事满东周"。这是一个非凡的年代，不知汇聚了多少烽烟血泪。春秋战国五百年是中国文明历史的"梅雨季节"。

茫茫九州，到处都是冀图霸业者留下的斑斑疮痍，运河水极有耐心地流过时空，将它们一一抚平。运河一旦筑成，便获得了王者霸业之外属于自己的生命、属于自己的责任。

人们在开筑运河的同时也在运河沿岸的平原、低地上开挖河流、陂池，筑成横塘纵浦、周高中低的稻田。这种便于灌溉的"塘浦田"

布满春秋战国时代的运河地区。翻开《越绝书·吴地传》，我们就可以见到都城四野的世子塘、洋中塘、筑塘、渔浦、阴江之浦、三江之浦……这些塘浦田，土地肥美，是今日圩田的先声。

运河的开凿促进了运河沿岸的农业。在运河发达的越国，荒无遗土，每临初夏，站在塘浦田前，稻菽摇曳，麦稷翻卷。

运河的产生极大地促进了流域的养殖业的发展。吴王在接见晋国来使时，以一盘珍珠作为国礼相赠。这盘珍珠就是吴国依托运河从事淡水养殖的证明。

吴国的养殖业以吴都为中心，沿运河展开。吴都娄门外是吴王使李保的养鸡场；吴都东郊有养牛的牛宫；吴都西南有鱼城，是吴王游姑苏时筑此以养鱼的地方；吴都附近有专养麋鹿的麋湖城；还有周数百里的鸭城（21世纪的今天，全世界羽绒服的70%产自江苏，其历史渊源就在这里）……鸡鸣狗吠，牛背横笛，运河充满生机。

《韩非子》中讲了一个鲁国商人想运一批鞋帽到越国去贩卖的故事。韩非子只是说鲁商"想"去，到底去了没有？贩卖成功了没有？鞋帽的畅销程度怎样？这些令人牵肠挂肚的具体细节一概没有。鲁、越相距遥远，必须经过吴国的水网地区，鲁商真的要去，一定得沿运河走才可行。

与韩非子只给鲁商一个历史的侧影不同，越国谋臣范蠡利用水道长途贩运则是真实的历史。为了替越王积累报仇雪恨的财富，范蠡征精于计算的家僮万人，沿运河奔走，收四海难得之货，盈积于越都进行贩卖，日致千金。辅助越王灭吴后，范蠡弃官从商，变名易姓，乘扁舟浮于江湖，19年之中三致千金，遂至巨万，终成富豪。

运河的畅通就是航运的畅通，也是物流的畅通，才成就了范蠡这样的巨商豪贾。

　　大运河可以是王者争霸、尸横遍野的疆场，也可以是船来帆往、橹声桨影的乐土。运河为战争而生，是战神的翅膀，背负战神飞翔。它装满王者的雄心、王者的意志；既帮助王者成就霸业，也淹没王者成就的霸业。同时，它在王者的霸业之外，酿造着鱼米之"香"，推动着社会文明的进步。

西周之后的历史，血腥与灾难弥漫，文明与野性煎熬，污秽与圣洁交混。中国历史混乱得太久了！渴望雄杰出世，横扫漫天乌云，还乾坤朗朗，日月灿灿！

黄土高原上的秦国经济落后，国力不强。在吴王夫差、越王勾践北上会盟时，根本没有它的座次。秦孝公即位后，重用与时俱进、锐意进取的商鞅，推行改革，国势渐起，开始向东拓进，拉开了一统天下的序幕。

在灭关东六国的统一战争中，秦王首先瞄准的是六国中实力最弱的韩国。

韩国，秦东面的邻居，对虎视眈眈的秦国深感不安。韩国自知弱小，不堪一击，无法与强大的秦国抗衡，于是在秦王嬴政继位那年派遣水利专家去秦国，游说秦王兴建沟通泾水和洛水的大型（运河）灌溉工程，以此引诱秦国将大量的人力、物力、财力转移到浩大的水利工程上，无力发动兼并战争，以达到保全自己的目的。

韩国派出的水利专家叫郑国。

郑国是一个有远见、有抱负的志士。他受命抵秦，不顾鞍马劳顿，跋山涉水，勘地形，绘蓝图，拿出了修筑一条西起仲山之麓的泾河，东注洛水，全长300里，沿途穿过冶、清、浊、石川等大河及无数小河的总干渠的方案。他对秦王信誓旦旦："干渠建成后，引泾水溉泽贫瘠之地四万余顷，使这些原本不长粮食的土地上每亩可收一石，关中将成沃野。"

秦王嬴政听了这一方案，喜出望外，毫不犹豫地采纳了郑国的意见，征发数十万民工，修渠筑河。

由于工程过于浩大、过于艰难，郑国夜以继日、艰辛备尝地修了近10个春秋，总干渠的工程仍然没有竣工。

面对久拖不决的修渠工程，秦国内议论纷纷，认为这是韩国的疲秦之计，真正的目的是牵制秦国东征。秦宗室大臣们更是义愤填膺，要求秦王下逐客令。秦王把修筑总干渠的事从头至尾捋了一遍，勃然大怒，要杀死郑国。

真正的贤者并不惧怕黑暗的摧残，因为他们对自己的信仰和原则有强烈的自信。面对死亡，郑国从容不迫。他在死牢中托人给秦王捎话："我受韩王派遣来修渠，的确是为了拖住贵国攻打我们国家的力量。然而，请大王再想一想，渠修成后谁是最大的获益者？不正是大王统治下的秦国吗？我来修渠，为韩国延长的只是数年生命，而为秦国建下的却是关中至此无凶年的万世之功！"

郑国的话使勃然大怒的秦王冷静了下来，便顶住压力，将郑国从死牢里放出来，让他完成余下的工程。

终于，饱经磨难的郑国得以将他的宏伟蓝图化作长天大地之间的现实。秦人感激郑国用命换来的这条人工渠，将之命名为"郑国渠"。

在郑国渠通水之后的公元前230年，秦军攻入韩国，俘韩王安，韩国灭亡，从而戏剧性地结束了围绕郑国渠工程所展开的惊心动魄的博弈。

公元前221年，秦军携连破关中五国的雄威，挥师攻齐，两军对峙。曾经"九合诸侯，一匡天下"的齐国被秦国"一匡"了，几个回合便宣告灭亡。

自公元前230年秦军攻入韩国并俘韩王安算起，到公元前221年王贲俘获齐王建，满打满算也就10年。兵强马壮的秦师风卷残云般荡平了韩、赵、魏、楚、燕、齐，以摧枯拉朽之气概完成了"六王毕、四海一"的统一华夏的千秋大业，为春秋战国以来分裂、混战的乱局做了最后的总结。

秦之兴为什么能如此之遽？个中原因，历史学家们总结了千年，到现在还在总结。其中有一条，写在汉代司马迁的《史记》中："关中为沃野，无凶年，秦以富强。"

郑国渠灌区的百姓中流传着这样一首歌谣：

> 田于何所，池阳谷口。郑国在前，白渠起后。举锸为云，决渠为雨。泾水一石，其泥数斗。且灌且粪，长我禾黍。衣食京师，亿万之口。

没有郑国渠，哪来秦国的殷富？没有郑国渠，哪来秦国的强盛？没有郑国渠，秦扫六国、一统华夏的壮举一定会晚几年、几十年，甚至，说不定历史会为此而改写。郑国的不朽之功凝结在秦始皇统一中国的历史伟业里。

水加速着华夏历史的文明进程；运河助推着秦统一中国的雄阔步伐。

扫平六国的秦始皇于公元前 221 年命令尉屠睢指挥 50 万貔貅之师，分五路南下，向百越（今两广地区）发起最后的进攻：他要让自己的统治伸展到华夏的每一个角落。普天之下，莫非王土；率土之滨，莫非王民。

载着嬴政车马的豪华船队在悠悠的韶乐中，从万里之外的咸阳浩荡而来。它们溯长江而上，转入湘江，把湘江两岸渲染成一派缥缥缈缈的鸟语花香。浓密的丛林里，走兽们在深谷巨壑间也如蚂蚁般恐惧。

然而，尽管秦兵紧握在手中的铁器充满力量，一路披荆斩棘，还是在湘江的源头停下了他们雄壮的步伐：他们无法沿水道进入百越。

发源于桂林市东面海洋山的湘江，萦山渡壑，浩浩汤汤地扑入湘楚大地，注入长江，属长江水系；发源于兴安猫儿山的漓江，穿林越野，惊心动魄地奔腾入岭南，流入珠江，属于珠江水系。湘、漓二江相距 30 里，并不相通，中间是一个低洼的谷地，内有天然河道，以兴安县始安峤为界，以西的水向西南流入漓江，以东的水向东北流入湘江，始安峤就是湘、漓二江的分水岭。湘、漓二江向各自的方向奔流，在岭南这一片遥远得北方王者伸手不及的地方，她们有着互不来往、互不干扰的各自的幸福和乐趣。

王者的意志怎能被湘、漓的洪波阻隔？秦人的铁蹄怎能被湘、漓的浪涛抵挡？黄土高原上的王者的命令传到岭南：凿渠而通粮道。

王者剑指的方向，洪涛会俯首吗？湘水的流量大，但水位低；漓江的水量小，但水位高，两水落差有 32 米。使它们的相通并不是一件容易的事情。秦始皇派来的第一位将军使监没能完成使命，自刎而死。后继的第二位将军使监同样没能完成使命，接着自刎。

两位将军对洪涛束手无策，面对王者的利剑而又不得不痛下决心，只得拔剑砍向自己头颅，该是怎样的悲壮情怀啊！

第三位使监来了，他叫史禄。

史禄亦叫"监禄"，名禄。"史"是官职，并不是姓氏。禄的姓氏和生卒籍贯已经没有办法考证。史禄在总结前两位使监失败教训的基础上，紧紧抓住"分水"和"水爬坡"这两个关键，开始了他的凿渠使命。他将水渠修得弯弯曲曲，以延伸流程、减缓流速；每隔一段修置"斗门"，用来提高水位，利于舰船航行，与今天的梯级船闸原理一致，最终解决了湘、漓二水落差 32 米的难题。

始皇帝用自己不可违拗的意志迫使史禄成功地将湘、漓二江连接了起来，桀骜不驯的湘、漓从此变成了秦娥的水袖，任凭其自由地翻舞。而连接起它们的水渠更像一把不可抵御的王者之剑，在南方的阳光中闪耀着它刺目的强光，千年不灭。

水渠筑成当日，史禄将军站在湘、漓二水的连接处，满脸肃穆，苍茫的暮色将他镀成一尊雕像。晚风撩起他的披肩长发，他在风中岿然不动。

他想到了什么呢？是眼前自己建立起的千秋伟勋，还是庆幸没有重蹈前两位将军的失败覆辙？可能都不是。他想到的应该是：如果说幸运地筑成的水渠是一枚闪闪发光的勋章，那么，它是由两位将军的鲜血镀亮的，里面有两位将军的生命热血。

面对水渠，面对西天越烧越红的晚霞，史禄将军拔剑自杀，倒在了散发着新土芬芳的渠堤上，追随前两位将军的亡灵而去，永远游荡在湘、漓之间，聆听着湘、漓的日夜吟唱……

陡河、兴安运河、湘桂运河……这段渠有很多个名字。然而，因为它由三位秦人将军的灵魂凝结而成，所以人们更愿意将这段水渠称为"灵渠"。

沿着三位将军的英灵铸就的渠道，大西北戎狄最强悍的斗士挟着千古不复的豪雨，挟着黄土高原上的雄风和滚滚尘埃，向岭南大地铺天而去，纵横宇内。

灵渠留下了秦人万古不灭的情思，留下了劳动者的意志和由这意志铸就的辉煌。王者的意志、洪涛的悲鸣就潜藏在这里的每一朵浪花里。灵渠沟通的不仅是湘、漓二水，还是大一统的冲天伟力，是三山五岳、五湖四海的融合力量。灵渠闪动着先人的智慧、精神与力量的灵光。

面对灵渠，两岸青山放弃了它们自古的悍然，换上了晚风的和乐。

　　为霸业开凿运河，开凿出的运河非但没有使诸侯的梦想成真，反倒在客观上加速了其灭亡的历史进程。秦王正是借助各诸侯国开筑的发达水网，顺水推兵，一泻千里，将辽阔的华夏径直纳入秦国的一统版图。

　　秦一统中国，堕坏城郭，夷去险阻，收天下兵，聚之咸阳，销以为钟鐻，铸金人十二，重各千石，置宫廷中。然而，始皇帝没有下令毁弃同属战争重要设施的大运河。可能是秦氏祖先辅助大禹治水而有"水情"基因，可能是郑国的话犹在耳边，也可能是郑国渠带来关中富甲天下的事实使始皇帝对水格外崇敬，他非但没有下令阻塞运河，还不遗余力地决通川防。

　　公元前215年，秦始皇下达第一道疏浚令：疏浚鸿沟，通济、汝、淮、泗等水。

　　接着，秦始皇下达第二道疏浚令：命驻会稽部队在春秋吴国江南运河和百尺渎的基础上开挖从槜李通到钱塘的陵水道。得令后，会稽戍卒放下手中的剑和盾，拿起筑河工具，开赴工地。

会稽戍卒不可能知道，命令他们挖河东巡的始皇帝已行至云梦（今湖北孝感市境内），翘首东望，急等着他们把脚下的陵水道开成，那时，他将沿水道视察在咸阳梦都梦不到的东南之地。

就在会稽戍卒挥汗如雨、夜以继日地苦挖的时候，迫不及待的秦始皇在云梦登上了豪华的龙船，望祀虞舜于九嶷山，浮江下，观籍柯。秦始皇太急于看到被王者之剑降服的吴越之地，太急于看到周王室后裔经营几百年的江南到底是个什么样子。

秦人沿长江由利港转入江南运河。

秦人急匆匆的脚步在镇江与丹阳之间的云阳县（今江苏镇江市丹徒区）停了下来。随行的"望气者"（看风水的人）望出了云阳县的一袭长陇上"有王气"。也就是说，云阳有王者之气，这里会出天子。这个重大发现被迅速报告给了始皇帝。刚登帝位的始皇帝怎能允许有人挑战他的皇位？！威风无比的始皇帝站上长陇，瞭望一阵，跺跺脚，气魄雄伟地命令："遣赭衣三千破凿此长陇！"这是始皇帝下达的第三道疏浚开河令。

"赭衣"就是囚徒。在秦代，刑犯在狱中着红褐色（赭色）囚衣，因此以"赭衣"代称人犯。

公元前210年，三千犯人身负皇命，在秦吏的驱赶呵斥下踏上这片高冈，截其直道，使之阿曲，凿北岗以败其势。

秦吏每天只给囚徒半碗糙粮，囚徒们辘辘饥肠颟颔。凿河是份苦活，吃不饱，哪有力气？可是，只要囚徒们的动作稍微慢一点，督工的秦吏手中的皮鞭就会劈头盖脸地打下来，打得囚徒皮开肉绽。

几乎每往前凿进一丈，就有一个囚徒倒下，再也起不来……

囚徒的尸体被秦人乱抛在丘冈上。不时地，尸体的上空出现了老鹰的影子。它们乌黑发亮的翅膀横扫破棉絮般的云块，一动不动地停在尸体的上空，俯视着，不一会儿，一拍翅，像一道黑色闪电划过，凶狠地俯冲而下，威猛无比的爪子立时将丘冈上的尸体撕得稀烂……

就这样，这片"有王气"的长陇以三千囚徒的生命为代价，最终被破袭。因为是身着红褐色囚衣的囚徒开挖的，始皇帝便将这里命名为"丹徒"，这段运河就被称为"丹徒水道"（即今镇江东南辛丰镇运河）。

这就是始皇帝，不仅以铁的手腕一统江山，还在统一之后开天辟地，跨越五岭，疏通江南，华夏大地上的运河面貌为之一新。

秦之后的历史在两个同属于运河的热血男儿之间大开大阖，壮怀激越地演绎着。

运河的儿子选定以运河为舞台，在这里上演了一场气贯长虹的楚汉之争："项王乃与汉约，中分天下，割鸿沟以西者为汉，鸿沟而东者为楚。"（司马迁：《史记》）可能吗？卧榻之侧岂容他人酣睡？在天下面前，鸿沟绝非不可逾越！

战争不仅是一场力量的竞赛，更是一场智慧的竞赛。如果仅是力量的竞赛，那么，身高八尺多、力能扛鼎的项羽当然是胜利者。然而，结果偏偏不是，智慧更加重要。刘邦身边集结了一群极有智慧的人：张良、萧何以及运河边的另一个男人——"胯夫"韩信。运河无可奈何地目睹着这场双雄决杀，不知道是该为西楚霸王惜别虞姬、自刎乌江悲泣，还是为泗水亭长放声《大风歌》奉献上和鸣？

你们同是运河之子啊，相煎何太急？

运河的一个儿子倒下，运河的另一个儿子挺立。悲怆的江山争夺壮剧以高祖出世而闭合了它的铁血大幕，西汉王朝浮上了长安的历史天空。

回望鸿沟，黄土漫漫，芳草萋萋，顺黄河而来的风腾挪漫卷，在那里搅起似马蹄踏过的烟尘。"相持未定各为君，秦政山河此地分。力尽乌江千载后，古沟芳草起寒云。"（韩愈：《鸿沟有感》）

西汉建国 60 余年之后，气血健旺、精神抖擞的汉武帝刘彻即位。

汉武帝登上皇位之时，京城人口急剧增加，关中给养再也不能满足首都长安的需要。漠北匈奴不断侵扰边境，用兵西北、与匈奴大战是迟早的事。打仗打的是银子，是粮饷。所有这些都需要从全国其他地区调运到京城来。

在所有的运输工具中，船运载重量最大，因此最为汉武帝所看重。刘彻称运河为"漕河"，称船运为"漕运"，拉开了中国王朝漕运的序幕。

漕运用的船叫做漕船；漕船载运的粮、米叫做漕粮、漕米；驾驶漕船的军队和民工叫做漕军、漕丁和漕夫。这些特别的称谓和职业自此出现在中国的史书里。

漕运漕运，先得有"漕"，然后才谈得上"运"。雄才大略的汉武帝把目光转向了运河的修筑。

面对手持朝笏、跪倒一地的大臣们，端坐在龙椅之上的汉武帝刘彻宏谋远虑："漠北匈奴不断侵扰我边境，与他们的大战是迟早的事。问题不在于什么时候对他们用兵，而是在于我们什么时候能准备好。打仗打的是银子，打的是粮饷。用兵西北，需从关东及广大海滨地区调集军饷，这些军饷要通过漕运抵达长安。关中地区对东方漕粮的需求不仅超过了已经没落的几条运河的运输能力，也超过了黄河与渭水的运输能力。黄河在函谷关附近有砥柱之险，漕船通过十分困难；渭水下游河道曲折，水浅多滩，漕运极为困难。文帝、景帝时，长安仰仗漕运粮食，每年几十万石就差不多了，漕运不盛的问题尚不突出。现在，每年没有一百余万石的漕运，长安危矣，天下乱矣！随着对西北用兵，漕运一百余万石也远远不够，只是杯水车薪，非要增加到六百万石左右不可。漕运不畅是头等重要的问题。朕深为此忧。"

说到这里，大农郑当即大声回应："回禀圣上，臣以为，整理漕运、扩大河流运输能力刻不容缓！没有远虑，必有近忧。现在，关东粮食及其他物资均系通过渭水漕运到京城。这段水道长九百余里，沿途险峻湍急，行船困难，一次漕运需要六个月以上，费时费力。如果引渭穿渠起长安，傍着南山向东流，一直流到渭水与黄河交汇处，从潼关以西较低的地方进入黄河，关东至长安的水道将因此而缩短到三百余里，算是一条捷径，三个月就可以将关东及以外地方的粮食和物资运抵京都，且两岸万余顷民田得以灌溉，关东地区的贫瘠之地会因此变得禾壮粟硕。"

大农的话使龙颜大悦："爱卿说得很好。拟诏：一，雇用民夫筑河，所需费用由国库负担，每役每月两千钱；二，河工参加筑河的时间抵算服兵役的时间；三，驻京城周边的御林军随时候命，一旦需要，立即开赴筑河工地。"

当朝最著名的水工徐伯表领得汉武帝意旨，立即带领数万卒开赴工地。

这是一个以彪悍强壮为整个民族时尚的时代。奉行这种时尚的数万卒，吼着遮天蔽日的秦腔，不舍昼夜，披肝沥胆，历经三年，使大农郑当时描述的"捷径"全线贯通。

漕渠筑成，年输六百万石粮食抵长安，支撑起励精图治的汉武帝开疆拓土、征战匈奴的波澜壮阔的霸业。

汉武帝不仅需要一条漕运的运河，更渴望思想的运河、文化的运河，由此把人民凝聚起来，一起走向长治久安、繁荣昌盛。

建元六年，太皇太后窦氏驾崩，武帝得以独揽乾纲，真正成了一个"定于一尊"的皇帝，建元初年被扼杀的新政也就有了再一次被提上日程的可能。元光元年，他令郡国举孝廉、策贤良，求治国方略。这一诏令使董仲舒的名字进入了史册之中。

董仲舒，广川（河北景县广川镇）人士。自幼好学，三十岁始收徒讲学，声名盛隆。他在落实汉武帝诏令的"海选"中脱颖而出，以第一名的成绩进入"皇帝提问环节"（策问）。

渭水南岸，未央宫阙，汉武帝在这里的御座上连续对董仲舒进行了三次策问，一次问一个问题：巩固统治的根本道理、治国理政的方法、天人感应。董仲舒以渊博的学识、深邃的思想从容应答"王者承天意以从事"，"诸不在六艺之科、孔子之术者，皆绝其道，勿使并进"，系统地提出了天人感应、大一统学说。三次应答的策文合在一起被称为《天人三策》。

《天人三策》深得帝心，与皇帝的抱负和理想不谋而合，于是被全盘采纳，由此开创出罢黜百家、独尊儒术之新局。没有董仲舒，儒学在，诸子百家也在，但没有一种思想能够既登上庙堂之高又拥有江湖之远。是董仲舒将诸种思想文化融合起来，形成以儒学为基础的新的思想体系，全面升值成中国社会的正统思想。

与徐伯表率万众在关中大地穿漕渠不同，董仲舒开掘的是一条思想的漕渠，水质纯净，仅流儒术。刘彻在这条漕渠内快意航行。中国的社会历史也是一艘漕船，从此就航行在这条漕渠里，再也没有驶离过。

董子思想如水，由汉始源，流向了凡是水能流到的所有地方。流过历史，流过时间，一直流进今天。

西汉末年，在风起云涌的农民起义中建立起来的汉王朝在又一次风起云涌的农民起义中摇摇欲坠。

汉室之后刘秀跳出朝廷乱象，到河北发展。他以恢复汉制为号召，取得了地方势力的支持，迅速扩展了势力。公元25年，刘秀称帝。先即位于鄗（今河北柏乡北），后定都洛阳。历史上称之为东汉或后汉。之后，他用了十几年的时间，重新统一了中国。

刘秀定都洛阳，全国的政治中心随之东移。来都城的漕船从黄河入洛水，然后由洛水抵洛阳。可洛水淤浅，漕船难以通行。一国都城没有便捷的漕运，那是不可想象的。立国不久，汉光武帝刘秀马上召来河南尹王梁问策。

河南尹王梁答："要解决京师漕运，首先要解决洛水淤浅。愚官认为，可穿渠引谷水注洛阳城下，东泻巩川，洛水水量因此而能增大，都城漕运问题迎刃而解。"

刘秀大喜："好！你负责穿渠引水。京都漕运，刻不容缓。"

像当年汉武帝围绕都城长安开凿运河一样，汉光武帝围绕洛阳展开了挖掘运河的浩大工程。

建武五年（公元29年），河南尹王梁征发万余民夫，开上了引渠工地。王梁食不甘味，夜不歇枕，指挥万余民夫星夜苦战，开挖不止，当年便修建完成引渠。

然而，令河南尹万万没有想到的是，谷水是引来了，可是水量还是太小，注入洛水后莫说行漕船，就是荡木盆也显得太浅。

遭弹劾的王梁被汉光武帝由河南尹贬为济南太守，从省部级降到了地市级。

处理一个人容易，不容易的是解决问题。指责王梁时，满朝大臣慷慨激昂，就像是声音小了自己也有罪似的；讨论到怎么样解决漕运时，满朝文武却又个个噤若寒蝉，就怕声音大了，这棘手的事会落到自己头上。气得本来脾气就坏的刘秀脸都青了。

脸青了也没用，满朝大臣没有一个有好策略。满足京师所需的粮食物资只能运至洛阳北侧的黄河边，然后用车辆拉进都城来。

京师漕运方案一放就放了十八年。建武二十三年（公元 47 年），张纯当上大司空。新官上任三把火，又重提开都城漕运之事。

张纯的奏折递到光武帝手上时，刘秀有一种久旱逢甘霖的酣畅。王梁开引渠之后的十八年间，每每想起漕运，都令刘秀如鲠在喉，好生郁闷。十八年后终又重见开漕运的奏折，这令刘秀喜出望外："宣大司空张纯觐见！"

张纯进殿说："启禀圣上，愚臣认为，当年河南尹王梁的引渠之策并不全错，解决京师漕运非开渠不可。在这一点上，他是不错的。没有他的前策，也就不会有我现在的设想。"

"说你的计策。"十八年过去了，光武帝刘秀不想再翻那本烂账，他要的是眼前的漕运。

"诺。圣上，十八年前，"张纯不敢再提王梁，可要说清楚自己的计策，又必须与王梁当年开挖引渠相比较，所以他以"十八年前"代之，"十八年前引渠之所以没能成功，是因为将一水引入另一水，而两水都很长、很浅，引入之后效果不明显。现在，我的方案是要将两水加在一条不长的运河里，想来一定会成功。"

光武帝刘秀频频点头："朕想也是！好，就这么办！"

十八年的等待毕竟太长了，在漫长的等待结束之时，光武帝刘秀有一种巨大的解脱感：自己钦定洛阳为都，都城竟不能有畅通的漕运，那份郁闷非常人可以想象。

依据张纯之策，刘秀又发万人走上运河工地，在洛阳城西南新开一条渠道，将洛水引入，东流穿越谷水，至偃师一带，再回归到洛水中。

新渠筑成。

张纯派人快马将这一喜讯飞报入宫。光武帝刘秀见到使臣，问的第一句话是："水量可大？足通漕船否？"

当得到肯定回答时，光武帝十分欣慰："告诉张纯，竣工那天，朕要亲临工地，嘉奖河工。"

光武帝刘秀真的来了。他望着满渠新水，高兴极了，对陪同的大臣说："有了这条新渠，都城漕运就算彻底解决啦！它环绕洛阳，这条运河就叫'阳渠'吧！"

皇帝金口玉言，大臣们齐声唱和："圣上英明！"

阳渠水源主要依赖洛水，同时又纳入了谷水，两水相叠，沛然，漕船行其上，跃然。

阳渠的成功开凿使黄河与淮河之间的人工运河在西周、春秋战国、秦和西汉的基础上又向西进一步拓展，形成了西起洛阳，经阳渠，连接黄河、汴渠的新的水运航线，把国都洛阳与中原及江淮地区密切地联系了起来。

前朝通往旧都长安的漕运渠道此时尚未废弃："东郊则有通沟大漕，溃渭洞河，控引淮湖，与海通波。"（班固：《西都赋》）围绕都城洛阳的运河水网通达了。

永建二年（公元127年）六月，自檇李驶来的百艘漕运船队，经近两个月的航行，进入了邗沟北端的射阳湖。

刚才还晴朗的天，忽然卷来阵阵浓云，天空低垂得很是吓人。一只鹰隼仿佛带着对这沉重的天色的愤怒，平张双翅，一抖不抖地从高处斜插下来，在几乎就要触到湖面时才拍翅，发出猛烈的声响后腾起。也许是对像要塌下来的天空感到恐惧，接着就听到它惊恐凄厉的鸣叫……鹰隼远去，号啸的狂风随着云头下压而到来，在湖面上肆虐……

天空向湖面伸来巨大无朋的"象鼻子"，旋转着在湖面上奔逐，以无比巨大的力量，以把整座湖水都吸干的魄力，将它奔逐过的湖面上的所有东西旋入，然后砸下……

当天空重现晴朗，射阳湖重现平静之时，百艘漕船不见了，湖面上漂浮着被龙卷风卷起、摔烂的船板和尸体……

消息传进都城，朝廷震惊！

邗沟是吴人的"急就章"。为了迫在眉睫的伐齐之需，伍子胥所开邗沟尽量从自然水道、湖泊中穿过，以节省挖掘之力，争取尽早开通。因此，邗沟水道漫长，串连的湖水面积广大，多风涛，行船危险。

百艘漕船葬身湖中，无一艘幸免，这令当朝皇帝刘保大为惊愕。朝议时，汉顺帝问策众臣。大臣们议论纷纷，几经争执，最后达成共识：

避开湖泊，另辟新道。

广陵度支陈敏扛起朝廷赋予的这八个字的重任，率数万河工走上工地，穿樊梁湖北口，下注津湖迳渡。

陈敏辟出的新水道比在大湖中穿行安全了许多。竣工后，汉顺帝专门巡视，表示对这一点是很满意，但对新水道堤岸均为土筑深不以为然："漕运事关朝廷兴亡，水道系百年大计，沿岸必须积石为堤。"陪同视察的广陵度支陈敏战战兢兢地应道："下官遵命。"

陈敏开新道避湖险之后，至汉末，广陵太守陈登对邗沟再加改造，形成了邗沟旧水道以西的"邗沟西道"，时称"中渎水"。

东晋又有几任官员对中渎水进行改造、疏浚，不断兴修类似于闸又不是闸的堰埭，防止渠水流失，保持航道水深。邵伯埭、秦梁埭、三枚埭、镜梁埭先后出现在漫长的邗沟之上。

晋哀帝兴宁年间的再一次修筑之后，邗沟西道中段全改为了人工河道，漕船不再从湖中航行。伍子胥当年所开筑的邗沟，历经八百余年，逐段被废弃，退出了历史舞台，仅剩古邗城边的一截，无声地追悼着吴人的雄心，凭吊烽烟滚滚的春秋战国。

第二章

大河横流

『广通』出关中

二百五十万亡灵

炀帝下扬州

运河五千里

功过葬雷塘

前瞻秦汉，后顾隋唐，前后都是中国历史上的赫赫朝代，就是公元220年到公元589年汉、隋之间这约400年，是一块蓄满血泪的历史洼地。四海之内，权欲之斗如火如荼，山河破碎，生灵涂炭，一茬茬自封的皇帝们铜柱炮烙、酒池肉林、芙蓉帐暖、铜雀春深，所有的人文伦理和道德信仰都在生存的实用法则下被践踏殆尽，文明既久的华夏坠入了一段不堪回首的荒唐岁月。

在这不堪回首的400年里，为了战争的需要，运河伴随着血泪，蜿蜒逶迤。百姓们以生命为代价，在兵荒马乱的危局中，强悍地把运河文明接续下来，推向久远。

曹魏代汉，迁都洛阳，又以许昌、谯、邺、长安为陪都。为便利交通，陆续改造旧水道，开凿新运河。自建安七年（公元202年）起，睢阳渠、白沟（又名宿胥渎）、平虏渠、泉州渠、新河、利漕渠这六条运河在河北平原上将海河水系沟通，推动着中国北方的统一和社会经济的发展。

魏文帝曹丕不输父亲曹操，其在位期间同样指挥开凿了六条运河：沟通汝水和颖水的讨虏渠、沟通洧水和汝水的贾侯渠、沟通漳水和滹沱水的鲁口渠、沟通漳水和泒水的白马渠及沟通颖水和汝水的广淮阳、百尺二渠。北方大地，运河纵横。

东晋太和四年（公元369年），桓温北伐前燕，率水军溯泗水至金乡，值大旱，菏、济水断流，命毛穆之开南接菏水（今山东鱼台附近）、北通巨野泽之渠，引汶水入吴王夫差的大将徐承开筑的渠道，使泗、汶、济三水相连，史称"桓公沟"，长三百余里。江淮流域船只借助桓公沟，可自济水入黄河，西去陕洛。

孙吴迁都建业（东晋改称建康，今江苏南京），为避长江风涛之险，加强首都与主要经济区太湖流域的联系，于赤乌八年（公元245年），发屯田将士三万人，凿句容中道以通吴（今江苏苏州）、会（今浙江绍兴）舰船，史称"破岗渎"。

南梁时，破岗渎在冬春枯水季节水浅，行船艰困，朝廷发民工在破岗渎南面另开了一条上容渎，采取"顶上分流"，沿途筑二十一埭，改善枯水季节的通航条件。

至陈朝，上容渎埋灭了，转而重新疏浚破岗渎。

破岗渎、上容渎的开凿使太湖地区的航运船只可以不需要经过京口入长江就直达建业，输送支撑起帝都宫城的奢华："千古凭高对此，谩嗟荣辱。六朝旧事随流水，但寒烟衰草凝绿。至今商女，时时犹唱，《后庭》遗曲。"（王安石：《桂枝香·金陵怀古》）

能征善战的鲜卑族自"敕勒川，阴山下"挺进中原，建立起北魏王朝的光辉与荣耀。在统一北方的历程中，北魏疏浚运河，畅通物流，滋润经济，致"百姓殷阜，年登俗乐，鳏寡不闻犬豕之食，茕独不见牛马之衣"（杨衒之：《洛阳伽蓝记》）。

北魏是中国历史上第一个入主中原的少数民族王朝。浩荡胡风当会刮倒汉文化的葱茏大树吧？有多少人有着这样的焦灼忧心！然而，出人意料的是，鲜卑族统治者中的杰出人物，特别是孝文帝，谦卑、虔诚地拜汉文化为师，以开放的心态迎纳各种文化的洗礼。他将都城自平城（今山西大同）迁往洛阳。洛阳是天下共主周天子所在的洛邑，是老子、孔子两个中华民族精神原创者的会合之地，是汉光武帝刘秀的都城，是汉文化的核心地带。迁都洛阳就是认祖归宗。中华文化、游牧文化、佛教文化、佛教文化背后的印度文化、西域文化因北魏孝文帝的到来而汇聚洛阳，汇聚出赫赫的龙门石窟。中华文明非但没有遭受劫难，反而获得了新的素质，获得了一次大幅提振，并自洛阳沿运河播向更辽阔的土地。

尽管这一时期的运河是分裂的，主脉已散，但四方奔溢，气貌繁盛，以无可阻挡之势促进着交往、涵养着文化。正因此，这四百年里的文化创造，前承继秦汉，后交接隋唐，历史的洼地从黑暗、混乱、血腥中隆起，隆出一块令人仰望的文化高地——苍劲悲壮，刚健豪放。千年过去，仍然能感受到建安风骨绽放出的异彩。

山水萧瑟，岁月荒寒。阮籍在荥阳广武山楚汉相争的古战场勒住马缰，俯瞰鸿沟，迎风长啸："世无英雄，使竖子成名！"废墟边的一叹千年成为难以企及的精神高峰。

傲世名士嵇康在洛阳城外的阳渠边上支起一个铁匠铺，挥锤打铁，锻打出《明胆论》《管蔡论》《难自然好学论》等名篇千秋相传；更有一曲《广陵散》，终成绝响。

麻袍飘飘，神医的足迹遍及安徽、江苏、河南、山东，把内、外、妇、儿、针灸各科播向运河沿岸的广大地区。

指南车、《大明历》、圆周率，哪一项成就都站在时间的科学之巅，况三项集于一身。祖冲之，中国永远的骄傲！

虽家道中落、饥寒困瘁，只得躬执耕稼、承星履草，但决不放弃自己的热爱、自己的追求。上容浚边（今江苏句容）的炼丹师葛洪终成中国最早的传染病诊治专家、化学家。

浙东运河流经的绍兴有兰亭，坐在亭里的王羲之舀一勺清流研墨，用蚕茧纸、鼠须笔挥就《兰亭序》，终成极品，供一代又一代临摹。

天才画家顾恺之蘸芳风藻川、兰馨远馥的无锡运河水，描绘《女史箴图》，迁想妙得，以形写神。

煌煌巨著《文心雕龙》诞生在这样一个乱世，实在意外；不意外的是，刘勰为写这一巨著，在钟山定林寺里前后生活了二十年。一个人让一座寺名垂青史。

生卒年代几乎与刘勰完全重叠的钟嵘，没有像刘勰那样立足文学理论的宏大建设，而是执着于为诗歌立规矩、定标准。这位诞生于鸿沟流经的颍川长社的记室，以运河水给予的翩翩才思著就《诗品》，推进着诗歌的"滋味"。

陶渊明著《桃花源记》，郦道元著《水经注》，杨衒之著《洛阳伽蓝记》……

一个灾难深重的破碎时代，却有如此多的杰出天才来建构完整的精神世界，实在是中国文化史上的奇迹。

这奇迹的诞生离不开中国运河在苦难时代也没有放弃的流动、沟通、融合。

尽管也有一些超凡的智者视若无睹，悲哀的愁人空怀愤懑，但苍白的面容下其实都是心潮难平。乱世多隐者，然而，真正的高人并不能真正逍遥世外。无论是箪食陋巷还是垂钓江渚，他们皆如同身登蓬莱而遥望齐州，九点烟云中，往往慨然浩叹。所以说，总有一种潜在的力量决定了乱世不会长久。愈是黑暗，对光明的期待就愈为炽烈，尽管没有多少人真正知道从黑暗到光明需要多大的代价。

代价再大，光明也会到来。天下大乱得太久了，到了该大治的时候了。公元581年，北周外戚杨坚顺应历史，举戟斩乱，一个"隋"字书写出华夏历史上又一个统一的王朝。

长期的战乱使黄河流域的经济受到严重的摧残。三国至两晋时期，关中有过一个短暂的复苏期，但两晋末年的永嘉之乱破坏了这来之不易的复苏。后经北魏至隋，经济得到恢复并取得不少进展，但作为中国经济重心的地位日渐丧失。此时的八百里秦川已无法满足京城的粮食等物资供应，虽然仍然号称沃野，但所出不足以供给京师。长安为墟，城中无人行。

为躲避中原的战乱，百姓纷纷南迁。江右土沃，流人所归，给南方带去了先进的生产技术，促进了江南经济的发展。至东晋南北朝，终于将三吴地区的经济推向了一个新的历史高度："鱼盐杞梓之利，充牣八方，丝绵布帛之饶，覆衣天下。"（《宋书》）至西汉之后，江南再不是司马迁笔下的江南，已变得沃野千里、民富兵强，已变得铸山为铜、煮海为盐。至陈朝，江南更是良畴美柘，畦畎相望，连宇高甍，阡陌如绣。

此时的长安再不是秦时的长安，再不是汉时的长安。作为国都，长安已经明显不够资格了。隋朝开国皇帝杨坚为什么固执地将他的皇都定在"地少而人众，衣食不给"（《隋书》）的大兴城（今陕西西安），而不是川泽沃衍，有海陆之饶、珍异所聚、商贾并凑之域？

也许史念海先生对秦为什么定都咸阳而不是更富裕的地区的解释同样可以解释隋文帝的选择：这正是秦国的伟大之处。不因为贪图小利而忘记国家的大患。秦国的大患是什么呢？不是国内的不安，而是西北塞外匈奴的威胁。而对付匈奴的侵略，咸阳正是一个最适于指挥的中心。宁肯在经济方面多受一点困难，也不愿在国策上输了这一着，所以秦人不迁就经济中心而迁都。

把国都放在这个通往西北国际通道的总支点上，对外可以屏蔽东方、防御敌人进攻、进攻敌人，对内又可以控制东方。建都在关中的时代，朝廷的经济来源主要靠东方平原和黄河中下游的广大地区。这两个地区的物资支援是朝廷统治的资本。如果仅靠关中地区，有时连粮食问题都解决不了，更别谈支撑浩大的军费和朝廷的运转。国家这样战略布局，注定了漕运成为朝廷的生命线、王朝的命脉。

衣食不及，京城就会乱；京城乱，天下就会乱。能否从关中和江南转运大批漕粮，解决京师之需，成为新朝立国的基础和安危的关键。隋文帝杨坚为此寝食不安。开皇元年（公元581年），他召来大将郭衍，语重心长地对他说："爱卿，北患未平，南忧仍在，如果京都再有骚动，不堪设想！打仗，你是开国元勋，现在建设国家，朕也希望你建不朽功绩！朕命你为开漕渠大监，负责改善长安、黄河间的水运，使之尽快通漕，将京城所需源源运来。这不比打仗简单，它更复杂、更艰难。朕是反复斟酌才决定选择你。"

隋文帝一番推心置腹的话说得弯弓射雕的郭衍有泪蓄到眼中，他"咚"的一声跪在文帝面前："臣领旨！"

大将郭衍跨上跟随他南征北战的骏马，一挥马鞭，奔腾而去。

在关中平原的渭水之南，郭衍勒住了马的缰绳，一声惊叹："渭水千年浊，秦川万里秋。"面前是汉武帝采纳大农郑的建议，命著名水工徐伯表开挖的漕渠。没有运河，就没有雄才大略的汉武帝西征北伐的成功，就不可能有汉朝的兴盛，更不会有昭宣中兴。运河就像一根悠长的脐带，给汉朝庞大的身躯注入生命的活力。现在，缔结脐带的使命落在了自己的肩上，当不辱使命，奋力而为，使隋朝也因自己疏浚和重修运河漕渠而强大起来，可与盛汉相比。不，应该是超过盛汉！

想到这里，郭衍热血沸腾起来，脸也因激动而涨得通红。他翻身下马，用手中的鞭子使劲地点着眼前的漕渠，对身后的兵卒们命令道："从这里开始挖！挖！"

兵卒们得到自己大将的命令，"喔、喔"地呼着号子，在广阔的关中平原上散开了。

隋王朝建立后为解决漕粮西运问题而进行的第一项运河建设工程在郭衍的马蹄下、在英勇善战的劲旅兵卒的呼声中开始了。

当郭衍带着略循汉代漕渠故道而东、至潼关入黄河、长三百余里的运河竣工的喜悦回到都城向他的圣上复命时，文帝杨坚面对瘦了许多的郭衍很长时间，没有说出话来，默默地伸出手，无言地为郭衍擦去铠甲上的泥土。

这段漕渠的及时疏浚开通缓解了京师的物资压力。

两年后，隋文帝再派出杰出工程专家宇文恺，让他率领民夫动工改建运河，将渠道凿得又深又宽，可通漕船巨舫。

此渠自汉武帝初开，到大将郭衍再开，至宇文恺扩建，七百多年来连民生、通国脉，隋文帝将之命名为"广通渠"。

深阔的广通渠水上，千舟万船，桅樯相接，风飞帆动，昼夜不息，四方物资源源输入京城，输入到隋王朝的体内。

大运河的日日滋养使文帝杨坚觉到了体内有股力量强劲地搏动起来，觉得自己有了兴兵讨伐躲在建康城内那个叫"陈"的国家的本钱，有了打掉尚未归顺的最后一个小王朝、结束国家南北分裂局面的能力。

陈朝国都临水，伐陈必须以水军为主要战斗力。隋之主力战舰五牙舰，上起楼五层，高百余尺，左右前后置六拍竿，并高五十尺，容战士八百人，旗帜高高地飘扬在舰顶之上。如此庞大的战舰，如此庞大的舟师，没有畅通的水道绝对不行。用兵陈朝，必须对时常淤浅船只、航行困难的邗沟加以疏浚和重修，确保庞大舰队的通行。这是从眼前的平陈战事看。而从弭平陈朝之后治理国家的长远来看，疏浚和重修邗沟对沟通东南具有战略意义。

开皇七年（公元587年）四月，目光远大的文帝毅然决然地派出已取得修筑运河经验的大将郭衍作为河工，精通水事的宇文恺作为专家顾问，共同负责对邗沟的疏浚治理。

郭衍、宇文恺在历代对邗沟开掘、改造、疏浚的基础上，再行拓宽、整治，因经过山阳（淮安古称），这段运河改称为"山阳渎"。

隋开皇八年（公元588年），山阳渎承载起隋王朝的黄龙、平乘、舴艋等各型战舰组成的庞大舰队，将它们无声地载送到建康城下。在陈后主君臣昏昏然纵情酣饮时，隋借助运河的巨大力量，展开了对陈的致命一击。

陈朝旧疆，江南之地，虽难称辽阔，但也非弹丸之地。其间河流纵横，运河贯通，浇灌出了富饶的经济、璀璨的文化，谱写出了那个时代无与伦比的华彩篇章。然而，当朝皇帝陈叔宝荒于政务，不理朝政，即使到了危急存亡之际，依然日日与宠姬张丽华、孔贵嫔以及都官尚书孔范等人放纵游乐，亡国戾气充溢宫廷。

隋军攻陷都城，慌作一团的陈后主与十余个宫人一起逃出后堂景阳殿，藏身在殿旁的一口枯井里。

就这样，存活不足八年的陈朝灭亡在了一口枯井里。

战争的需要推动着运河的修筑疏浚，运河的修筑疏浚又推动着战争。浩荡的运河将隋朝大军无声地载送到建康城下；浩荡的运河无声地助推着中国在经历近四百年南北分割局面后实现了新的一统。

二百五十万亡灵

　　平陈之战对统领全军的少帅杨广来说是刻骨铭心的；山阳渎在战争中的作用也是刻骨铭心的。一番血光剑影，独著声绩的杨广坐上隋皇宝座之后，构筑运河成了炀帝的治国战略。

　　隋炀帝的"一号诏令"是迁都控以三河、固以四塞的洛阳。离开长安前，他将广通渠改名为"永通渠"，讳"广"字。

　　洛阳，东汉刘秀曾定都这里。经过几十年的经营，洛阳繁盛。特别是河南尹王梁、大司空张纯等人建言开挖运河，以至阳渠绕洛阳，水网完备、发达。然而，几百年过去了，历经战火摧残，至隋炀帝，洛阳城已经相当残破，远没有都城的气象。为了让新都尽快地繁华起来，隋炀帝命全国数万家富商大贾迁徙洛阳，并且命杨素、宇文恺兴建新都同时召来尚书右丞皇甫议，商议围绕新都开凿运河，迅速建起环绕京都的水网。

炀帝道："朕决定京都东移洛阳，朝廷内外、上下有多少人反对啊！朕顶住压力，坚决东迁，是朕看到了南方经济，特别是江淮、河北地区发展迅速，国都应该靠近这些地区。既然迁了，就需要很好地改善黄河、淮河、长江间的水上交通，以便南粮北调、东米西运，使朝廷强大。建设水道还有一个更重要的原因，那就是吴会地区是旧陈的中心地带，时常发生叛乱。我记得平陈后第二年的十一月，婺州人汪文进、会稽人高智慧、苏州人沈玄恺皆举兵谋反，乃至陈之故境，大抵皆反。先皇调集大军弹压，经两年用兵，方才平定叛乱。然而，这只是表面上的平静。于是，先皇帝在南方设置扬州大总管府。当年，朕就坐镇汇都，总统南方四十四州军事，十年不敢动弹。五六年过去了，吴会地区发生了不少变化，但社会仍然不稳，威胁着王朝的安全，这是朕最忧心的事。朝廷需要便捷的运河通达那里，随时准备应对那里出现的状况。所有这些使朕坚定了一个想法：朕要运河！"

无论后来发生了什么，至少在此时，隋炀帝是一个用心社稷、气吞山河、怀抱万里的帝王。

尚书右丞皇甫议建言："自圣上颁诏迁都洛阳起，臣就食不甘味，思索新都的交通事宜。臣以为，洛阳之交通，应首先关注东南，是我朝廷所忧，且是我朝廷给养所仰之地。这两者都需要便捷的运河水道。"

"爱卿所言极是。"

受到炀帝的鼓励，皇甫议更加滔滔不绝："都城运河可在阳渠基础上扩展而成，西起都城西，以洛水及其支流谷水为水源，穿过洛阳城南，到偃师东南，再循洛水入黄河。如果将这段运河看做是运河西段，那么东段则可以疏浚、重修鸿沟，引黄河水东行汴渠，再东行注入淮水，将东都洛阳与扬州连结起来。若能如此，我朝面向东南的运河水道就很顺畅了。"

皇甫议的描绘使炀帝很兴奋："爱卿所言极是。这段运河是朕的御河，就叫它'通济渠'吧！"

说到这里，炀帝似乎又想起了什么，接着问皇甫议："爱卿称'若能如此'，你有什么顾忌？"

"圣上英明，愚臣的一点心思都逃不过圣上的眼睛。臣的确有所顾忌。刚才所言的东、西两段运河，加起来将达两千里。工程浩大，圣上登大位不久，又在建新都，愚臣担心国力难逮啊！"

炀帝不以为然，轻松地说："爱卿过虑了。先帝在世时，采取一系列发展措施，刺激社会经济的发展，衣食滋殖，府库盈溢，天下私储可供五十年！初筑河时可能会遇到些困难，但只要我们咬咬牙，挺过去，待河大畅，富庶的吴会地区就等于挪到了东都洛阳的城墙根下，一切还在话下吗？！"

炀帝拿定主意，在洛阳大兴土木建设新都的同时，发天下丁男，年十五岁以上、五十岁以下者全部去筑河；发河南淮北诸郡男女百余万，开通济渠。隐匿不去，斩三族！

炀帝命开凿通济渠的同时，下令征发十万淮南民工，将父亲平陈时曾派大将郭衍、将作大臣宇文恺疏浚治理过的山阳渎再次拓宽加深。

炀帝为通济渠和山阳渎的疏浚治理颁布了统一的标准：渠宽不小于四十步，可通龙船；渠堤筑成宽阔的御道，道两旁统统植上柳树。

两项开凿运河的浩大工程自大业元年（公元605年）三月动工，八月全部完成，历时不足半年，工程规模之大，进度之快，堪称中外工程史上的奇迹。

其中固然有黄淮平原、江淮平原土质疏松，易于开挖，沿途又充分利用天然河道和历代开挖的人工河道，在工程量上大为减少的原因；也有此时冶铁技术已经普遍应用，开凿运河所需的工具制造有保障的原因；但更重要的原因是，隋炀帝不顾民生，滥用民力，给人民带来了沉重的负担，乃至苦难，整个社会为此付出了极其高昂的代价："男丁不供，始役妇女。"（无名氏：《开河记》）

唐人韩偓描写隋朝凿河民工悲惨生活的血泪文字如子弹般洞穿人心："……诏以征北大总管麻叔谋为开河都护，……诏发天下丁夫，男年十五以上者至，如有隐匿者，斩三族。……丁夫计三百六十万人。乃更五家出一人，或老，或少，或妇人等供馈饮食。又令少年骁卒五万人，各执杖为督工夫，……时叔谋开卞渠盈灌口，点检丁夫，约折二百五十万人。"（韩偓：《开河记》）

为建江都显仁宫，炀帝命令全国进贡草木花果，搜罗大江以南、五岭以北的奇材异石置于宫中。筑西苑，苑中池沼中布满用绫绢制成的荷、芸、菱、芡；更在苑中开挖人工海，周围十余里，海中设蓬莱、方丈、瀛州三神山，山上山下遍布亭台楼阁。他更令迷楼上下金壁，工巧之极，自古无有。每年正月，万国来朝时节，东都端门外、建国门内，上演百戏，伎人皆衣锦绣缯彩。"其歌舞者，多为妇人服，鸣环佩，饰以花毦者，殆三万人。……两京缯锦，为之中虚。"（《隋书·音乐志》）西域人来洛阳经商，他命洛阳城粉饰一新，彩锦缠数，缯帛绕梁，以示豪华。巡游张掖时，西域二十七过遣使谒见，隋炀帝令武威、张掖士女盛饰纵观。衣服车马不鲜者，州县督课。为了显示其淫威，他靡有定居，不断巡幸各地，在位十四年，居京问政不足一年。每至一处，竭尽奢华，群臣蜂拥，僮仆侍应，美女如云。至于滥用民力，征发无度，更是史所罕见，以致天下死于役而家伤于财；以致草民为避征用自残手足，称为"福手福足"；以致老弱耕稼，不足以救饥馁；以致妇工纺绩，不足以赡资装……

炀帝下扬州

炀帝有很深的"扬州情结",深到"欲取芜城作帝家"（李商隐:《隋宫》）的程度。

炀帝在命杨素、宇文恺兴建东都,命尚书右丞皇甫议督开通济渠和山阳渎的同时,又遣黄门侍郎王弘、上仪同、于士澄往江南采木造龙舟,自洛阳到江都建离宫四十所,为游巡扬州做准备。

当水道畅通,当龙舟造就,当金壁辉煌的离宫排列在运河沿岸时,昔日的扬州总督、今天的炀帝就要下阔别七年之久的扬州了。

大业元年（公元605年）八月六日,天热得像是发了狂。太阳刚一冒出邙山,地上已经像是下了火。东都城里的柳树病了似的,叶子挂着层灰土,在枝上打着卷,枝条一动也懒得动,无精打采地低垂着。因为炀帝要出行,御林军一早就在从皇宫到运河码头沿路洒上了水,压下因干燥而扬起的尘土。可是，因为大地干得太久，洒下的一点水很快就蒸发掉了，道上依然尘土飞扬，跟天上的灰气连接起来，结成一片恶毒的灰沙阵，烫着行人的脸。处处干燥，处处烫手，处处憋闷。整个东都像座烧透了的砖窑，使人喘不过气来。

辰时，声势赫赫的御林军马队整齐地列成八行，马背上的骑士一手勒缰，一手举戟，有节奏地喊着相同的号子，呼啸而行，为炀帝的銮驾开道。皇驾在卫士的护卫下，疾驶在宽阔的新都御道上。接着是皇后的坐驾、后宫的坐驾、百官的坐驾……千骑万乘，车声辚辚，浩浩荡荡，驶向运河码头。

就在这天，隋炀帝从东都洛阳登上龙舟，踏上了他自登大位以后首次巡游扬州的旅程。

炀帝的大运河注定是一个渊薮。依凭它的长度和力度，谁能预料会把承载它的土地奔流成什么模样？

保存在扬州市博物馆内的巨幅《隋炀帝东幸图》定格的是炀帝在大臣、宫娥的簇拥下登上龙舟的一瞬。那场面摄人心魄：船楼顶端的信帜、岸上卫士手举的旌旗与穿着统一制作的锦彩袍的"殿脚"（纤夫）交相辉映，遮天蔽野，照耀川陆，真可谓"春风举国裁宫锦，半作障泥半作帆"（李商隐：《隋宫》）。

隋炀帝乘坐的龙舟有四层，高四十五尺，长二百丈，上层有正殿、内殿、东西朝堂；中二层有一百二十个房间，皆饰以金玉；下层为内侍的居处：俨然是水上皇宫宝殿。

在我国现存的文物中没有发现隋代龙舟的形制和式样。对隋代帝王乘坐的龙舟，我们只能从北宋张择端所绘《金明池争标图》中领略它的风貌，只能从宋代孟元老在《东京梦华录》里的文字叙说中想象它的神采。

炀帝坐在龙船最上层的正殿里，命人推开船楼四面的窗子，田野上的风扑面而来，一扫东都城里的闷热。放眼望去，各色野花都开了，红的、紫的、粉的、黄的……像绣在一块绿色大地毯上的绚丽斑点。

炀帝的心情好极了，兴致勃勃地对因造龙舟有功而被特别安排在龙舟上"好陪朕说说话"的黄门侍郎王弘说："爱卿，你还记得朕离开江都是哪一年吗？"

王弘当然记得，那是开皇十八年。但他见炀帝兴致正高，并不是真的要自己回答，而且不回答可能比回答还要好，便马上堆上一脸的憨笑："近来愚臣就记得圣上嘱咐臣造大船、造好船的旨意，日子过得颠三倒四，圣上何时离开江都，愚臣真的记不得了。死罪死罪！"

"爱卿何罪之有？朕的事朕记着，臣的事臣记着。那是开皇十八年。一晃都快七年了！七年里，朕时时梦到江都。七年后东巡江都，朕就愿意住在扬州总管府里，那样会使朕觉得从没有离开过江都。"

"圣上万万不可再住扬州总管府！圣上贵为天子，怎么可以再住总管府呢？臣督造的显仁宫依河傍水，既清幽明贲，又富丽堂皇，恭候圣驾！"

"知道，朕就是这样一说，怀想当年而已。"说到这里，炀帝兴吟吟地环顾窗外，目光向龙舟后面望去。

紧随龙舟之后的是炀帝钟爱的萧皇后乘坐的翔螭舟。

翔螭舟的形制略小于龙舟，但它的装饰和龙舟没有任何差别。螭，古代传说中没有角的龙，建筑或工艺品上常用螭来做装饰，显示威风和庄严。

后宫、诸王、公主、百官跟在皇后乘坐的翔螭舟后面，乘坐船高三层的九艘"浮景"随行。

再后面是漾彩、朱鸟、苍螭、白虎、玄武、飞羽、青凫、凌波、五楼、道场、玄坛、楼船、板舱、黄篾等船，载着僧尼、道士、蕃客以及内外百司供奉之物随行。

殿脚船士总共有八万多人，其中挽漾彩船以上的有九千多人。

船队在运河里航行，骑兵在两岸上护卫。船队的最后还有为炀帝殿后的御林卫队，他们乘坐的平乘、青龙、艨艟、艇舸等船达数千艘，每艘船上载卫兵十二人，船上装着兵器、帐幕等。这些船不用纤夫，由士兵自己拉。

炀帝东巡船队共有5191艘船只，首尾相接，长二百余里。亘古未有的深阔运河载着亘古未见的浩荡船队，一路向东、向东，向炀帝梦中的江都驶去。

为了这次东巡，临离开洛阳前，炀帝特别下令：东巡船队所经州县，凡五百里内，一律要将山珍海味、名品特产送至河边，供皇上及后宫食用。

接到御旨，运河沿途各州县立即派出多路人马，到处搜刮，弄得鸡飞狗跳。为了讨好皇上，各州县尽可能多地献上贡品，最多的州县极水陆珍奇之繁，竟然献上了百车之盛。后宫食腻了，临离开时将所剩珍品着人统统埋弃。

东巡船队离开后，运河沿岸的百姓掘开被埋弃的稀珍，骂声盈天，哭声盈天，沿河百姓痛恨运河、诅咒运河："东南四十三州地，取尽脂膏是此河。"（李敬方：《汴河直进船》）"汴水流，泗水流，流到瓜洲古渡头，吴山点点愁。"（白居易：《长相思·汴水流》）

　　自扬州回到东都，炀帝身心俱爽，写下《江都宫乐歌》《早渡淮》《泛龙舟》《江都夏》《幸江都作》《迷楼歌》等，抒发对江都的赞美堪羡。

　　沿运河至江都，行船之快、之便捷令炀帝印象深刻。这天早朝时，面对尚书右丞皇甫议等众臣，炀帝得意洋洋："这次沿运河下扬州，实际检验了着力疏浚整治后的通济渠、山阳渎的通航能力，朕甚满意。朝廷可以快速便捷地通达吴会啦。好啊，朕的一半心算是放下啦！"

　　众臣附和着。

　　"可朕的另一半心还悬着。"炀帝话锋一转，"期望众爱卿为朕分忧。"

　　众臣不知道他们的皇帝要说什么，一时间静默在那里。

　　炀帝道："朕忧在西北。自建国始，我朝便与突厥、吐谷浑相对峙，突厥时为边患。先皇帝在时，沙钵略大举入侵，将我武威、天水、安定、金城、上郡、弘化、延安等地的牲畜抢劫殆尽，杀我边民，无恶不作，令人发指。由于边境不宁，干戈不息，我朝屯兵数万以备边。这就需要将大量的物资和粮饷输送到那里去。虽然江南富庶，不乏粮食物资，可是富庶的吴会地区距北方路途遥远，北部漕运尚未大通，陆运又十分艰巨。如何解决军事上的需要是朕另一半悬着的心啊！我朝之前的北魏时期，河北地区是继吴会经济崛起之后又一个新的经济区，北魏政权国之资储，唯藉河北。可那里不通漕运，资储难以为我所用。无论是为了北部边关，还是为了吸纳河北资储，我朝都需要在黄河以北开凿出一条大运河来！"

听到这里，大臣们明白过来：炀帝又要大兴工程啦！

有大臣诚惶诚恐、颤颤悠悠地禀奏说："圣上，自圣上登大位以来，先筑新都，再开永济渠、疏浚山阳渎，接着造龙舟、东幸江都，役民频仍，未得生息。人丁陷于工程，致使田野荒芜，百姓困苦不堪。北境漕运应通，是否可以假以时日，再行兴工？望吾皇体察。"

这位大臣本来想说"望吾皇深思熟虑"的，话到嘴边又咽了回去，怕那样说激怒炀帝，临时改成了"望吾皇体察"。

尽管这位大臣已经说得相当婉转，但在炀帝听来依然逆耳。大臣的话音刚落，炀帝便一瞪眼，严厉斥道："你要朕体察什么？边关安危事关国家安危，北方漕运事关国家兴衰、黎民福祉！只有你体察民情，朕这不是体察吗？你体察朕的忧心吗？"

经炀帝一番怒气冲冲的训斥，再没有人敢禀奏，整个朝廷死了般的寂静。

炀帝见没有人再敢吱声，便以毅然决然的口吻说："传旨：发河北诸郡男女百余万，引沁水南达于河，略循白沟，北通涿郡。此渠钦称'永济渠'。永济渠深、阔与通济渠一样，使之可通龙舟。即日动工，岁内筑竣！不得再议。钦此。"

"钦此"一句撂在身后，炀帝早已起身离去，把一群张口结舌的文武众臣扔在了大殿里。炀帝实在不想再听到"望体察""望深思"之类的话。

大业四年（公元608年）春正月乙巳，在隋炀帝一旨催逼下，河北诸郡百万役丁顶着料峭的春寒，走上了苦难的工地。男丁不够用，又征妇女从役。

百万役丁按炀帝划定的路线日夜开筑。

此时虽是春正月，但北方大地依然天寒地冻，用力挥去，铁叉在坚硬的冻土上只留下几道白痕。冻饿而死的役丁不计其数。

炀帝派出的督吏哪管役丁的死活，他们想着的是皇上在圣旨里说的"岁内筑竣"这句话，若岁内不能竣工，自己的脑袋就要搬家。

百万役丁硬是用生命在沁水上游开掘出了一条渠道，分流入黄河，与通济渠相通，自武涉东下，对原有的天然河道加以疏浚和利用，向北直抵涿郡（今北京）。

炀帝像一只拱土的蚯蚓，总是昂着头，拱完直下扬州的通济渠、山阳渎，就接着拱华北平原上的土，拱出了自洛阳抵达北京的永济渠，以睥睨百世的气概，安排山河。

王者的意志是强悍的，没有人能违抗。全长一千九百多里的永济渠按炀帝钦定的路线、时间奔腾在华北莽原上。

永济渠分为两段：南段自沁河口向北，穿越周武王伐纣的古战场牧野，经今新乡、汲县、滑县、内黄（以上属今河南省）、魏县、大名、馆陶、临西、清河（以上属今河北省）、武城、德州（以上属今山东省）、吴桥、东光、南皮、沧县、青县（以上属今河北省），抵今天津市；北段自今天津折向西北，经天津的武清、河北的安次，到达涿郡（今北京市境）。

永济渠北与海河相连，通济渠南与钱塘江相接，它们携手将海河、黄河、淮河、长江和钱塘江五大水系连成了整体，统一成了一张巨大的水运网。它们以洛阳为起点，成扇形向东南和东北张开，加上自洛阳沿黄河向西，越过砥柱天险，进入永通渠，直抵长安。伍子胥、孙叔敖、魏惠王都是无可争议的运河前辈。但在隋炀帝面前也只能慨叹后生可畏了。隋炀帝的五千里运河流淌着王朝的使命，也澎湃着国家的豪情。

在南北绵长、流域广阔的大运河上，漕船不可能从起点一次直达终点，所载物资需要中途储存和转运，因此，隋又下大力气在蒲、陕、虢、熊、伊、洛、郑、怀、汾、渭、汴、徐、汝等水次十三州运河沿线枢纽处修筑起一系列大型粮仓，转相灌注关东及汾晋之粟，以给京师。

西南靠大伾山麓、西靠永济渠水运要冲的卫州黎阳县有黎阳仓；位居洛阳与长安之间、北临焦水、西俯大河处有长平仓；东临黄河、西临广通渠，集河北、关东、江淮漕粮于一处有广通仓（永丰仓）；通济渠西段、邙山山脉间有河阳仓；洛水入黄河之口（今河南巩义县东北洛河东岸）处有洛口仓，仓周回二十余里，穿三千窖，窖容八千石以还；洛阳北七里处有周回十里、穿三百窖的回洛仓；洛阳宫城东有供给东都百官皇室需要的含嘉仓……运河沿岸仓储星罗棋布。运河有多长，隋朝的资储就有多少。

诸州调物，每岁河南至潼关，河北至蒲坂（今山西永济县境），达于京师，相属于路，昼夜不绝者数月。虽然炀帝统治用兵频仍，奢靡无度，耗费极多，但直到隋朝覆灭后，计天下储积，得供五六十年。瓦岗起义军攻破洛口仓后开仓散米，就食者近百万口，无瓮盎，织荆筐淘米，洛水两岸十里之间，望之皆如白沙。

这是运河之功：是运河这条巨大的快速输送带将各州府的粮食、物资源源不断地输送而来，才使每仓得以如此丰满，象征着国家力量的强大。

这是运河之罪：没有运河，隋炀帝无法将如此多的民脂民膏囤积到仓储里，致使更多的人在啼饥号寒中冻饿而死。

现实就是如此的残酷：运河是在炀帝暴戾的驱使下由黎民百姓用生命筑成的，黎民百姓用生命筑成的运河转过身来再成为进一步盘剥黎民百姓的绳索。悲惨啊！

———————————————

大业六年（公元610年）一月，近臣来报，特别为皇上建造的江都宫竣工，请皇上起驾东幸。这个消息对炀帝来说实在是太好、太及时了。离上次东幸江都快五年了，炀帝对江都的思念与日俱增，当即降旨：三月起驾，东巡江都——这就是史书上常说的"烟花三月下扬州"。

江都宫是一座规模巨大的宫殿建筑，内有归雁宫、回流宫、就里宫、松林宫、大雷宫、小雷宫、春草宫、九华宫、光汾宫、枫林宫等宫室；在芳林门与玄武之间还有成象殿、水精殿、流珠堂等处。

除了江都宫，还有建在扬子津口可眺望大江的临江宫，还有建在城东五里的新宫，还有幽房曲室相互连属、真仙游其中亦当自迷的迷楼……炀帝让他的臣子们不惜血本，将他喜爱的江都打造成一个奢靡之地、一个欢乐世界。

史书对炀帝的这次江都行记之不详，《隋书》和《资治通鉴》上只有"幸江都宫"四个字，但从大业以来炀帝的活动及追求去推测，这次江都行的规模不可能小。

扬州不是吴会地区的尽头。吴越之地辽阔得很，炀帝很想到各地去看看，他问近臣："朕欲南巡会稽，江南河畅通否？"

"江南河开凿年代久远，各朝各代虽有疏浚治理，特别是始皇帝东巡时对其中险段水道派三千赭衣加以开掘，东吴时也加整治，但至今日还是多有梗阻，许多运段无法通行圣上威武的龙舟。"

炀帝眉心结起："水道匮缺的北方都筑成了永济渠，难道水网一向发达的吴会能将朕的龙舟挡在江都宫前吗？"

闻炀帝这番话，近臣吓得匍伏在地，唯唯诺诺："没有什么能阻挡得了圣上的龙舟！龙舟驶向哪里，运河就畅通到哪里！"

"大业六年冬十二月，敕穿江南河，自京口至余杭，八百余里，广十余丈，使可通龙舟，并置驿宫、草顿，欲东巡会稽。"（司马光：《资治通鉴》）

江南河按炀帝的意志重开、大畅，等着他南下巡游三吴。

然而，在重重叠叠的江都宫里来回踱步的炀帝忽地生出北上涿郡视察征伐辽东战事的念头。会稽不去了，写下"我梦江南好，征辽亦偶然。但存颜色在，离别只今年"，告别宫娥粉黛，自江都行幸涿郡，御龙舟，渡河入永济渠，最后抵达涿郡前线。

去涿郡的途中，炀帝令隋王朝的重要机构一律随船办公："敕选部、门下、内史、御史四司之官于船前选补，其受选者三千余人，或徒步随船三千里，不得处分，冻馁疲顿，因而致死者什一二。"（司马光：《资治通鉴》）

去涿郡的途中，炀帝令发江、淮以南民夫及船运黎阳及洛口诸仓米至涿郡，舳舻相次千余里。

"我兄征辽东，饿死青山下。今我挽龙舟，又阻隋堤道。方今天下饥，路粮无些小。前去三千程，此身安可保！寒骨枕荒沙，幽魂泣烟草。悲损门内妻，望断吾家老。安得义男儿，焚此无主尸。引其孤魂回，负其白骨归！"（《挽舟者歌》）

大业十二年（公元616年），甲子年，春，在江都最新建造的一艘龙舟下水，监造宇文述次日便将龙舟送往东都。

七月，龙舟送到。

三伐辽东失败，国内矛盾激化，农民起义风起云涌。炀帝很沮丧，心烦意乱，宇文述来得正是时候。

炀帝欲三下江都的消息传出，右候卫大将军酒泉赵才犯颜上谏。军人就是军人，总是能在历史的关键时刻不计生死，挺身而出。"今百姓疲劳，府藏空竭，盗贼烽起，禁令不行，愿陛下还京师，安兆庶。"

闻赵才谏言，炀帝大怒，怒得只说出了一个字："斩！"

接着，秉性刚直的建德尉任宗上书极谏，又被炀帝下令杖杀朝堂。

赵才被斩，任宗被杖杀，并没能堵住朝臣们的哓哓之口。死亡吓不倒刚直忠诚的良臣贤士。奉信郎崔民象挺身而出，于建国门上谏表。炀帝大怒，下令划破崔民象的脸，然后斩之。

才几年过去？三下江都竟与前两次有了如此大的不同了，还未动身，已斩谏者数人。

阻谏者并没有因炀帝杀死崔民象而止步。一定是他们预感到隋之大厦即将倾覆，江山即将崩坏飘零，所以忠臣贤士们阻行的意志与决绝幸江都的炀帝一样决绝。他们前赴后继，飞蛾扑火般地上谏不止。

炀帝走到梁郡，郡人邀车驾上书："圣上，请抬起眼看一看吧：黄河之北，千里无烟，江淮之间，鞠为茂草！你的臣民安居则不胜冻馁，死期交急，剽掠则犹得延生，于是始相聚为群盗啊！陛下若遂幸江都，天下非陛下之有！"

炀帝听到这些话，简直就要怒疯了，气急败坏地大喊："斩！"

炀帝的龙舟船队行至汜水，奉信郎王爱仁置生死于度外，冒死相谏。与其说这是相谏，不如说这是一份告示天下讨炀帝的檄文。

炀帝从王爱仁的谏文中读出的不是善良的苦心，而是对皇威的亵渎和冒犯。皇威是必须维护的，哪怕赌进去的是整个江山。因为皇威就是江山。炀帝从牙缝里挤出一个冰冷的字来："斩！"

炀帝的龙舟在右候卫大将军酒泉赵才、建德尉任宗、奉信郎崔民象、梁郡郡人、奉信郎王爱仁的鲜血上漂流，漂流了一月有余，终于与宇文述等人漂到了江都宫下。

曾带给炀帝无限怀想的扬州，曾带给炀帝无尽慰藉的江都，这次等待他的会是什么？带给他的又会是什么？

是"锦帆未落干戈起，惆怅龙舟更不回"（胡曾：《汴水》）。

运河两岸，风暴翻卷；江南江北，暴动连连。任由炀帝撕裂的大地在颤抖，任由炀帝开凿的山河在飘零。江都宫里的炀帝搂着他钟爱的萧皇后、媒冶的宫女嫔妃们，胆战心惊。

信使来报：太原留守李渊在次子李世民的策划下竖旗起兵，杀向长安。年底，长安已陷……

"天啊！广陵真的是我杨广的陵地吗？"炀帝大喊一声，忽然昏厥了过去。

中原已乱，北归已经不可能了。再说，炀帝也无心北归。他想到了迁都丹阳（今南京市），保据江东，于是命令为他造龙舟的宇文述等人监造丹阳宫。

身陷重围的人最先想到的就是垂死挣扎，最容易做的蠢事就是异想天开：迁都丹阳、保据江东可能吗？你杨广为什么不与陈叔宝划江而治？皇家的哲学从来就是要么拥有江山，要么掩埋草丛，王朝的金钵从来不可能与他人分食。

炀帝偏安半壁的好梦还没做完，起义军就已经渡过淮河，攻下历阳郡，将通济渠拦腰切断，扬州成了孤岛。

江都宫乱了。炀帝亲信宇文化、司马德戡、裴虔通、马文举、令狐行达等人串通兵变，掉转剑锋，攻入宫内，将躲藏在江都宫西阁一间壁橱里的炀帝抓了出来。

炀帝一身微服，满脸是灰，浑身不住地颤抖着，一步路也走不成。叛军驾起他，半拖着扔到江都宫前的石阶上。

炀帝的亲信叛将们都汇聚在这里、等候在这里。他们再不是唯唯诺诺、口必称"圣上"的臣子，而是一个比一个更暴戾，一个比一个更残忍。望着阶下瘫软的炀帝，司马德戡双手高高地举起寒光闪闪的长剑……

突然，狂风大作，卷起地上的衰草、落叶、尘土，像是寒食节里

雷塘隋炀帝陵

翻飞的纸钱在天地间乱舞。天昏地暗中，司马德戡手中的长剑落下，一道血光闪过……

时在大业十四年（公元618年）三月。

———————————

炀帝死后，他一生钟爱的萧皇后与宫人一起，用床板做成小棺，将他掩埋在江都宫西院的流珠堂内。

大业十四年（公元618年）七月底，隋朝江都太守陈棱求得炀帝的棺柩，改葬到江都宫西面对运河的吴公台下。掘开第一锹土，狂风大作；掘开第二锹土，电闪雷鸣；掘开第三锹土，暴雨倾盆。直到下葬毕，老天才慢慢收敛住暴怒。

四年后，唐武德五年（公元622年），萧皇后郁结而亡。后人将她与炀帝合葬到扬州郊外的雷塘（今扬州邗江区槐泗镇下雷塘村）。

历史一声叹息："入郭登桥出郭船，红楼日日柳年年。君王忍把平陈业，只博雷塘数亩田。"（罗隐：《炀帝陵》）

第三章

国之根本

公元618年五月，炀帝暴死江都的消息传到长安，李渊立刻称帝，是为高祖，国号唐，定都长安。一个新的王朝在战乱与血泊中诞生。

其实，李渊与杨广是姨表兄，他们的生母是亲姐妹，都是鲜卑人，籍贯都是河南洛阳。

隋王朝以三十八年而亡的代价凿出了五千里的浩荡运河，却成了一份巨大的遗产，留给了唐王朝，给唐王朝注入了浩荡之气。盛唐既是经济的盛唐，也是文化的盛唐，经文俱旺。

唐时，全国运河基本维持隋代的规模和现状。"高祖、太宗之时，用物有节而易赡，水陆漕运，岁不过二十万石，故漕事简"（《新唐书》），无需再开凿更多的运河就满足了整个大唐漕运所需。借助大运河，"云帆转辽海，粳稻来东吴"（杜甫：《后出塞》），"吴门转粟帛，泛海陵蓬莱"（杜甫：《昔游》）。

"暮江平不动，春花满正开。流波将月去，潮水带星来。"（杨广：《春江花月夜》）炀帝于江都宫眺望长江写下这首诗时，扬州人张若虚尚未出生。六七十年之后，站在隋朝流过来的运河边上，张若虚读到此诗，似神抚心弦，砰然而动，旋即由这"诗引子"生发出了"诗中的诗，顶峰上的顶峰"（闻一多：《宫体诗的自赎》）。春、江、花、月还是炀帝看到的春、江、花、月，但看的人却是"我"了。对此，张若虚发出的不是喟叹，而是"人生代代无穷已，江月年年只相似"的感怀。尽管个人的生命稍纵即逝，但人类的生命绵延永恒，"代代无穷已"的人生必定与"年年只相似"的明月相伴永远。这样的人生观、世界观超越了"譬如朝露，去日苦多"（曹操：《短歌行》），超越了"人生若尘露，天道邈悠悠"（阮籍：《咏怀》），成了崭新的文化巨人。说它"孤篇横绝，竟为大家"，不是溢美，而是纪实。

春江花月，辉耀大唐。

———————————

无需再多开运河就能满足大唐漕运不等于说唐王朝没有运河。

开元二年（公元714年），河南尹兼水运使李杰发河工整治汴渠，汴水大畅。竣工时，李杰专门找来工匠刻石立于水滨，以纪其绩。

开元十二年（公元724年），泗州刺史齐浣一到任上，立即带随员巡视辖区。淮水在其辖区内的徐城南向东流去，汴河和淮水在这里形成了一个大湾。这个大湾水流湍急，不利漕运。齐浣上折禀奏：凿渠改道，以利漕运。玄宗廷议奏准。齐浣征泗州民夫数千人开赴徐城开凿新渠。新渠长十八里，避开汴、淮相汇后形成的大湾和险急入清水，省航程，利漕运。

开元二十七年（公元739年），在徐城开渠十八里的齐浣二任汴州刺史，再次整治汴渠。在虹县东另开一条长三十里的新河入清河，以清河为航路，行百余里后出清水，然后再开河至淮阴（今江苏清江市北）入淮。

自开元二年河南尹李杰上奏整治到开元二十七年汴州刺史齐浣的再次修筑，二十五年间四次开凿、疏浚长安通向淮水的重要水道汴渠，为畅通漕运，唐王朝不惜代价。

自黄河入渭水的漕运路线上，黄河三门峡是必经之地。黄河至壶口，一声短吟，撩起泻天瀑布；及抵龙门，换成一阕长吼，搅出的是动地狂飚。这里的砥柱之险，历代都视为畏途。

> 自砥柱以下，五户以上，其间百二十里，河中竦石桀
> 出，势连襄陆，盖亦禹凿以通河，疑此阏流也。其山虽辟，
> 尚梗湍流，激石云洄，澴波怒溢，合有十九滩，水流迅急，
> 势同三峡，破害舟船，自古所患。
>
> 郦道元：《水经注》

所谓砥柱，即今天的三门峡，因河床中有个两岩石岛屹立，将河床分为神、鬼、人三门而得名。这里两岸峭壁逼促，河中波涛凶急，暗礁兀立，水流迅急，船工稍有不慎就会船翻人亡。

从汉武帝时起，就不断有人尝试劈开砥柱天险，力挽狂澜，但终无一人成功。炀帝迁都洛阳以后，这段险流也就撂下了，再也没有修治过，所以漕路已经不通。无奈，唐初时，从洛阳至陕州只能采

国之根本

用陆运的方式，绕过黄河三门峡段砥柱之险。江淮漕租米至东都输含嘉仓，以车或驮陆运至陕。

此时，关中对关东、河北及江南漕运的依赖不是很大，一段陆运还能应付。随着官俸军需急增，西运关中的漕粮、物资若仅靠陆运至陕，再也无法满足关中之需。"唐都关中，而关辅土地所入不足以供军国之用，故常恃转漕东南之粟，而东南之粟必先至东都，然后浮河、渭，溯流以入关，是以其至也罕难。故开元以前，岁若不登，天子尝移跸就食于东都。"（《文献通考·市籴》）长安缺粮缺到了皇帝常常率领百官到洛阳用餐的地步。

陆运至陕，虽然才三百里，可所付的佣金要比水运昂贵得多，若能兼河漕，变陆为水，则所支有余，动盈万计。到了必须冲破砥柱天险的时候了。

中宗神龙年间，将作大匠杨务廉上书请开砥柱三门，在砥柱的峭壁上开凿栈道，以挽漕舟。船夫艰难地攀爬在杨务廉开凿出的绝壁栈道上，结果很多挽夫或坠峡崖或落黄河而死。

杨务廉失败了，还赌进了将作大匠的名声。

此后近三十年，没人敢提劈开砥柱天险以通漕运之事。直到开元年间，李齐物任陕郡太守，因砥柱天险阻碍漕运而食不知味、睡难安枕。他十数次亲临砥柱考察，临渊涉险，拿出前无古人的开凿方案，报与皇帝。"李大胆"的奏折获准。开元二十五年（公元737年）十一月，征服三门天险的工程揭幕。

李齐物破砥柱天险的方案是既凿河也凿挽道，在三门峡北岩石中凿河，开其山巅为挽路。

工程历时四年，开元二十九年（公元741年）终于渠成放流："陕郡太守李齐物，凿三门以通运，辟三门巅，逾岩险之地，俾负索引舰，升于安流，自齐物始也。"（《旧唐书》）"乃旁北山凿石为月河，以避湍急，……岁省运夫五十万，久无覆溺淹滞之患，天下称之。"（《开元传信录》）

"天下称之"的这条河，《唐会要》《旧唐书》称之为"渠"，《通典》称之为"石渠"，《通鉴》称之为"三门运渠"，《新唐书》称之为"新河"，《开元传信录》称之为"天宝河"。因为该河凿成于开元年间，史称"开元新河"。

有了开元新河，洪渭之流径入于河，大船万石，转漕相过。

与李齐物凿山破石、劈开砥柱几乎同时，尚书省工部水部郎们也在"凿山破石"，开创着一项前无古人的伟业：在总结、继承历朝历代水利管理经验的基础上制定水利法典《水部式》。

唐代的法律按其适用的范围和重要程度分为律、令、格、式四类，其中"式"的条文是政府各部门和各级官吏的常守之法。《水部式》是"式"中的一种。

专门记载唐代典籍的《大唐六典》和其他的唐代史书均未对这部法律做系统的收录。1899年，在敦煌千佛洞发现一批丰富的六朝及唐代文献资料，其中就有《水部式》。不幸的是，这些宝贵的文献资料被发现不久后就被外贼所窃，《水部式》落入法国人伯希和贼手，现藏于巴黎国立图书馆。民国初年由罗振玉影印，收入《鸣沙石室佚书》中。

现存《水部式》共29自然条，约2600余字，其内容包括农田水利管理、碾硙设置及其用水量的规定、运河船闸的管理及维护、桥梁的管理及维修、内河航运船只及水手的管理、海运管理、渔业管理以及城市水道管理等。

这是不是《水部式》的全貌，尚且未知，所以我们暂且认为是残卷。

《水部式》残卷第二十条规定："诸灌溉小渠上先有碾硙，其水以下即弃者，每年八月三十日以后、正月一日以前，听动用。自余之月，仰所管官司于用硙斗门下著锁封印，仍去却硙石，先尽百姓灌溉。若天雨水足，不须浇田，任听动用。其傍渠疑有偷水之硙，亦准此断塞。"《水部式》残卷第二十一条规定："诸水碾硙，若拥水质泥塞渠，不自疏导，致令水溢渠坏，于公私有妨者，碾硙即令毁破。"《水部式》残卷二十二条规定："运已了及水大有余，灌溉须水亦听兼用。"……

假如中国只有发达的运河，而没有对运河的先进管理，那实在是一种莫大的遗憾。正是有《水部式》的存在，证明了中国是一个伟大的运河国家。

————————

从隋朝那里全盘接收过来的发达水网和经四次修筑而畅通的汴渠，加上划时代的开元新河，迎来了唐初百年以来的鼎盛时代，迎来了唐王朝政治、经济、文化高度发展的黄金岁月。韦坚开凿广运潭则将中国运河"成我大利"的辉煌推向了史无前例的高峰。

天宝元年（公元 742 年），陕州刺史、水陆转运使韦坚在隋代广通渠的基础上，于渭水之南动工，开凿与渭水平行的河渠，史称"广运潭"。韦坚很有创意，在长安城东九里的长乐坡下、浐水之上架苑墙，东西有望春楼，广运潭从楼下穿过，以通舟楫。

天宝二年（公元 743 年），广运潭筑成，使唐都长安通过大运河与华阴、陕州、洛阳连成一线。不必再用牛车倒腾，天下财富尽可经漕运抵达长安。

　　韦坚在广运潭内举行盛大的竣工典礼，庆祝运河开筑成功。广运潭涌金叠银，流光溢彩。唐玄宗携杨贵妃在众臣的陪伴下登上横跨潭上的望春楼，欣赏旷世庆典。

　　长安向运河敞开自己，运河也就将长安当作舞台。

今日广运潭

国之根本

韦坚预先从洛阳、汴州、宋州等地调来了三百只小斛底船，置于潭侧，每只船上都挂上写着各州郡名的牌子，船上除装上各州郡所产的稻米之外，还装满该郡最著名的特产：广陵郡（今扬州市）船载广陵所产的锦、镜、铜器、海味；丹阳郡（今南京市）船载京口绫衫缎；晋陵（今常州市）船载折造官缎绫绣；会稽郡（今绍兴市）船载铜器、罗、吴绫、绛纱；南海郡（今广州市）船载玳瑁、珍珠、象牙、沉香；豫章郡（今南昌市）船载名瓷、酒器、茶釜、茶铛、茶碗；宣城郡（今宣城市）船载空青石、纸笔、黄连；始安郡（今桂林市）船载蕉葛、蚺蛇胆、翡翠；吴郡（今苏州市）船载三破糯米、方文绫……

数十个州郡的船只排在潭内，一路伸延出去，绵延数里，煞是壮观。各州郡乐得借此机会大肆铺张，争奇斗胜。

每只船上的驾船船夫都戴大斗笠，穿宽袖衫，着芒鞋，清一色的吴楚风俗。

为了庆祝这次盛会，陕县尉崔成甫借用民间颇流行的一种说唱歌词，改写成一首《得宝歌》："得宝弘农野，弘农得宝耶！潭里船车闹，扬州铜器多。三郎当殿坐，看唱《得宝歌》。"（《旧唐书》）

当朝的玄宗皇帝李隆基是睿宗的第三个儿子，崔成甫将民歌唱词中原有的"三郎"一句信手拈来，暗喻玄宗，以赞扬玄宗统治下经济繁荣的景象，乐得望春楼上的唐玄宗合不拢嘴。

崔成甫除借用民间流行的唱词填得《得宝歌》外，又新创作出歌词十首，歌颂开元、天宝年间的花团锦簇、繁荣昌盛。

运河给大唐帝国带来的岂止是富饶的物产，更有瑰丽的文化。诗歌在唐代空前繁荣，没有哪个朝代能够与之相比。《全唐诗》收录了 2800 多位诗人创作的 48900 余首诗歌。这不是唐诗的全部，而是历时一千年后至清代康熙年间还被保存的部分。天才喷涌，诗风浩荡，大家不绝。不说李邕、骆宾王、孟郊、罗隐、陆龟蒙这些名动大唐的诗人就生长在大运河边，就说余下的诗人，其中 80% 以上都在运河一线留下了深深的足迹，为运河写下无数的诗篇。他们或在仕宦之途、施政之暇航行在运河上；或仗剑去国，辞亲远游，以运河为伴；或选择运河沿岸，逍遥林泉，隐居读书，避俗达道；或泛舟中流，以文会友，诗篇酬和……他们写大运河的诗，题材广泛，篇目众多，艺术精辟，组成了中国文化史上光芒万丈的银河，笼罩九州，镌刻山河。仅描写往返于大运河上的商人的诗句就令我们目不暇接，叹为观止。"扬州桥边少妇，长安城里商人。三年不得消息，各自拜鬼求神。"（王建：《江南三台》）"金紫少年郎，绕街鞍马光。……划戴扬州帽，重熏异国香。"（李廓：《长安少年行》）使来往于长安、扬州之间的少妇、少年商人的形象活灵活现、呼之欲出。"谁知嫁商贾，令人却愁苦。自以为夫妻，何曾在乡土。去年下扬州，相送黄鹤楼。眼看帆去远，心逐江水流"（李白：《江夏行》）以一个商人妻子的口吻写出了奔走于扬州、鄂州之间从商的辛苦；"五月南风兴，思君下巴陵。八月西风起，想君发扬子"（李白：《长干行》）描写了穿行于扬州与岳阳之间的商人生活；"蜀麻久不来，吴盐拥荆门"（杜甫：《客居》）写出了江淮盐与蜀地麻沿水远销的情景。

传奇是大运河水浇灌出的又一朵奇葩。当千艘万艘漕船驶过家门前的时候，史官沈既济正蘸着大运河苏州段多情的水，写作他的《枕中记》《任氏传》，使原来只是粗陈梗概的小说变得体制阔大、情节曲折、人物性格鲜明复杂。《霍小玉传》从女性角度写人间爱情

国之根本

悲剧，情节一波三折，作者蒋防（江苏宜兴人）分明是从运河的浪花里吸取了艺术灵感，你看主人公的命运多像运河的命运，受尽压迫凌辱而决不屈服。白行简虽不是运河岸边人，然而《李娃传》写的却是运河名城常州刺史郑某的公子与长安妓女相恋的故事，一派水的气息。

不唯传奇文学一路得益于运河水的滋养，各领风骚的唐代书法大家几乎全是喝着运河水长大的，是运河造化出的极品。运河水给了虞世南（浙江余姚人）气秀色润、修眉自喜的意趣；给了褚遂良（浙江杭州人）美人婵娟、不胜罗绮的气韵；给了徐浩（浙江绍兴人）怒猊抉石、渴骥奔泉的精神；给了张旭（江苏苏州人）点画净媚、德齐古人的风格；给了贺知章（浙江萧山人）酌而不竭、清秀俊拔的风采……

唐王朝是中国历史上的一片连绵恢弘的文化高原，文星斐然，群峰迭起，标志着中华文化的全新海拔。而这片高原的形成与大运河的冲积相关。大唐文化与运河是一个谜一般的神秘存在，长时间地被我们忽略，等待解码和破译，相信其结果一定是双向陡增的无尽魅力，甚至是全方位的美学唤醒：唤醒浩荡，唤醒山河，唤醒清醇高迈，唤醒内心的遥远……

广运潭前盛大的庆典开始了。

"自衣缺胯绿衫，锦半臂，偏袒膊，红罗抹额，于第一船作号头唱之，和者妇人一百人，皆鲜服靓装，齐声接影，鼓笛胡部以应之。余船洊进，至楼下，连樯弥亘数里，观者山积。"（《旧唐书》）船上的人唱一句，岸上的妇女们和一句"潭里船车闹，扬州铜器多"……

皇上所在的望春楼前，轮番登场的是宫廷舞女翩若惊鸿、色媲天仙的《霓裳羽衣舞》和《绿腰》。

广运潭盛会，观者人山人海。

看到这一盛况，唐玄宗内心无比欢悦。他感谢运河，是运河使天下珍奇集于潭内，是运河使海内"小邑犹藏万家室"，使都城"稻米流脂粟米白，公私仓廪俱丰实"（杜甫：《忆昔》）。望春楼上的唐玄宗不停地向广运潭内表演的人群挥手致意，百姓们也向他们的圣上欢呼。

庆典一直从中午持续到入夜。

夜色渐浓，韦坚命兵士搬来百个一尺多高、碗口粗细的焰火炮，摆放在广运潭望春楼前的石阶上。

以望春楼为中心的广运潭两岸，明灯皓亮，火树银花，直将两岸照耀得宛如白昼。京城里的男男女女、老老少少云集广运潭，观庆典，看焰火，以至这里人流如潮，摩肩接踵，处处沸腾着男人的欢声、女人的笑语。

韦坚见夜色浓了，便对列队在焰火炮前的兵丁一挥手，示意燃放。兵丁们得到指示，弯腰将手中早已燃着的长香伸向焰火炮露在外面的捻子。立时，筷子粗细的捻子闪着白光，"哧哧"地叫唤着，接着就听得一声轰天雷般的巨响，一个火球直冲九天，再听得半空中又是一声巨响，刹那间，一团金光在云霄间迸发开来，将方圆几十里照得一片通明。

万众欢腾。

不待这一个熄了，第二个又接着冲上天去，在夜空里竞相绽放。一个接着一个，花样各不相同：或如金菊怒放，或似天女散花，或群星灿烂，或银灯万盏。赤橙黄绿青蓝紫，把一个明月如轮的苍穹装扮得仙界似的。

　　这不是长安又是哪里？这不是盛世又是什么？

公元 744 年，难抒大济苍生抱负的李白遭赐金放还。他一挥马鞭，抽碎长安日月，沿广通渠策马向东，越过潼关、风陵渡，抵达洛阳。

此时，有一个人在洛阳等他。

等他的人是杜甫。

此时的李白声震朝野，名动天下；此时的杜甫鲜有诗名，不见经传。然而，李白没有因此对杜甫有丝毫的轻慢。李白可以认不清官场的各色人等，但对诗，有着从骨子里散发出来的敏感。几句话过，数杯酒后，他已经认定眼前的杜甫有着惊天动地的才华，于是相见恨晚，邀约同游。杜甫欣然。

隋堤上"突突"的马蹄声踩碎四月的晨风，两匹骏马并驾齐驱，奔驰呼啸，沿大运河堤向东，越过汴梁、陈留，越过杞县、宁陵，直抵宋城（今商丘）。"莫愁前路无知己，天下谁人不识君"的高适此时加入进来，一行自宋城折向北，马踏三十里，在一片大泽湿地勒住马缰，在这里纵横打猎。旷野马嘶，箭啸镝鸣，何等的磅礴快意！

接着，纵酒放歌的李白、神采飞扬的杜甫携手同行，登临怀古，把酒论文，在运河两岸度过了一段裘马轻狂的任性日子。

"剧谈怜野逸，嗜酒见天真。醉舞梁园夜，行歌泗水春。"（杜甫：《寄李十二白二十韵》）杜甫的高谈阔论蒙李白爱其粗野；两人都喜欢喝酒，各显出一片天真。在梁园的夜月下酒醉而起舞，在泗水的春风中一路走一路歌。

"秋波落泗水，海色明徂徕"（李白：《鲁郡东石门送杜二甫》）；"山将落日去，水与晴空宜"（李白：《秋日鲁郡尧祠亭上宴别杜补阙、范侍御》）；"思君若汶水，浩荡寄南征"（李白：《沙丘城下寄杜甫》）……水色空濛，绵绵不绝，见证着诗歌王国里两位千年王者的至尊风范。

李杜携游踏歌行的日子不长。公元745年秋，李白南下，杜甫西上，一个"渭北春天树"，一个"江东日暮云"（杜甫：《春日忆李白》）。大运河再也遥望不到他们的身影，此后，他们也没能再见。

此次李杜的相遇携游亦如孔子见老子一样，永远与大运河一起，海枯石烂，天老地荒。

———————————

"长安回望绣成堆，山顶千门次第开。"广运潭望春楼里的唐玄宗通过水上博览会直观地看到了大唐的繁盛。他陶醉极了。走下广运潭的一代雄主变得懒怠起来。"春宵苦短日高起，从此君王不早朝。"（白居易：《长恨歌》）"他开始统治的时候，像是一位清教徒，关闭了丝织工厂，禁止宫女穿戴珠饰。但在结束的时候，像是一位享乐主义者，他享受着每一种艺术和奢侈，最后好好的王位断送在了杨贵妃的笑靥上。"（〔美〕威尔·杜兰特：《世界文明史·东方的遗产》）唐王朝的政治腐败日甚一日，终于渔阳鼙鼓动地来，酿出了天宝十四年（公元 755 年）的安史之乱。

战火燃烧之下，没有了运河水滋润下的"千里莺啼绿映红，水村山郭酒旗风。南朝四百八十寺，多少楼台烟雨中"（杜牧：《江南春》）的风光，不见了运河水边"青山隐隐水迢迢，秋尽江南草未凋。二十四桥明月夜，玉人何处教吹箫"（杜牧：《寄扬州韩绰判官》）的景致，有的是"三十年前路，孤舟重往还。绕身新眷属，举目旧乡关。事去唯留水，人非但见山。啼襟与愁鬓，此日两成斑"（白居易：《汴河路有感》），有的是"汴河无景思，秋日又凄凄。地薄桑麻瘦，村贫屋舍低。旱苗多间草，浊水半和泥。最是萧条处，茅城驿向西"（白居易：《茅城驿》），有的是"黄昏日暮驱羸马，夜宿瀍阳烽火下。此地新经杀戮来，墟落无烟空碎瓦"（李涉：《瀍阳行》），有的是"日正南冈下饷归，可怜朝雉扰惊飞。东邻西舍花发尽，共惜余芳泪满衣"（戴叔伦：《女耕田行》）。

唐王朝从此由盛世走向衰落。广运潭上的望春楼成了唐王朝对过往繁盛历史的怀想和凭吊。

最不能断绝的是漕运。大唐的命系于运河，每年通过大运河北运的漕粮在四百万石以上。权德舆说："天下大计仰于东南。"韩愈说："当今赋出天下，江南十居其九。"漕运对大唐王朝是何等的重要。然而，安史之乱中遭受破坏最严重的恰恰是漕运。强兵悍将伺机在运河上袭取漕粮，运河屡被切断。代宗宝历元年（公元 762 年）五月，

"是时淮、河阻兵，飞挽路绝，盐铁租赋，皆溯汉而上"（《资治通鉴》），漕运还可以绕道汉江抵达都城。然而，江、汉这条运道也不是一条安全的航道，而且，因为绕道很远，所以运费很高、代价很大。"自安禄山作乱，关、洛路阻，漕运溯江、汉抵梁、洋，遇险劳费"（《资治通鉴》），以至"自兵兴以来，凶荒相属，京师米斛万钱，官厨无兼时之食，百姓在畿甸者，拔谷揬穗，以供禁军"（《旧唐书》）。

国难当头，历史呼唤英杰人臣力挽狂澜。时任通州刺史的刘晏被时势呼唤出来：他被危机中的朝廷任命为户部侍郎、京兆尹、度支盐铁转运使；第二年拜吏部尚书、同中书门下平章事、依前充使。

离开京城奔赴漕运一线前，刘晏拍着胸脯向当朝皇帝代宗李豫保证："见一水不通，愿荷锸而先往；见一粒不运，愿负米而先趋。"（《旧唐书》）这番话使整日为漕运不畅、京师陷入危机而愁眉苦脸的代宗"朕心甚慰"。

运河淤塞地段，刘晏征夫丁日夜疏浚；易受威胁的重要运段，刘晏请兵在两岸设置警卫："夹河两岸，每两驿置防援三百人……分界捉搦。"（《旧唐书》）

刘晏焦心苦形，三月不脱衣服，不安席枕，终于实现了离开京城时向代宗许下的诺言，开通了淮汴漕运："十船为纲，每纲三百人，篙工五十，自扬州遣将部送至河阴。"（《旧唐书》）

当这支漕运船队沿着千里运河，浩浩荡荡地抵达京师时，亲迎到漕渠边的代宗眼眶湿润了，他从内心感谢他的转运使刘晏，感谢伟大的运河。

无论刘晏怎样能干、怎样努力，都无法拯救安史之乱后唐王朝的日益衰败。

大唐帝国的北方地区大多落入割据的藩镇之手，他们和河北地区不受中央节制的藩镇势力相呼应，切断汴河运输，截留江南财赋。争夺运河、控制漕运的斗争在唐廷与地方藩镇割据势力之间激烈地展开。

为扼守中原，保证汴河漕路畅通，建中三年（公元782年）三月，唐政府筑汴州城（今河南开封），调兵遣将，重兵防守。十一月，唐朝官军大破淄青、魏博之兵于徐州，打通了江淮漕运，从叛军手中重又夺回了漕运控制权。

就这样，无辜的运河陷入了战火的炼狱之中，无休无止地经受着切割的疼痛、撕裂的苦难，满身血泪，遍体鳞伤。

运河的磨难并没有到这里就结束。

建中四年（公元783年）四月，军队突然再次哗变，唐德宗李适慌忙带着贴身卫士逃出皇宫，逃离都城。他先到奉天（今陕西乾县），哗变的军队追来，他又至梁州（今陕西汉中）。

四月的天气已经渐热起来，可是，跟随德宗的军士还身着冬衣。原因很简单：大运河被藩镇势力切断了，江淮物资无法由漕运入长安。唐王朝物资匮乏，捉襟见肘，窘迫万分。岂止军士们没有换季的衣服，就连一国之君不也是肥厚的冬衣在身吗？直到仲夏五月，长安与江淮间的运路才渐渐打通，江淮锦帛才在朝廷的翘首期盼中从运河上来，军士们才穿上了换季衣服。当镇江节度使将三万石粮食运到陕州的消息传到长安时，德宗竟喜极欲狂，对太子说道："米已至陕，吾父子得生矣！"

德宗的一时之喜掩盖不了唐王朝的悲哀。晚唐，藩镇割据势力越来越大，一个接一个地反叛，相互之间吞并混战。与此同时，农民起义也不断发生。对唐王朝生命攸关的漕路或被藩镇拦截不通，或被农民起义军阻断。强极一时的庞大王朝立即像一个失血病人，脸色一天比一天苍白，四肢一天比一天乏力，除了苟延残喘，再无计可施了。及至杨行密占据淮甸，自甬桥东南决汴，汇为污泽，漕路彻底断绝，庞大王朝便轰然坍塌了。

———————————————

巨人倒下，长期生活在巨人阴影下的矮人、小人必定会为自己终于见到"天日"而狂喜、狂欢，个个想出头称王，于是割据一方的王朝代之而起。中原地区先后有五朝立国，史家遂简称为"五代"，即所谓"唐室既衰，五季迭兴，凡易八姓，纷乱天下五十余年"（《宋史》）。

运河在这种迭兴中饱受苦难。它或被切断，或被阉割，或在荒弃中任岁月的风沙无情掩盖。运河只能在悲风中呜咽，只能在惨雾中哭泣。

忠臣义士多出于乱世。这是人类社会的大幸，也是人类社会的不幸。面对艰难世界，忠臣义士远取诸物、近取诸身，仰观天文、俯察地理，最终在难以觉察的暑移寒暑中发现了一条真理：久乱必治！

必治的时间定在公元 960 年。

在一群跟自己一起出生入死的兄弟们的拥戴下，功勋卓著的后周检校太尉、殿前都点指挥使赵匡胤在开封行禅代礼，一个新帝国诞生了。因赵匡胤最初在宋州担任节度使，于是号天下为"宋"。

一次黄袍加身并不能使乱糟糟的天下立刻太平。重建山河秩序、社会规范还有一番苦斗。在接下来的岁月里，三十四岁的宋太祖远交近攻，辅以仁厚爱人之德，先定周境，继平荆湖，灭后蜀，再取南汉。

又于开宝七年（公元974年）九月发十万大军沿运河南下，直扑南唐都城金陵（今南京市）。

大宋帝国兵临城下，浑然不觉的南唐后主李煜正在寺院里闭着眼睛虔诚地听和尚讲经。加急的军报惊得李煜瘫软在蒲团上。怎么办？乱了方寸的李煜在"打""降""跑"三策之中挣扎，痛苦不堪。

最终，李煜选择了"降"。

"打"固然痛快，然而，面对数倍于己的虎狼之师，这无疑是拿城内数十万民众当陪葬！"跑"固然好，可宋军已将金陵里三层外三层围成了一个铁桶，能跑得出去吗？他只剩下一条路可走——"降"。

作为一国之君，"降"的命运他比谁都更清楚：自己就是亡国之君，臣属就是降臣，人民就是亡国奴。哪一种身份能好受啊！然而，不降就是死。不降，金陵就是血流成河之后的废墟。

留得民众在，让他们生生不息地繁衍下去吧；留得金陵在，让历史去评说千秋！

如血的残阳铺满古老的城墙，天色乌青，唯有扬子江如金陵脸庞上的泪一般无声流淌。

暮色越来越浓。在这没有一点生气的黄昏，一个声音把守卫在城墙上的所有兵卒都吓住了："敞开城门！"

这是李煜的声音。这是李煜在南唐王位上说的最后一句话。

迎着浓重的黑暗，李煜率文武百官，肉袒出城受降："最是仓皇辞庙日，教坊犹奏别离歌，垂泪对宫娥。"（李煜：《破阵子》）

李煜被俘，解往东京，关押在听得到汴水浪声的小楼里。在被毒药夺去生命之前的余隙中，他写下了"独自莫凭栏，无限江山，别时容易见时难。流水落花春去也，天上人间"，写下"问君能有几多愁，

国之根本

恰似一江春水向东流"……帝王囚徒在俘居所里奠定的这种"长短句"的文学样式——词成了灭亡他的家国的这个王朝的第一文学标志。俘虏他、关押他、毒杀他的帝王归于了尘埃，而李后主则穿越时空，永恒在中国文化的天际线，成为千古第一帝皇。

运河啊，你是怎么啦？你什么地方出了问题？伍子胥筑胥溪、胥浦、邗沟，吴人挖百尺渎，孙叔敖开扬水运河，魏惠王掘鸿沟……哪一个不是雄视万里、气吞山河！运河里流淌的是王者的霸气和豪情，是壮士的志气和雄心！可能会夹杂些许如夫差、勾践的冤冤相报的狭隘泡沫，但毋庸置疑，运河的主流是男儿的意志和热血！以如此壮美、如此悠久深厚的传统，潜流绵绵、一往无前的运河应该造就出大江东去、铁琶铜瑟的人物，可是，你为什么尽孕育出被隋文帝灭掉的陈后主、被宋太祖亡去的李后主这样的醉生梦死、依翠偎红的窝囊废呢？

应该怀疑运河的水质。

同样一个隋炀帝，站在西部的祁连山下，是一个时代的巨人。仰望统兵护边的炀帝的高大身躯，西域二十几个撮尔小国称臣朝拜，哪一个敢喘粗气？那阵势，那气派，使天下人知道什么叫帝王！不费兵卒，望风归顺，西域辽阔的江山尽入华夏版图！可还是他，一站到运河面前，立即像是换了个人似的，直不起腰了，找不着理想和信念了，随波逐流，任河水载向不知名的远方，成了驱无数民众挽舟、让沿途百官相迎的昏愦之君。难道运河水质里有一种消解英雄气概的东西？

运河水过于柔媚？运河水边的女子是柔媚，足以销骨蚀魂。"十年一觉扬州梦，赢得青楼薄幸名"（杜牧：《遣怀》）、"人生只合扬州死，禅智山光好墓田"（张祜：《纵游淮南》）是证据吗？海陵红粟的富饶、荡开砥柱的魄力、广运潭力挽狂澜的气势不也是运河舞台上的壮举吗？

　　隋炀帝只是个案？可是，从陈后主再到李后主，运河边层出不穷的亡国之君不能令人无视。运河，你的水质里一定存在某种毒素。波光闪闪便是把人的意志款款摇碎，嫣然一笑销剑锋。

　　王业逝去，运河依然浩荡向前。

　　事去唯水留。

　　事去唯水流。

南唐被灭，大势所趋。南唐近邻吴越王钱俶沿运河来到宋都开封，向宋太祖进献玉犀带，以示归顺。从此，江南太平。至此，除了北面的北汉、辽以外，唐后纷纷割据一方的小王朝烟消云散，大宋差不多算得上天下统一了。

手捧吴越王进献的玉犀带，宋太祖煞是高兴："一条玉犀带使富庶的江南免于战火，吴越王贡献大焉！"接着，宋太祖话锋一转，以政治家的气度说道："朕已有四条宝带，你献给朕的算是第五条。"

钱俶闻之大惊：自己所献贡品，宋祖早已有了，太祖不高兴哩！

宋太祖看出了越王的心思，大笑："吴越王所献，朕很喜欢。朕所拥有的四条宝带与你献的这条毫不相同。京师平畴万里，四方辐辏，水网四通八达，这得益于历朝历代的不断疏凿，而本朝终得其利。舳舻连绵千里不绝的好处不仅仅是江河贡输而已，最重要的是它把帝京与四海九洲联系在了一起。帝京身边富有汴河一条、惠民河一条、金水一条、广济河一条。漕运四渠使我帝国富裕、京都繁盛，这不就是朕的四条宝带吗？玉带飘扬之间，天下尽在手中！"

闻言，在场的所有人都笑了。

从这笑声中能听出运河的水流声。

魏国凿鸿沟，经大梁入淮水，一条大运河将大梁滋润成煌煌国度。秦灭魏，毁大梁，运河湮，仅在这里设置了一个小小的浚仪县，开封从此沉睡，一睡就是七八百年。炀帝开筑通济渠，激活鸿沟、汴河，也激活了开封。自唐朝后期，战争绵延不绝，千年都城长安衰落了，千年都城洛阳衰落了，开封却依凭运河强势崛起，重现淤泥下的昔日繁华，甚至更为繁华，终于自五代开始取代长安、洛阳，成为梁、晋、汉、周四朝的国都。赵匡胤夺取江山，毅然决然地将大宋旗帜立于开封。他开凿、疏浚运河，舞动四条"宝带"，使东京成了与国都地位相称的天下之枢，八荒争凑，万国咸通。

> ……今日之势，国依兵而立，兵以食为命，食以漕运为本，漕运以河渠为主。……今仰食于官廪者，不惟三军，至于京师士庶，以亿万计，太半待饱于军稍之余，故国家于漕事至急至重。……有食则京师可立，汴河废，则大众不可聚。汴河之于京城，乃建国之本，非可与区区沟洫水利同言也。大众之命，惟汴河是赖。
>
> 张方平：《论汴河厉害事》

汴河，隋、唐时期称通济渠，入宋称汴渠、汴水或汴河。汴河上承黄河于河阴县南之汴口，流贯都城汴京，出大通水门东南流经宋州（今河南宋城南），至泗州（今安徽泗县），于盱眙注入淮河，连通江南。

隋代在开凿此渠时，引黄河为水源。黄河水重浊，一石水而六斗泥，泥沙不断淤积，使汴河在唐代已是"汴流浑浑，不修则淀"。到北宋时，情况更为严重，有些地段的河床已高出堤外平地一丈有余，"自汴堤下瞰民居，如在深谷"（沈括：《梦溪笔谈》）。"雍丘县界噎凌沫岸漫流，并入白沟河。及检视水口以来，汴身填淤，高水面四尺。"（《长编》）汴河淤淀已逐渐严重。若遇夏季水涨，则河堤崩决，冬季水枯，又往往使船只搁浅，"昔之漕运，冬夏无限，今则春开秋闭，岁中漕运止得半载"（王曾：《王文正公笔录》）。

对大宋帝国来说，汴河是自首都开封通向江南地区的主要水上运道，担负着大部分的漕运任务，年运额随朝廷靡费与日俱增，从宋初的数十万石猛增到宋真宗大中祥符初年（公元1008年）的700万石，以后大体维持在600万石上下，是关系到宋王朝生死存亡的大动脉。"唯汴河横亘中国，首承大河，漕引江湖，利尽南海，半天下之财富，并山泽之百货，悉由此路而进"（《宋史·河渠志》），怎可不通？帝国就在运河上。

宋朝采用每十至三十只漕船为一纲的"纲运"法组织运输。每年，汴河上成千上万艘公私船只往还，帆樯如林。

大运河见识过"花石纲"。满载奇花异石的船队浩浩荡荡，横行运河。专门搜罗花石的苏州应奉局取到一块高达四丈的太湖石，载上大船，运往京城，役夫达数千人之众。遇桥梁、水门等低矮无法通过者，不惜拆除毁倒，沿途耗费无法计算。上有所好，下必甚焉。

应奉局官吏仗势欺人，巧取豪夺，在民间肆意抢夺，逼得百姓拆房毁屋、倾家荡产，直接逼反了两浙路睦州青溪西部山区通峒的漆园主方腊，诱发了农民起义。

北宋皇帝并不止于诏令沿黄河、汴河两岸的府州长官须兼任本地河堤使，肩负呵护运河的使命，自己更是身体力行。淳化二年（公元991年）六月，汴河水位暴涨，在浚义县决口，太宗诏殿前都指挥使戴兴"督步卒数千塞之"。如此，太宗仍不放心，在都提举汴河堤岸司判监事的陪同下，亲自乘辇车临河督修。车驾陷入泥淖中，随行使臣再三劝皇上回去休息，太宗坚定地回应："东京养甲兵数十万，居人百万家，天下转漕，仰给此一渠水，朕安得不顾！"

北宋政府采取各种措施，全力维护命脉的畅通，甚至调出三千禁兵，沿河防护，扫除对运河安全的威胁。将关系到大宋帝国生死存亡的大运河置于武装护卫之下，也是从这时开始。沿河防护的禁兵日后逐渐转变成了一支专业护河队伍，且分工渐细，排岸兵、河防兵、开江兵等一应俱全，保卫国家之命脉。

用兵运河，此前罕见，自宋而始。如果我们透视大宋王朝的肌体纹理就会发现，大量军队拱卫京都，不仅用于护卫运河，还是皇帝"内外相维"的不传心法：将全国军力以1∶1的比例配置在京畿和各地，保证京师之兵足以制诸道，无外乱；合诸道之兵足以当京师，无内变，以此换来赵宋天下的平安。京城的超级繁华也是这样集全国之力打造出来的。京城的繁华是孤立的繁华、畸形的繁华，以京都为核心向外断崖式衰减，直衰减成大宋广阔疆域上的经济活力不足、民生凋敝。这样的二元社会弊端丛生。大宋凭借着没有什么大的外患和内部水灾才得以天下无事。一旦外部或内部"有事"，社会崩溃就在顷刻之间。

古运河上的虹桥

很快，我们看到了这样的崩溃。

———————————

让我们屏住呼吸，小心翼翼地展开翰林图画院国画家张择端的《清明上河图》，繁忙的大运河、喧闹的大运河、声色俱全的大运河立刻生动鲜活地铺展在我们面前。是它，让世界领略到了中国大运河的无限魅力；是它，让大运河永恒在中国历史里，辉煌千秋。

东京城内的运河称汴河。一座规模宏大的木质拱桥横跨汴河，它结构精巧，形式优美，宛若飞虹，故名虹桥。《清明上河图》就以这座虹桥和桥头的大街街面为中心，沿汴河向两侧延展，延展成高25.2厘米、长528.7厘米的国之大宝。

汴河上船来船往，或纤夫牵拉，或船夫摇橹，千船竞发，百舸争流。主航道中有一艘货船逆水而上，船右舷的水手们严密注视着水情、航情，以便随时应对，避免与其他船只发生碰撞。船头前面有一艘停泊在码头的船，左舷站着一位水手，他注视着驶来的行船，随时准备排除船只之间可能发生的意外状况。

有一艘行进中的船只似乎要泊岸了，头纤（拉纤队伍的第一位纤夫）回过身来招呼伙伴们收纤。

有一只大船正待过桥。船夫们有用竹竿撑的，有用长竿钩住桥梁的，有用麻绳挽住船的，还有几个忙着放下妨碍通过桥洞的桅杆。邻船的船夫指指点点，像在大声地吆喝着什么。船里船外都在为此船安全通过桥洞忙碌着。桥上的人伸头探脑，兴奋而热烈地观赏着身经百炼的船夫们紧张而有序的过桥艺术表演。

再往河道上游看去，一艘船上有八位橹工摇橹，舵手目视前方，严密注视着水情、船情。后面跟着两艘航行的船，橹工的汴河号子与纤夫的汴河号子汇合在一起，回荡在汴河两岸，与岸边鳞次栉比的茶坊、酒肆、脚店、肉铺、庙宇辉映成风景。于是，商人不失时机地在汴河河湾安置了两条游船，或达官贵人，或文人雅士，在游船上饮酒唱茶，欣赏运河风景。

在闻名遐迩的虹桥码头区，有一艘大客船正靠拢过来。客船上二十多名船工，一片忙碌。有船工正在接收从虹桥上抛下的缆绳，准备把客船牵引到码头，再拴牢在岸上的栓船柱石上，以增强客船的稳定性，保证旅客上下安全。左舷上的船工用篙撑船，增加船靠向码头的动力。码头上有不少人向客船挥手招呼，这是迎接家人或亲朋好友的人在释放迫不及待的热情；有的干脆站上了虹桥，借着虹桥的高度招呼，以求与亲朋早点互见。大客船的旁边有一只小一点的客船，小客船上有人挥手呼喊，他们是在招揽生意，呼唤需要到分河航道码头的客人坐他们的船。

桥头遍布剪摊、饮食摊和各种杂货摊，两位摊主正争相招呼一位过客来看自己的货物。医药门诊、大车修理、看相算命、修面整容应有尽有。大的商店门首扎有彩楼欢门，悬挂旗帜布幌，招揽生意。街市行人摩肩接踵，川流不息。

张择端就是要通过对汴河及两岸自然风光、都城建筑和市井民生全面、深入、精致的描绘，让人们领略、体悟汴河与东京繁荣的内在关系。河兴市兴，眼前所有的一切都与一脉汴河息息相关。

自《清明上河图》诞生以来，人们总以为它是盛世繁华图。这是仅仅聚焦虹桥得出的结论。我们把视线拉长，不带任何先入为主的局限，观察全图的每一个细节，就会发现，离虹桥不远处，有一艘船在激流漩涡中打横，急速地撞向另一座拱桥，船上所有的人都惊恐地爬到船顶，束手无策，发出绝望的喊叫。有人呈弃船跳水状，但终究没有跳。如此急速的漩涡，跳下去的结果不难猜测。拱桥栏杆上趴满一溜儿看客，看着失控的大船在漩流里打转，惊得眼睛瞪得老大，嘴张得老圆。他们是在等待它的最后倾覆？还是在等待船工的生死消息？其实，若激流中失控的大船猛烈地撞向拱桥，桥上人与船上人是命运共同体，倾巢之下，岂有完卵？这也在《清明上河图》上。无论如何，这不是盛世图景。这是一个隐喻，一个巨大的隐喻，隐喻着大宋的未来。

石介，字守道，号徂徕，兖州奉符（今山东泰安）人，天圣进士。身为小官，关心的却是国计民生的大事。他有一首《汴渠》诗最负盛名：

> 隋帝荒宴游，厚地刳为沟。万舸东南行，四海困横流。义旗举晋阳，锦帆入扬州。扬州竟不返，京邑为墟丘。吁哉汴渠水，至今病不瘳。世言汴水利，我为汴水尤。利害吾岂知，吾试言其由。汴水潏且长，汴流溃且遒。千里泄地气，万世劳人谋。舳舻相属进，馈运曾无休。一人奉口复，百姓竭膏油。民力输公家，斗粟不敢收。州侯共王都，尺租不敢留。太仓粟峨峨，冗兵食无羞。上林钱朽贯，乐官求俳优。吾欲塞汴水，吾欲坏官舟。请君简赐予，请君节财求。王畿方千里，邦国用足周。尽省转运使，重封富民侯。

天下无移粟，一州食一州。

欧阳修这样评价石介和他的《汴渠》诗："……虽在畎亩，不忘天下之忧。……不在其位，则行其言。吾言用，功利施于天下，不必出乎己；吾言不用，虽获祸咎，至死而不悔。"（欧阳修：《欧阳文忠公文集》）

怎么可能"一州食一州"？宋太平兴国六年（公元981年），大运河上"千艘并进万夫牵"，岁运江南漕米三百万石、菽一百万石至京师。大宋帝国的命运就在运河的漕船上装着，就是民夫肩上的那根纤绳，就是漕船民夫手中的那竿竹篙。没有漕运，帝国一天也不能维持。大宋帝国对大运河汴河段看得很重很重："故与诸水，莫此为重。"（《宋史》）

为了王朝的命运，大宋帝国不断地改革漕运的方法和制度，以促进东南漕运，满足京城所需。

朝廷将主要依赖的东南贡赋地区划分为六路：江南东路、江南西路、淮南路、两浙路、荆湖南路、荆湖北路。对这东南六路，先由如狼似虎的漕卒、漕户深入到佃户家中催缴漕粮，齐备后入于真州、扬州、楚州、泗州专设的转般仓库里储存，然后装上纲船，通过运河分批运往京师："六路所供之租，各输于真楚。度支所用之数，悉集于京师。"（《宋会要》）这就是北宋政府最初实施的漕运制度——"转般法"。

转般法实施多年后，一些弊端逐渐产生出来：漕卒、漕户胆大妄为，私吞漕粮的事时有发生，致使漕粮损失严重，甚至有的漕卒、漕户与漕运官吏相勾结，毁船盗粮。为了弥补缺失，有司官吏便常常克扣漕卒食粮以补阙，致使广大漕卒的生活百倍凄苦，怨声闻于朝廷。这些弊端越来越严重地影响着正常的漕运。

面对弊端，发运使许元发起改革漕政，革新除弊。他采用"私籴法"购粮，就是上年给你一个缴粮指标，缴足即可。这一改革虽然确保了漕粮数量上的充足，但是，新的弊端又随之产生了：按照宋朝廷的规定，漕运物质的品种、数额、质量等都有严格的标准，发运司仅根据这些标准组织各路漕运，按私籴法购粮不能满足品种、数额、质量上的这些规定，僵死的规定和定额指标之间存在很大的差距，发运司要的发运使没有，发运使有的发运司不要，反过来加重了地方负担，使农民苦不堪言。

为了杜绝新的弊端，神宗在"熙宁变法"时将进一步改革漕政作为变法的重要内容之一。首先打破旧有的漕运管理体制，扩大发运使的职权，允许发运使根据每年的年景决定粮食收购量，配置、调整漕运入京的物品；其次是根据京城之急需而操办"所当办者"，以满足京城需要。年成好时，可低价购粮；年成不好时可高价售出。这样一来，"三司有余粟，则以粟转为钱为银绢，以充上供之数，他物亦然。故有无相资、无偏重之弊"（杨时：《龟山集》）。这就是熙攘一时的"熙宁变法"中的漕运"均输法"。

"熙宁变法"失败了。

整个变法都失败了，均输法岂能独存？跟着也就被废除了。漕运制度开始实行"直达法"，就是东南六路的贡赋由各转运司直接运送京师，不再转般、均输。

直达固然避免了贵重物资在转般时被盗，但东南漕运也因此少了一个缓冲环节，无法调剂漕运物资与京师所需之间的供求关系，造成一些物资大量积压、一些物资奇缺拖欠，均输法以前的弊病重又回来了。特别是直达的运输费用再不像以前那样由各段分担，而是全部压在转运司的肩上，经费捉襟见肘。可漕运一天也不能耽搁。不得已，转运司只得额外增加税赋，江南百姓因这"额外"而更加不堪重负。由于必须直达，各路押运漕船的漕卒常年奔波在运河之上，得不到片刻的休息，累死的有，逃遁的有，再加上回船时一无所有，生活无着，漕卒干脆驾着满载的漕船逃散。

面对直达法下如此尖锐的弊端，宋廷举棋不定，先恢复以前施行过的转般，接着又改为直达，或者令除淮南、两浙依旧直达外，其余四路并措置转般。

漕运乱套了。

运河乱套了。

漕运乱套、运河乱套致使北宋帝国乱套了：东南漕运的危机局面直接削弱了北宋的国力，使宋朝陷入了财匮而府库虚的危境。

河市乐

柳永，少年才子，虽热衷功名，但疏于修诚立身。心里无比渴望做官，嘴上却又无比清高，满口的不屑。他从老家福建崇安赴京科举时填《鹤冲天》词，其中有把文人习气渲染到极致的"忍把浮名，换了浅斟低唱"一句，传到了当朝皇帝耳里，皇帝深为恼怒，一声"且去填词"，把千般才情、万般能耐的柳永剔出了皇榜，令他失意郊野。

仕途遇挫，柳永变得郁郁寡欢，乘"扁舟一叶，乘兴离江渚"，自京都沿运河南下。

"一叶扁舟轻帆卷，暂泊楚江南岸。孤城暮角，引筛怨。水茫茫，平沙雁，旋惊散。"泗州到了。

泗州位于淮汴交汇处，"南商越贾，高帆巨橹，群行旅集"（《张右史文集》）。闹市的一些店铺前排设着权子及栀子灯等，煞是醒目。柳永知道这是酒肆店楼，虽然汴京纵横万数的院落形成的酒肆瓦市今天换了新的装饰花样，但五代时流行于汴梁的这种装饰沿运河蔓延到了两岸的城镇乡村，店家仿效成俗，成了运河沿岸城镇里的一道风景。

喝完酒，柳永游兴渐浓，信步走进与酒肆相邻的一座茶肆。

走进茶肆，柳永大为惊讶，房间全部经过精装修，金壁辉煌，豪华得如京城宫殿一般；墙上挂着当地的名人字画，透出一个"雅"字，显示着主人的意趣和品位；每张茶桌上都插着应时的鲜花，如主人的笑脸一般迎接着各路来客。此番装饰，为的就是勾引观者、留连食客。

店伙计一声"客来了"的吆喝，早有一份茶单递到眼前："客官，您用哪味茶？"

柳永问道："都有什么茶？"

口伶齿俐的店伙计自豪地答道："客官，奇茶异汤一应俱全。如果你是暑天来，我们还添卖雪泡梅花酒或缩脾饮暑药之属。眼下是冬月，为驱寒健脾，来客多用七宝擂茶、馓子、葱茶，或卖盐豉汤。不知客官最喜欢哪味？"

柳永道："那就七宝擂茶吧。"

店伙计忙应："好唻！七宝擂茶一客，请客官稍候，就来唻——"

在店伙计离开去取茶的空闲里，柳永放眼大厅，数桌茶客悠然品茶，没有高声的喧哗，没有酒肆里的拳来令往，有的是一份难得的恬静。

其中有一桌很特别，引起了柳永的好奇心：四人坐在一张木制八仙桌的四周，每个人的身后各站着一个人，睁大眼睛，全神贯注地注视着四人面前的茶碗。

"他们在干什么？"店伙计端上七宝擂茶，正欲离去，柳永拽了拽店伙计的袖口，伸手指了指那群人，低声问道。

店伙计诡秘地一笑，丢下的两个字更使柳永好奇："斗茶。"

"斗茶？"就在柳永为博取功名拼杀科场的岁月里，沿运河南来北往的商旅船客、漕卒民夫们将南方嘉木带到了运河沿岸，带到了北方。于是，茶肆在运河沿岸勃兴起来。茶不再仅为南方人所独钟，也逐渐为北方人所接受，成了人们日常生活中的必需品。由于运河城镇中喜欢喝茶的人日益增多，人们邀以喝茶之名相聚，称为"茶会"，以茶会友。

随着喝茶的盛行，围绕着茶形成了许多习俗，"斗茶"就是其中之一。斗茶就是比较茶之优劣的一种竞赛活动。当时的人认为好茶应该呈白色，煎好茶后，上面应该有一层似雪的白沫。斗茶就是比似雪的白沫溶化在茶杯上留下水痕的早晚，溶化慢的为胜，溶化快的即为输。为了更好地衬托白沫，盏色贵青黑，玉毫条达的茶盏更是身价百倍。

柳永端起自己的茶碗围过去，伸长脖子，看看斗茶人面前的建盏，再看看自己手中的茶碗，他既想看出谁胜谁负，也想知道自己茶碗里的茶是不是好茶。

哦，泗州，"望中酒旆闪闪，一簇烟村，数行霜树"。

依依不舍地离开泗州，柳永登船到达了润州。

登上润州岸，便问润州人："此地有甚好去处？"

润州人不无夸耀地指点柳永："那可多了去了，最热闹的去处要数河市乐。"

如同飞鸟追寻着日光往复的痕迹，人们总行走在日出日落之间，一代一代的生命就是这样如水般回旋流转。于是，运河沿岸一日行

国之根本

程处会有船夫歇脚的小码头，几日行程处会有大码头。就是朝行暮栖的驿站，间距也常在六十到八十里，尽管船夫前行的步伐各异，却同样遵循着日升日落的轨迹。日子久了，小码头成了集镇，大码头成了城市。因为有南来北往、川流不息的行船停靠，它们繁华起来；也因为商贾、行人、船夫、河工各色人等歇脚休闲，它们缤纷起来。它们是运河水擦拭得溜光铮亮的珠子，被时光缀饰在两岸。城镇的市民阶层在这样的繁华缤纷中不断壮大，他们有钱也有闲了，都需要一种消磨时光的方式。为供人消遣赏玩，"河市乐"应运而生，在运河沿岸悄然兴起。运河沿岸的城镇全然如此，它们在黄金水道两岸连缀成了一条色彩斑斓的文化带，在运河水的辉耀下光彩夺目，转又辉耀运河水，色彩斑斓。润州就是彩带上的一个结点。

"河市乐"最初就是运河边有简单的伎艺撂地表演，供靠岸的官宦、商贾、漕卒、河工和本地市民们消遣赏玩。后来规模不断扩大，内容不断丰富，逐渐形式多样，与市场交易结合在一起，被称为"瓦子""勾栏"，成为综合性文化娱乐场所。

瓦子又称"瓦舍"，"瓦舍者，谓其'来时瓦合，去时瓦解'之义，易聚易散也"（吴自牧：《梦粱录·瓦舍》）。

来到"河市乐"，柳永大为惊讶：太大了，太丰富了，太热闹了，太繁华了！杂剧、傀儡戏、影戏等百戏杂伎，小唱、嘌唱、诸宫调等各类演唱，最常见、最普遍、数量最多的说书等不一而足。不同的表演或用栏杆或用绳索或用幕幛围成勾栏，一个勾栏即为一个演出场所。勾栏连着勾栏，圈子接着圈子，绵延而去，不见首尾。在眼前的这片"河市乐"中，就有街南桑家瓦子，近北则有中瓦子、次里瓦子、朱家桥瓦子，西边有州西瓦子……大小勾栏有五十余座。

夜叉棚、象棚最大，可容数千人。

眼花缭乱中，柳永选了一个最热闹的莲花棚坐下，听"说话"。

"说话"就是说书，说话人就是说书人，说梁、唐、晋、汉、周兴替的称"五代史"，说魏、蜀、吴三国故事的称"说三分"。莲花棚里的说话人是独步甘州的"张书卷"，他正在"说三分"。

名家就是名家。张书卷的演说技艺很高，讲论处不舞搭、不絮烦，敷演处有规模、有收话，冷淡处提掇得有家教，热闹处敷演得越长久。他曰得词，念得诗，说得对，使得砌。张氏在演说时还有跟班不时加上简单的乐器伴奏。

> ……话说刘备刘玄德备妥礼物，正要出门前往隆中拜见诸葛孔明，忽然有人来报：门外有一先生，峨冠博带，气宇轩昂，道貌非常，特来相探。闻得人报，刘备刘玄德想：此人莫不就是我要前全拜见的诸葛孔明？刘备刘玄德想到这里，喜出望外，立马整衣出迎。一见到来客，原来是司马徽……

柳永听得入神，几个时辰过去了，浑然不觉。书终人散，已近次日拂晓，他还沉浸在曹孟德的诡计中。

柳永不肯离去。他从说书人身上感受到了一种新型艺术样式的魅力，看到了这种形式的生命力。在众多听客离去后，柳永起身，径直走向说书人"张书卷"。他向"张书卷"索要说书时依凭的那个底本看。

"张书卷"见站在自己面前的儒生一身文气，大有来历，便不推辞，将袖中已翻得卷了边的底本抽出来递到柳永手上。

"这是你所作吗？"

"不是。这称为'话本'。话本有的是说书人自己写的，但我依照的话本不是自己写的。它出自专为说话人编写话本的一位才人之手。才人写成后交给我，由我来说。一般半月或二十天换一出新话本。"

"都换什么样的新话本呢？"

"那可多。讲史、说经、小说……讲史，也叫讲史书，讲说前代书史文传兴废争战之事；说经，就是演说佛书，谓宾主参禅悟道等事。太平胜久，国家闲暇，日欲进一奇怪之事以娱之，故小说得胜。小说专讲烟粉、灵怪、传奇之类，像《金玉奴棒打薄情郎》《简贴和尚》等能吸引人。不过，我不讲小说，我就说'三分'。"

柳永陶醉了，陶醉在一种从未见识过的文化景观里。他感到载运他来到甘州的运河的丰富精彩。运河不但畅通着漕运，给国家带来强盛；还浇灌着田野，给黎民带来富裕；更以它的流动、它的贯通、它的深邃、它的柔情来孕育文化、创造文化，眼前的话本就是由它培育出来的一朵奇葩吧？

运河流过千年，还会流去千年，它会孕育、创造出更加璀灿的文化瑰宝，是一定可以期许的事情。

辞别"张书卷"，走出莲花棚，柳永走向一夜间令他更加崇敬的大运河堤岸。点点船火散落在墨色的波纹里，闪闪烁烁，散发着人间温暖，也散发着苍穹之下的神秘。

飘荡在运河上，柳永感到心中的郁闷似乎减轻了许多。

第四章 横空出世

　　在漫长的中国历史上，从来没有哪个朝代像大宋帝国这样窝囊，自建国之始就弥漫着衰亡的气息，在生死存亡的边缘上不断挣扎，一个又一个的皇帝都生活在随时准备弃都城逃亡的阴影之下。喘息至宋徽宗时代，大宋帝国也就进入了风烛残年，气息奄奄。当性慓悍、善射骑、灿如初日的北方金国的闪闪兵锋指来时，守卫黄河北岸的宋兵匆匆烧桥而逃。嚼白山、饮黑水的女真人从容不迫地用小船一批一批地渡过了天险，吞没了汴京。

　　公元1101年，《清明上河图》被收入御府，热爱艺术的宋徽宗在卷首题五签，并加盖双龙小印。短短的二十六年之后（公元1127年），金军攻破东京，自宋徽宗以下，三千余人被俘，北宋大厦连同汴河上的虹桥一起轰然倒塌。张择端的隐喻何等灵验！

　　世界上最大的都城人去楼空，趾高气扬的完颜亮成了帝国的新主人。当这位尚未完全开化的金主在光芒耀眼的紫宸殿里读到柳永的"有三秋桂子,十里荷花"时,立即起了"投鞭渡江之志"(《鹤林玉露》)。金兵由山东继续南下,陷徐州,渡淮河,运河重镇扬州在望。

大河流火!流火的大河经受着灭顶之灾。为防御金军南侵,南宋朝廷下令烧毁运河上的闸堰,阻断运河南下:"绍兴初,以金兵蹂践淮南,犹未退师,四年,诏烧毁扬州湾头港口闸、秦州姜堰、通州白莆堰,其余诸堰,并令守臣开决焚毁,各要不通敌船;又诏宣抚司毁拆真、阳(扬)堰闸及真州陈公塘,无令走入运河,以资敌用。"(《宋史·河渠志》)完颜亮南侵的脚步绝不是闸堰被废就能阻挡的。他用剑锋挑碎了宋高宗赵构的美梦。慌乱中,宋高宗带上身边大臣和仅有的几个士兵,舍扬州,继续南逃,奔突突如丧家之犬。金兵尾随其后,穷追不舍,吓得宋高宗赵构舍弃运河,逃向大海。

南侵的金兵攻陷"竞豪奢"的杭州,看到了三秋桂子、十里荷花的真容。

得胜的金人变成了疯狂的强盗,市列的珠玑、户盈的罗绮都是他们的最爱,统统装进背上的行囊。装不下的就付之一炬,将"重湖叠巘清嘉"的杭州城变成焦土。之后,他们兴高采烈、趾高气扬地北返。

有血性的大将韩世忠哪里咽得下这口恶气!他调集八千多名军士,在运河镇江段边的黄天荡设下埋伏,等候这群强盗的到来。

韩大将将坐着小船的小股宋兵故意暴露给金军,以诱引金兵战船深入苇荡。果然,一见宋船,一路连胜、践踏皇都如入无人之境的金兵立马扑了过去。就这样,金军进入了韩大将准备好的伏击圈。

顿时，万箭齐发，中箭的金船火光冲天，金兵被打得落花流水，韩大将以不足万人击溃金兵十万之众。

逃出黄天荡的金将站在长江与运河交汇的河口回望江南运河，胆战心惊！他们第一次领受到江南运河的深不可测，第一次感到它的可畏、它的神圣、它的不可冒犯。从此，金兵再不敢贸然进入运河，更不敢在南方久留。依靠南方运河的护佑，南宋小朝廷残喘东南。

偏安的皇帝依然微服到杭州城内的瓦肆勾栏听"说话人"讲史。

乔万卷、许贡士、张解元、周八官人、檀溪子、陈进士、陈一飞、陈三官人、林宣教、徐宣教、李郎中、武书生、刘进士、巩八官人、徐继光、穆书生、戴书生、王贡士、陆进士、丘几山、张小娘子、宋小娘子、陈小娘子等都是南宋杭州城内负有盛名的"说话人"。皇帝和朝廷大员们都喜欢听那些绘声绘色、栩栩如生、跌宕起伏、扣人心弦的故事。

> ……商纣王为博妲己的粲然一笑，设酒池肉林。他屠戮臣民的手段和花样，那是举不胜举，无所不用其极啊！除了沿袭黥、劓、刖、宫、辟五刑外，还在空心的铜柱内点火，将剥光衣服的受刑者绑在柱子上，谓之"炮烙"。十分残暴的纣王常把死者肢体剁成肉块、肉酱，烤晒成肉干，让大臣们分食。为了甄别周国之君西伯是不是臣服自己，便将西伯的儿子煮成肉汤，让父食子肉……
>
> 天良丧尽，人道无存，岂能不亡……

南宋的帝王将相们听了不少"史"，可是，他们怎么就不能从这些兴衰存亡的历史中吸取点教训呢？真是"书中人物千千万。细分来，寿终天命，少于一半。试问其余哪里去？脖子被人切断。还使劲，断断争辩。檐下飞蚊生自灭，不曾知，何故团团转。谁参透，这公案？"（启功：《贺新郎·咏史》）

此时，中华大地上出现了以淮河为界，宋、辽、金、夏长期对峙的局面。南宋凭借江南和江淮运河，靠江南漕粮维持临安的供给和江北前线的军需。北方的金国则靠着通州至天津段运河从北方运河及自然水道运粮与宋军作战。宋、金的国力几乎就等于各自拥有的运河长度。

在南宋小朝廷还把金兵当作来自北方的饿狼诅咒时，一只猛虎在漠北崛起。一代天骄成吉思汗依靠所向披靡的军事力量，征服、统一诸部，在马背上建立起蒙古帝国。接着，金戈铁马，立戈横槊，所到之处，望风归顺，旷世未有的庞大帝国屹立在亚欧大陆。

公元1270年，成吉思汗的子孙忽必烈始建元朝，立足中原。

宋、蒙曾有过各怀心机的合作。联手灭金之后，双方各自退军，大致以陈、蔡二州为界。南宋小朝廷心安了，以为从此可以继续偏安东南，继续只把"杭州作汴州"的日子。

面对雄心勃勃的蒙古帝国，这样的安享打算太天真了！正如21岁高中状元的文天祥上书进言所说的那样："元人没有一天不想把我们打败、消灭，然而，他们没有做到，原因就在他们缺少战船，不熟悉水性，害怕我们强大的水军。我们能在金山打败金大将兀术，靠的是水师，我们能在采石击毙金国国主完颜亮靠的也是水师。如今，面对元军，要保卫东南半壁，必须还靠水师。"

文天祥不愧是被理宗皇帝"亲拔为第一"的状元，分析时政，洞若观火。

当蒙古人看清了自己的短处时，毫不迟疑地开始了夺宋军之长、补元军之短的积极准备。仅仅过了半年，水师形成。元军以迅雷不及掩耳之势，向南宋发起大兵团战略包抄。雄威的水师沿运河滚滚南下，直捣临安，一举击沉南宋小朝廷这艘在百年风雨中飘摇的"破船"。

　　在盛大的得胜宴上，北方猛虎扑食到了江阴郡河豚、明州黄花鱼、越州海鲜。

　　从此，大运河再不属于南宋，再不仅属于汉人。

横空出世

目光远大的忽必烈早在中统元年（公元 1260 年）三月在开平自称大汗后就反复思考建国，特别是关系到国家气脉的定都问题。

国都定在长安？"秦中自古帝王州。"长安是汉人历史上定都最多、历时最长的都城。从西周开始到唐帝国，先后有十三个王朝都在这里建都，长安作为都城的时间长达 1140 年。忽必烈很快否定了这个想法。唐帝国之后，汉人就再没有把自己的都城定在长安，原因很简单：江南富庶，秦中贫瘠，贫瘠的地方支撑不住朝廷。

洛阳？开封？一个个汉人喜欢建都的地方从忽必烈的脑海里急速闪过，他又一个接一个地摇头。

燕京！

当这个地名如一道闪电从脑海里划过的时候，忽必烈振奋起来：它北依逶迤的燕山，是道上天赐予的天然屏障，且距我发祥之地不远；南俯辽阔平原，土地肥沃，实在是个理想的大都！

"但是，"在一次朝会上，忽必烈说出了自己的忧虑："燕南府的平原物产尚欠丰饶，百司庶府之繁，卫士编民之众，仅靠当地物资无法维持。朕粗略地估算了一下，必须每年征收1200多万石粮食才能养活朝廷，其中的1000万石出自南方。而燕离丰饶的江南尚远，怎么把它们运输到大都来呢？这是朕忧之所在啊！"

一大臣进言："圣上不必忧虑，有通济渠、永济渠直达燕京，足可以把江南的金山银山搬过来！"

忽必烈一笑，笑中却有苦涩："这一点朕知道。通济渠筑于隋时大业元年，永济渠筑于隋时大业四年，距现在已有600多年啦。河北平原上还有开筑于曹魏时代的运河网，距今的时间更长，已过千年。600多年，铁都快烂了，何况是土筑成的河呢？很多河段已经淤塞，无法通航。过千年的运河恐怕连河道都找不见了。再说，就算能通航，大都定在燕京，江南漕船从江南运河入长江，再沿山阳渎抵达淮安后过淮河，再转入通济渠，至巩义沁口入黄河，再从黄河转向永济渠，再达涿郡，这个弯子太大，大河五千里啊！你们看看，这运河像不像一张我们兵士手上的弓啊？等一艘漕船从江南沿'弓'走来，朕的头发都等白啦！蒙古人祖祖辈辈生活在草原马背上，不谙水事，有谁能替朕疏浚治理？如果说眼下大地上的运河是一张弓，有谁能让我们弃'弓'走'弦'？如果说燕京是一匹马的马头，通向江南的运河就是套在马头上的缰绳，有谁能替朕将这缰绳给拉直？"

面对自己大汗的忧虑，所有的大臣都陷入了无言的沉默。

"有一个人能替圣上将马头上的缰绳给拉直！"在令人窒息的沉

默中，突然传来这样大声的回应，令忽必烈及在场的所有人大吃一惊。忽必烈举首向传出声音的角落看去，说话的人是中书左丞张文谦。

"哦？他是谁？"

"郭守敬！年三十一岁，习知水利，巧思绝人，是国家难得的栋梁之材。"中书左丞张文谦兴奋地禀奏道。

忽必烈大喜："好！好！速速带来见朕！"

公元1262年，郭守敬在中书左丞张文谦的引领下来到元朝上都（今内蒙正蓝旗东北）觐见忽必烈。

郭守敬，字若思，顺德路刑台（今刑台市）人。小的时候，他与在数学、天文和水利方面颇有造诣的祖父郭荣生活在一起，从小就对自然科学产生了浓厚的兴趣。稍大一些以后，郭守敬离开爷爷，拜当时著名的"刑台学派"代表人物刘秉忠为师，潜心学习数学、地理和水利，知识日益精进。在他二十岁那年，刑台城北的小河被泥沙淤塞，石桥被湮没，给当地百姓的生活带来了很大不便。郭守敬闻讯来到这里，仔细勘测，拿出了治理方案。他组织民工，很快就挖出了石桥，疏浚了河道，在当地百姓中传为佳话。

爷爷郭荣很自豪自己的孙子有如此才干，将他推荐给了自己在朝中做官的同乡好友，拜托他有机会时将孙子举荐给朝廷，让他为国家建功，为百姓立业。郭荣的好朋友就是中书左丞张文谦。

由于郭荣的推荐，张文谦把"郭守敬"这个名字记在了心里。当忽必烈说出"朕忧所在"时，张文谦想到了郭守敬。

元世祖忽必烈仔细地端详着郭守敬：中等身材，外表结实，一张土红色的宽大的脸十分粗犷，额角隆起，石岸般突出的眉弓，饿虎般深藏的双眼闪动着智慧之光。忽必烈一见就很喜欢，问："朕正为燕京漕运水道犯难，年轻人有什么见解？"

面对元世祖的询问，郭守敬全然没有乡野村夫的拘谨，生气勃勃地说出了他对大都水利的深思熟虑："可重开金口河，以引浑河（今永定河）之水入大都，兴漕运与灌溉之利。"

郭守敬一语既出，引得元世祖兴趣盎然："重开金口河谈何容易！金口河是金大定十一年开凿的渠道，本来的目的是漕运，但因地势高峻，水性浑浊，水运难以成行，只起了些灌溉的作用。你要重开，怎样解决地势高峻，水性浑浊的难题呢？"

郭守敬从容应答："另择水源，重新设计河道路线。"接着，郭守敬一气说出了修复燕京附近的运河并引黄河、沁河、漳水、沙河等河道的水灌溉农田等六项建议。

"好，好！英雄出少年！"元世祖口谕："朕命你为提举诸路河渠，负责河流与渠道的整修、管理事务。特别是要尽快替朕将运河裁弯取直，将马头上的缰绳拉直！"

"若思谨遵皇命！"

公元1271年，忽必烈废弃蒙古国号，定国号为"大元"。开国皇帝元世祖忽必烈以非同凡响的气质，定燕京为大都（突厥语称"汗八里"），一改以往大一统王朝多将国都选择在长安、洛阳或开封的惯例，而是定在了华北平原的顶端。

公元1279年，元军以雷霆万钧之势，扫荡南宋政权残余势力，全国再次归于统一。大宋王朝灭亡了。对自身文化的过分自信和依赖使宋王朝遭受了前所未有的血泪痛苦。但是，被异族统治的中国却像一所被打开了大门的学校，以它无与伦比的灿烂文明和宽广博大的胸襟，教育、融化了所有走进这所学校的学生。宋代的独特精神奠定了中国从此以后的长期统一和稳固。汉唐以后不再有汉唐，但大宋之后的中国却永远是中国。

大元是华夏境内继金、辽之后又一个由少数民族建立起的全国政权。

这是一个了不起的政权，这个政权在中国历史上的意义怎样称赞都不过分。自秦始皇修筑长城开始，在汉人的眼界和心胸里，九州大地仅限于长城以南。是蒙古这头来自北方的猛虎，以巨大的胃口吞并中原，突破长城的狭隘和封闭，将长城以北的辽阔草原、壮美山川带入中华版图。

当忽必烈指挥他的战骑水师将灭亡南宋的战火沿运河烧过淮河、烧过长江的时候，华北、中原就成了元帝国的后方。身负皇命的郭守敬与丞相伯颜一起，沿江淮各处访问勘察，制定修筑的方案，完成不仅是世祖更是山川大地交给一代学人的责任。

方案在郭守敬与丞相伯颜的勘察、奔走中渐趋完成：将隋朝完成的呈扇面展开的大运河裁弯取直，北端自大都起至通州，保留永济渠河北段，后进入山东德州，再南下聊城、临清、济宁，进入永济渠、山阳渎，经扬州越过长江与江南运河连通，直达运河最南端的杭州。弃"弓"走"弦"后的这条南北大运河，比起扇面展开的隋代运河，航路将缩短 2000 余里。

方案报至元世祖，元世祖欣然同意。至元十七年（公元 1280 年），"将马头上的缰绳绷紧拉直"的浩大工程拉开了序幕，元朝开始了开凿会通河的大会战。

直通大都的大运河并不在一个水平面上，沿途地势三起三伏，最高处是山东境内的南旺镇，人们将这里称为"南旺水脊"。郭守敬再次到济宁、东平、临清等地考察，精心设计出了爬越"水脊"的方案：利用东平、马场、南旺等湖泊作为蓄水库，用来调节运河水量，同时利用这些湖泊为天然航道。湖畔之间阻隔不通的地段，开掘人工河道以相连接；北引汶水作为水源；在宁阳冈城（汶水与洸水分流处）筑坝建斗门，阻遏汶水，使汶水南流入洸水，到任城（今属济宁市）汇入马场湖，再将此水分流南北，南与泗水会合流入淮河，北由任城开河道至须城（今属山东东平）的安山，与大清河相接，以入于海。

此方案提出时，所有看到它的人无不啧啧称赞：奇思妙想，巧夺天工。

郭守敬请旨主抓这项重大工程，然而，元世祖不予同意："全国水事繁重，爱卿不可专事一项工程。"就这样，领导会通河大会战的重任落在了礼部尚书张孔孙等人的肩上。

开工那天，郭守敬与礼部尚书张孔孙等人一起来到安山工地现场。他站到一方高坡上，放眼望去，工地上旌旗猎猎，人声鼎沸，肩挑车拉的民夫们来往穿梭，热火朝天。特别是参加会战的一彪军卒方阵，显得格外引人注目。他们个个生龙活虎，喊着"嗨嗦嗨嗦"的沉雄号子，来回奔走在工地上，比起民夫来要麻利许多。士卒们的兵戟规整地架在一侧，在太阳的照耀下闪着熠熠光亮。

自上都觐见圣上，被忽必烈命为提举诸路河渠，负责河流与渠道的整修、管理事务之后，郭守敬主持过无数个工程，然而，那些工程都不如会通河工程浩大。眼前的场面令他热血沸腾起来。眼前铺陈的岂不是一部壮美史诗！他不禁心旌摇曳，甩开大步，只身走下高坡，向劳作的民工走去。

民夫看到有大官向他们走来，并不停下手中的活，只是举首冲大官善良地笑笑；郭守敬感激地抱拳在胸，向每一个冲着他笑、满脸汗水的民夫们友好地送过去，并配以"辛苦！辛苦！"的问候。

一位躬身奋力挖土的年轻民夫露出了腰间系着的鲜艳的红带子，这引起了郭守敬的好奇。他在他的身边站住了。待这位年轻民夫装满筐，抬起头来时，郭守敬面带笑容和蔼地问道："请问，你是哪个州府人氏？叫什么名字？"

年轻民夫伸出袖子擦一把脸上的汗答道："东昌府，叫王金贵。"

郭守敬追问："哦，东昌府。开河系着红带子，有什么讲究吗？是你们东昌府的风俗吗？"

郭守敬这一问，叫王金贵的年轻民夫"唰"地红了脸，周围的民夫也停下手中的活，哈哈大笑起来。这爽朗的笑声经风的传递，使工地上闻得这笑声的一大片人都停下手中的活，伸长脖子，迎着笑声看过来。

与王金贵同府同庄的一位长者告诉郭守敬："也算不上风俗。王金贵是新郎，月前刚结婚。要上工地了，新娘给他一根红腰带，是要拴住新郎的心。"

郭守敬忙道："是这样，向你贺喜了！"

正是有千千万万个像王金贵这样的民夫，别妻离家，勠力同心，才有了大运河。他们的生命如利刃，是他们用生命之刃切开了运河的河床。有这样的民夫在，大运河的全线贯通还有什么问题吗？没有他们，朝廷又能做成什么事呢？

会通河不算太长，南起安山，北抵临清，不及整个南北三千里的大运河十分之一。然而，它是整个南北大运河的制高点，地形高低起伏，需要建造出船闸加以节制。这里的一座闸很可能由数闸组成。会通镇闸就由头闸、中闸、隘船闸三座闸组成，工程技术相当复杂。头闸长 100 尺，阔 80 尺，两雁翅各斜 30 尺，高 2 丈，闸空阔 2 丈。中闸长、宽与头闸相同。隘船闸宽阔 9 尺，长广与头闸、中闸相同。闸的设置，度高低，分远迩，从节蓄泄。这是"闸化运道"。早在七百年前，中国就精到地应用"闸化运道"，凝聚了古代建设者们的杰出智慧。

南北大运河还在河夫们的锹下、筐里，元廷的漕船只能在到达淮安后进入黄河（当时黄入淮，沿淮河下游东流入海），抵中滦旱站（今河南封丘县西南），经陆路运输一百八十里到达御河（今卫河）南岸的淇门镇（今河南汲县东北），经御河水道，过临清、直沽，再由白河抵通州，从通州陆运四十八里到达大都。沿途河运转陆运，再转河运，再改为陆运，装车卸舟，船载车运，费时耗资，役重人苦。

尽管跋涉维艰，公私交瘁，还是难保大都粮食的庞大需求。至元十九年（公元 1282 年）春，京师粮荒，引发居民骚乱。

朝会上，元世祖一脸严肃："朕昨日闻知，京都百姓已是数日揭不开锅了，谁来告诉朕，朕还要几天也吃不上饭了？"

忽必烈的话吓得众大臣抖抖瑟瑟，没有一个敢出声。

是太傅丞相伯颜大着胆子趋前禀奏："微臣斗胆禀奏，内河水道太长，运输费时，前后劳费不赀而未见成效，难以接济都城急需，应另辟新径。至元十二年，我破城临安后搬运亡宋库藏书籍等，走的是海道，此道可行。海阔水深，运船所载可胜过水浅道窄的河运数倍。恳请皇上命江淮行省限六十日内造平底海船六十艘，听候调用，这可解京都之困危。"

元世祖豁然开朗，也和缓了许多："准奏。行省委托上海总管罗璧、张瑄、朱清等依限打造，不得有误！"

当六十艘平底海船按期建造完成时，元世祖的圣旨也到达了上海：江淮行省张瑄督办南粮海运事宜，装载官粮四万六千余石，寻求海道。

张瑄掸去依旨造船时落在身上的木屑，迎着大海的风浪，踏上了南粮海运的险途。

他们将漕粮从长江口的刘家港（今江苏太仓县东北浏河镇）装上自己造出的平底海船，出海北上，绕道山东半岛东端入渤海，到海津镇（今天津）界河口（今天津大沽口）进入海河，北循白河至通州附近的白河湾停泊，再陆运至京都。

当第一船漕粮抵达白河湾时，元世祖派太傅丞相伯颜前往慰问。

伯颜挥鞭至白河湾，远眺渐行渐近的漕船，满心喜悦。元代以前的金朝曾以北京为都城，当时称为中都。中都所需要的粮米主要仰仗潞河漕运，漕运的北端终点就是通州。金德三年（公元1151年），金朝在潞县设刺史州，取"漕运通济"之意，名"通州"。今天，元帝国用的不再是狭窄的内陆潞河，而是辽阔无边的大海，是"海运通济"，这预示着元帝国一定比金、宋强盛！想到这里，伯颜头也不回地向站在身后的随从喊道："拿酒来！"

海运漕船主要有遮洋船和钻风船两种船型。遮洋船约可载800石或1000石，钻风船可载400石。遮洋船船体扁浅，平底平头，全长8丈2尺，宽1丈5尺，深4尺8寸，共16舱，设双桅、四橹、铁锚二。舵竿用铁力木，有吊舵绳，使舵可升降。运粮数字也因启用这些大海船而逐年增加：从公元1283年的4.6万石猛增到公元1284年的29万石，公元1286年为57.8万石，公元1290年为159.5万石。

此后，督办南粮海运事宜的张瑄不断探索，使海运漕船逐渐航驶在离岸的深水航道上，使用于南粮海运的船舶的体型和载量进一步增大，小者2000余石，大者八九千石。以当时1海关石等于154.5公斤计算，大小海船的载重量已经从早期的60~70吨增加到300~1390吨。比起内陆运河载重量限定为150~200石料（约为12吨），运量大出百倍！

漕运年年都节节攀升，元世祖喜不自禁，升张瑄为骠骑将军、淮东道宣慰使兼领海道都漕运万户府事，升朱清为骠骑卫上将军、江东道宣慰使兼领海道都漕运万户府事。

皇上的擢升是为了让自己更好地办差，张瑄明白这一点，于是婉拒同僚要他将漕运万户的办公室设到中书省的建议，而是选择了南粮海运最北端的白河湾码头："下官进出白河湾码头，看中了那里的净业寺院，幽雅清静，正合下官心志。"

漕运万户张瑄安营扎寨净业寺，忠于职守，督办着元世祖交给他的海运大业。时间一长，人们就将此处河湾以张瑄姓氏称为"张家湾"。漕运万户张瑄督办南粮海运功勋卓著，"张家湾"之名得以传布南北各地，一直从遥远的700余年前传布到今天的我们的耳边和心里，

"白河湾"再无人提起，渐渐地没入了时间的泥尘。

至元二十八年（公元1291年）十一月，当元世祖得到漕运万户张瑄报来的当年度南粮海运数字时，兴奋得从御座上站了起来："210万石！朕记得至元二十二年费尽千辛万苦，自江浙地区漕运来大都的粮食仅100万石，现在，海运一倍于河运，朕看完全可以罢江淮漕运，就用海道运粮！"

如果这不是出自帝王的即兴一说，而是出自朝廷的理性决策，那么怎么估价这个决策都不为过，因为它拉开的是中华民族真正走向大海的序幕。

大海，那从天外滚滚涌来的蓝色诗行，那发出炸雷般声响的白色标点，是造物主赐给人类的一部不朽史诗。周文王、始皇帝曾自东南沿海登船，经海路到达山东半岛，代表一个民族第一次去咏读这部史诗。可惜他们没有读懂，仅仅到此一游，而后归去。此后的千年里，再没有一个王者踏上大海。太平洋腥味浓烈的海风在一个民族的枕边劲吹了千年、万年，但这个民族就是视而不见，不见大海的力量、大海的富有！

现在，历史之门闪开了一道窥见大海的缝。为增大装载量，海运督办张瑄已经探索着完成了离开海岸到深水区航行的实践。面对210万石的海运数字，元世祖又要罢江淮漕运，利用海道。我们离走向远海的日子还远吗？

只要迈出第一步，接着就会有第二步、第三步……大海的魅力无从抗拒，它吸引每一个走近它的人。那样，太平洋东岸的这个民族、这个国家一定会以巨人般的步伐走向海洋，迎来壮阔大海洋时代。

我们还可以试想：如果元朝所有的当政者都能像元世祖那样坚

持海运，那么，就像内河漕运带来运河沿岸城市的诞生、发展和繁荣一样，海运也一定会带动沿海城市的兴起、发展和繁荣。青岛就不会在西方列强的坚船利炮下沦为德租界；烟台就不会用民族屈辱的石块构筑它日后的繁荣；威海就不会在百年前仅仅只是几幢茅寮、几户渔家；荣成就不会被列强的铁蹄碾碎袅袅渔歌；还有沿海的东营、日照、连云港、南通、上海、宁波等都不会那般年轻，那般不堪一击。沿海城市兴起、发展和繁荣了，带来的一定是坚固的城防，这就是海防，那我们的海防决不会是 1840 年时那样脆弱。中华民族的历史一定会因此而改写。

我们不能说元世祖说"罢江淮漕运，就用海道运粮"这番话时不认真，作为帝王，他做到了有言必践——废除江淮漕运司，将之合并到新成立的海运万户府中。继任的成宗铁穆耳秉承先祖的海运战略，在大德年间将先皇时成立的海运万户府升格为海道都漕运万户府，以加强对海运的领导；还几次下令，命江浙行省的丞相亲自"提调海运"。

然而，元帝国海运的历史在大德十年（公元 1306 年）拐了弯。

这一年八月，一场罕见的飓风突袭渤海湾，元帝国航行在这个区域的 92 艘南粮海运船只悉数被巨浪卷走，官船军人、梢碰水手无一生还。

白河湾净业寺里的漕运万户张瑄闻报大惊失色："天啊！"他转身上马，直奔大都。张瑄跪到了元成宗铁穆耳面前，泣不成声。

"错的是朕。朕只看到海运运量大、费用俭省，就一味依赖，疏忽了海上风涛不测、盗贼出没。看来，内陆运河不仅不能废，而且要赶快畅通。"元成宗铁穆耳弄海的雄心动摇了，"运河意识"在他的思考里开始上升。

"圣上英明！"跪在地上的张瑄收住哭声，禀奏说："以我朝仅有的海运经验和技术，难以避免海上风涛的威胁，海道漕运风险很大。而且，通州到大都之间不通水路，还需依靠人畜陆运，民夫不胜其瘁，耗时费资，诸多不便。开凿运河势在必行。"

最有海运经验的张瑄都这样哭诉，根本没见过大海的朝臣们还能如何？

一场飓风改变了元朝推进海运的构想，将目光重新收回到规避风险的内陆运河建设上；一场飓风改变了历史走向，使最有可能走向大海的一次机遇与中华民族擦身而过，刚刚闪出的一道窥见大海的历史门缝被海风"呼"地一声刮得紧紧关上。

何况此后更有出于种种原因而让沿海居民内迁五十里、片板不许下洋的"禁海令"。一个海洋国家生生地被隔断了与海洋的联系。

梁启超问过：为什么中国有漫长的海岸线，却没有成为一个海洋大国？答案之一是：有大运河就够了！

　　郭守敬再负皇命，开始了大都至通州水道的勘测、设计。

　　大都缺乏地表水源。历史上多次开凿运河，都因为水源不足，船只难以航行而告失败。要在京都开筑运河，找到水源是前提。

　　金色的霞光犹如一只神奇的巨手，徐徐拉开柔软的雾帷，使整个大地豁然开朗，如画风光尽收眼底。62岁的郭守敬须发皆白，携二三随行，穿行在这如画的风光里。数月中，他们早起晚归，走遍大都城北部燕山山脉的崇山峻岭。

　　一场雨后，郭守敬一行再入北昌平县城东南山中。简直是"过雨看松色，随山到水源"（刘长卿：《寻南溪常山道人隐居》），他们终于在一座被当地百姓称为"神山"（即凤凰山）的山麓中发现了泉水。这令郭守敬欣喜若狂。

　　泉靠近山中白浮村，泉随村名，被称为"白浮泉"（今称"龙泉"）。

欣喜只持续了一小会儿，新的难题又使郭守敬眉头紧锁。白浮泉的出水高度没高出大都城多少，不能径直引向大都。大都城与白浮泉之间有沙河和清河两条河谷低地，对引导泉水流向大都形成两道难以逾越的障碍。怎样把白浮泉顺利引到大都是一个不比找水源轻松的新挑战。

郭守敬没有退缩，他相信苍天既然赐给白浮泉，也一定会赐给让它流到大都来的路！

提举诸路河渠再次进行实际勘察，不断地寻找、探索。

两个月后，一条避开障碍的"天赐之路"被郭守敬精细勘测地描画在了大都的大地上：将海拔 55 米的白浮泉水先西引至西山麓，然后大体沿 50 米等高线南下，避开沙河、清河河谷低地，并在沿途拦截沙河、清河上源及西山山麓诸泉之水，注入瓮山泊（海拔 40 米，清代向南开拓，并改名为昆明湖，即今颐和园）。沿渠道两边修筑堤堰（称白浮堰），以保持充沛的水量。接着，从瓮山泊再往东南开河引水（今称"长河"），出今北京紫竹院公园东流的古高粱河，从今德胜门西水关进入当时的大都西城墙，南聚海子（今积水潭）。由海子再开河引水向东南，流出文明门（今崇文门北）后汇入金代开凿的旧河，从这里一直东流四十里，至通州高丽庄，与白河相接。

白浮泉海拔 55 米，瓮山泊海拔为 40 米，之间平均比降仅为每公里 0.46 米。要使白浮泉顺利流到瓮山泊，开掘的渠道必须做到每公里误差不得超过 1 米！新中国成立以后，为了解决首都用水，水利工程专家们运用现代测量手段，勘测、设计了（北）京密（云）引水渠。此渠竟与 700 多年前郭守敬引白浮泉水进京的旧道完全重叠。

横空出世

在寻找"天赐之路"的测量中，郭守敬首次提出了以海平面为零点的"海拔"标准概念，这一测量学科的专业术语沿用至今，比德国大数学家高斯提出这一概念早560余年。郭守敬还通过数百次的测量，结合历史资料，推算出一年的长度约为365.2425天，精确的

北京颐和园

程度与理论值只差 23 秒。

郭守敬以领先 5 个多世纪的脚步，领跑世界测量科技。他就是一个科学神话。无疑，他经天纬地般的业绩证明他是站在 13 世纪末世界科学高峰上的杰出人物。

闻知郭守敬找到白浮泉并顺利引入大都，元世祖高兴极了："传旨，擢升提举诸路河渠郭守敬为都水监，领正三品衔，监理大都至通州运河工程。"

大都的秋天是一年中最美的季节。天气正好，不冷不热，昼夜的长短也划分得平均。天那么高，那么蓝，那么亮，北山的蓝色每天都在加深，西山霞帔似的树色一天浓过一天，四面八方都洋溢着秋虫柔和有力的鸣唱，好像是灿烂的时光喃喃地在天与地之间举行着宴乐。

开工当日，忽必烈命"丞相以下，皆亲操畚锸倡工"（《元史》），到开河工地举行盛大典礼。

举锄为云，连袂成岸，数千兵士和河工在秋天里开挖。

郭都水每天穿行在工地上。他因地制宜，充分利用一切可以利用的条件。将瓮山泊和海子作为调节水量的"水柜"便是他构思巧妙的杰作。为了调节水量、控制水深，郭守敬"每十里置一闸，比至通州，凡为闸七。距闸里许，上置重斗门，互为提阏，以过舟止水"（《元文类》），控制水深和流速，保证船只平稳航行。

经过一年的不断开筑，至元三十年（公元1293年）秋，大都至通州的运粮河开凿完成，沿金朝金口河旧道全长164里104步，铁底铜堤。用工285万人，用楮币152万锭，用粮38700石，另外还有木、石等物，不计其数。

工程竣工当日，适逢元世祖忽必烈从上都回到大都。看到海子烟波浩淼，水天一色，樯桅蔽水，盛况空前，世祖欢忭："此河朕想了多年，今日得以开通，郭都水功莫大焉，朕赐钞一万二千五百缗。此运道畅通天下，惠泽大都，就叫它'通惠河'如何？"

运河畔响起一片"吾皇英明"的赞美声。

至元十七年（公元 1280 年），征服南旺水脊，开通济州河；至元三十年（公元 1293 年）秋，凿成大都至通州的通惠河；泰定二年（公元 1325 年），用役工 251 万人次、钞 150 万缗、盐 5 万斤、前后历时达 36 年之久的会通河修成。至此，弃"弓"走"弦"，"马头上的缰绳"最终被彻底地拉直了。这一运河全长 3500 里，将海河、黄河、淮河、长江和钱塘江五大水系连在一起，被称为"京杭大运河"，成为当时中国最重要的交通命脉。

　　京杭大运河由以下各段组成：通惠河也称大都运粮河，自昌平引水入大都，再从大都达通州；通州运粮河从通州南下大沽河，接御河；御河即卫河，从天津南至临清，接会通河；会通河从临清至须城安山，接济州河；济州河从须城安山接泗水，入黄河，接扬州运河；扬州运河从黄河到扬州瓜洲，入于长江；江南运河由长江口经镇江、丹阳、常州、无锡、苏州、嘉兴，抵杭州。

　　蒙古人以他们驾驭烈马的雄气和魄力定都华北，接着扭转大运河自西向东的流向，将张开如扇的大运河一转成为直线，从此，内河船只自杭州北上 3500 多里直抵大都，改写了大运河的历史。这里的"一转"是巨大的国力投入，是以无数黎民百姓的热血乃至生命为代价的。

　　元朝政府在各地漕运司下面专设船户，负责漕运。这些船户以"纲"为单位，每纲以地区为中心，一般有漕船 30 只。这种纲共有 30 处，共计有漕船 8000 余艘，船户数万户。这里说的是政府在编的船只，而航行在京杭大运河上的绝不止这些。各地商贩用于自行贩运货物

的船只，蒙古贵族、朝中权贵自造漕船私自运输以获暴利的船只，一些商人为皇亲国戚、政府要员贩运货物以牟取暴利的船只难计其数。大运河上风帆如樯，往来无绝，3500里运河简直就是3500里熙熙攘攘的集市。

京杭大运河北部的码头设在海子。

海子，东西宽2里，南北长十数里，水深面阔，中间无物，天水一片，汪洋如海，所以叫"海子"。

南来的船只直接抵达大都海子码头。元政府特别调军500人于新浚运河看护闸坝。设闸官28人，每闸设闸户若干，负责闸堤的日常养护和小规模维修。

海子因运河的仙气而成了一热闹非凡的水港，大都城一下换了气氛。一时之间，漕船首尾相衔，鱼贯而入，舳舻遮天蔽日，满载着江南的稻米、木材、陶器、绫罗绸缎等驶入海子。汪洋十里的海子岸边顿时变成了南北货物交换的大码头。

当时，大都全城商业最繁华的地方是海子北岸斜街，与西城的羊角市、北城枢密院角市一起，号称"大都三大市"。此外还有附于以上三市的米面市、柴草市、杂货市、段子市、皮帽市、鹅鸭市、珠子市、纸札市、靴市、车市、供木市、鱼市、舒噜（金银珠宝）市、果市、铁器市、穷汉市、蒸饼市、胭粉市等。凡生活所需，或富人奢侈品，或穷人必需品，一应俱全。

文人雅士喜欢汇聚在清流潺潺、舳舻蔽水的海子边品酒作文，比宋代更加繁盛的食肆、勾栏等迅速在这里发展起来、旺盛起来。

关汉卿坐在海子码头，听南来北往的船工们讲述运河上的奇闻趣事，再把这些奇闻趣事点染成杂剧，搬上搭建在积水潭码头一角的一方舞台。达官贵人们、商家大贾们、船夫走卒们、市井百姓们穿行于此，在选择他们心仪可意的各式物品之后，总要在这方舞台旁驻足，在短短的一个时辰里欣赏《窦娥冤》《西厢记》《赵氏孤儿》《救风尘》《汉宫秋》，体验五味杂陈的人生、大起大落的命运，为人生的悲欢离合、为运河的苦难辉煌亦喜亦伤、亦欢亦戚。

关汉卿，大都人（一说河北省安国人，北漂大都）；王实甫，河北省定兴人，北漂大都；马致远，大都人，祖籍河北省大运河畔的东光；纪君祥，大都人。元曲四大家中有三人本来就是大都人，一人北漂来大都。这绝非偶然，而是无可辩驳地证明着大都运河与元杂剧之间的深刻关联。

无论是古希腊悲剧还是古印度梵剧，早在 2500 多年前就璀璨辉煌。而在中国，它连影子都没有，一直被认为是几千年的中华文明里的一个重大缺憾。毫无征兆，几乎是突然之间，戏剧在多少南宋文人志士绝望地认定蒙古铁骑是中华文明覆灭的丧钟的元代，如平地惊雷，轰然炸响，使缺憾获得完美的弥补。是大运河与一批文化天才的偶然遇合才化生出必然的伟大戏剧。

关汉卿等人带着各自的剧目沿运河南下，行一路，演出一路，创作一路。由蒙古人的伟力筑出的京杭大运河孕育出的元杂剧又随运河播向了四方，直流向中华文化的深处。

京杭大运河浇灌出的元杂剧立于世界戏剧之巅，毫无愧色。

与京杭大运河的这份繁忙相对应的是东部沿海城市日益荒凉、寂寞下去。海上运输中断了，也被忽略了，没有了发展的动力。

运河水以它的富有孕育出沿岸一座又一座的"明星城市"。从大都到通州，从德州到临清，从济宁到扬州，从常州到苏州，它们像发面包似的，一天胜过一天地"发"起来。当时，中国最具活力的城市几乎全部集中在运河沿岸。与运河沿岸的密集的富裕城市带相对应的是整个中国东部海岸城市寥若晨星。太平洋涌起的海浪年复一年地拍打着荒凉的海岸，落寞孤寂。

第五章

鼎盛时代

功漕神

至正四年（公元1344年），黄河在河南白茅堤决口，一泻千里，阻断了京杭大运河。

大运河是断不得的！为了确保畅通，元朝政府强征汴梁、大名、兰考等十三路民夫15万人疏浚黄河故道。

被强征为河工，又有残暴的监修官吏的鞭挞，农民们的心中充满怨气和忿恨，整个筑河工地就是一个不断鼓胀的火药桶。

就在这时，元政府为了弥补财政空虚，拼命发行"至正宝钞"代替旧币，造成物价飞涨，民不聊生。千千万万的百姓再也忍受不了这样的压迫，再也忍受不了这样的折磨，烽火连天的大规模农民起义爆发。

一时间，鼓角连营。起义军攻城掠地，沿运河水陆并进，挥戈北伐，直指通州。设在通州的元帝国京畿都漕运使司的官员们看到运河上驶来的不再是江南漕船，而是徐达、常遇春的庞大战舰，一个个望风而逃。

运河还是运河，不同的是，运河上来往的船只上飘扬的不再是元帝国的图案复杂的九龙旗，而是"淮右布衣"朱元璋的大明旌。

看惯了你方唱罢我登场的令人眼花缭乱的历史话剧，无论坐上龙椅的是谁，大运河都热爱承载她的土地。

———————————

在漫长的中国历史上不乏强盛之时，比如汉代的昭宣中兴、唐代的开元盛世、宋代的开宝气象。然而，所有这些强盛无一不是阶段性的，如同昙花一现，"现"过之后接踵而至的是"皇天震怒降灾毒，若涉大海无渊边"（许仲琳：《封神演义》）。数千年以降，从没有出现过持续的强盛，这几乎成了中国历史的定律。

这是为什么？

皇朝的更迭无不是通过暴力、毁灭性的战争来实现。每一次改朝换代、每一次政权更迭都是群雄并起，逐鹿中原，惊涛裂岸，雾失楼台，哀鸿遍地，尸骨盈野，"若崩厥角齐稽首，血流漂杵脂如泉"（许仲琳：《封神演义》）。刚刚积累起来的社会财富被无情的战火吞噬、毁灭。新皇的龙椅自血泊中升起，天道人心、仁政至德渐渐地回归本位，社会开始一点点稳定，经济渐渐恢复，民生逐步改善，财富渐渐累积。然而，这个王朝也就快走到尽头了，下一场争夺皇权的毁灭性战争就要来临。周而复始。蒙着眼的驴永远走不出循环往复的磨道。在无边无际的历史残忍中，怎么可能创造持续的繁荣、持续的昌盛、持续的富强？

龙椅的魅力来自它的至高无上。因为至高无上，所以人人觊觎、个个梦想。

王朝的更迭致使血流成河；对皇位的继承又何尝不是血流成河？明太祖立国之初，立朱标为皇太子。不幸的是，朱标没有做皇帝的命，在遵皇命巡视关陕之后一病不起，不久就归西了。明太祖再定朱标十六岁的儿子朱允炆为皇太孙。太孙即位，是为建文帝。建文帝总觉得皇叔们不服他这个皇帝，总觉得他们会篡位，便一个接一个地废黜他们。在朱允炆称皇不到一年的时间里就有五位叔叔被废，这激怒了诸王。势力最大的燕王朱棣拍案而起，从他的属地北京沿大运河南下，杀向京都！

这场心折骨惊的朱家内斗以燕王胜利、建文帝在莫名的宫火中不知去向而落幕。大河中流淌着兄弟同胞的鲜血，鲜血染红了一个新皇的御座。

燕王朱棣成了明成祖。明成祖决计迁都"负山带海，形势雄伟，内跨中原，外控朔漠，足以控四夷而制天下"（孙承泽：《天府广记》）的北平。经过周密的部署，永乐元年（公元 1403 年），"改北平府曰顺天府"，"以北平为北京"（《明史》），拉开了迁都序幕。

从速疏浚大运河，建设起与国都相称的交通网，进入了智勇有大略的明成祖的战略视野。

元代筑成的会通河是京杭大运河的关键河段之一。天才科学家也会犯测量上的差错。济宁的地势比南旺低，郭守敬让运河工程从济宁往南旺方向分水，实际上是要"水往高处流"，留下了工程隐患，以致整个会通河道常患浅涩，漕船经常在这里搁浅。岸狭水浅，不任重载，每岁不过漕数十万石，效率非常低下，成为京杭大运河中的一段"卡脖子"河段。

如果元世祖不以"全国水事繁重，爱卿不可专事一项工程"为由，让郭守敬来主抓这项工程，也许郭守敬早就发现并彻底医治了会通河的病症；如果郭守敬再年轻些，能再来实地，也许隐患早已消除。可是这些只是"如果"。会通河于泰定二年（公元1325年）筑成，而享年87岁的郭守敬早在九年前的延祐三年（公元1316年）就已仙逝，以致终元之世，会通河症结未除。瀹淢拓宽会通河，畅通河运，成了新朝皇帝国事的重中之重。

永乐九年（公元1411年），永乐帝派工部尚书宋礼赴山东主持会通河的治理。

明成祖给了宋礼"畅通河运"的旨意，但没有给他如何畅通的方案。宋礼一行领皇命来到山东，立即被会通河水源不足、地势高低悬殊等一系列棘手的难题困扰住了。如果不能开辟新的水源，会通河的病症就难以根除。然而，新的水源在哪里？怎样开辟？这位河南籍工部尚书急得在会通河的大堤上跺脚。

无奈中，宋礼脱下峨冠博带，着蓝布长衫，戴一顶苇席编成的草帽，携一随从，微服私访。他希望有奇遇，能寻获破解难题的良方妙策。

那天，路经汶上县彩山的宋礼看见了一位牵牛的长者。不知为什么，此时的宋礼特别想找个人聊聊。他和随从朝这位长者走去。"老人家，牧牛啊？"宋礼和蔼地打招呼。

"牧牛。"长者友好地回应。

"坐下歇会儿吧。"

"累不着，牧牛也等于歇着。"长者嘴上这样应着，却把手中的牛绳扔给了牛背上的孩子，向宋礼迎了上去。

他们就坡坐下，闲聊了起来。

眼前的长者中等身材，地道的庄稼人装束。两道浓眉下的双眼流溢着憨厚和纯朴，风吹日晒的脸呈古铜色，凝神不动时就是一尊青铜雕像。一看就是位饱经风霜、大有经历的人。"老人家，我很羡慕你，面对山花绿树，不像我，忧心难遣啊！"

"哦，因为什么这样忧心呢？"

"因为河。"

"因为河？"一听说是因为河，长者的兴致陡增。他立马坐近了宋礼。

"是，因为河。会通河不畅，难在水源。我左思右想，不得要领。为此忧心不已。"

"为这个啊。你可以去找找此地叫白英的一位老人，他可能会给你一些有用的建议。"说完，长者起身，走向不远处的牛，任宋礼"你停停，你停停"地叫唤，头也不回地离去了。

此后的几天里，宋礼不停地寻找，终于找到了白英。

一见白英，宋礼笑了：眼前的白英正是彩山之阳遇到的那位牧牛的长者。

明代编赋役黄册，以邻近的110户为一里，推人口多、粮食多的10户为里长，每年轮流一户；同时，再推出一位年高德劭、见多识广的人为"老人"，负责调解民间事务、处理民间争讼，就是由乡村百姓公举出来协助地方政府进行行政管理的长者。白英，字节之，就是这样的"老人"。因为他是汶上县人，史称"汶上老人。"

白英虽居乡村，但不是一般的闾里老人。他长年参加治水工程，培养出了正天下水利的志向。几十年里，白英不辞辛苦，跑遍了汶水流域及南旺以南、以北的数百里水道，实地勘察地势、水文，访问民间父老，了解方圆数百里内的自然地理水文，积累了丰富的水利知识，是远近闻名的治水经验丰富的受民众爱戴的水利老手。

白英老人深感宋礼的至诚，说出了他多年实地勘察后思谋的治水之策："南旺者，南北之水脊也，自左而南，距济宁九十里，合沂、泗以济；自右而北，距临清三百余里，无他水，独赖汶水。筑堽城及戴村坝，遏汶水使西，尽出南旺，分流三分往南，接济徐、吕；七分往北，以达临清。南北置闸三十八处。"

洗耳恭听的宋礼禁不住击节叫好："七分朝天子，三分下江南。好，好！本官请你出山，帮助本官，也是帮助朝廷，治理好会通河，造福千秋万代！"

"我还没有说完。"面对朝廷重臣，久居乡间的白英老人一脸的耿直憨厚。他知无不言，言无不尽，实在是一位身在魏阙之下、心在江河之上的长者："会通河段的水源主要依赖自然降雨和汶水，汛期时还好一点，哪怕再苦再累，漕船也能拖着走；如遇干旱，水缺河浅就没法治了。这要靠置闸来调节水位。而这里的'闸'不是一般的闸，应该建成复闸。漕船到了闸口前，先打开第一道闸门放进船来，然后关闸，放水，将船只升高到一二十米，再放进第二道闸，再放水，再升高，以此类推，重复操作，直到与水坝出口的水位持平。通过复闸，可使漕船航行的阻力减少到最低程度，河道畅通无虞。"

"本官再谢！"听到这里，宋礼不仅激动，简直感激涕零！望着眼前的白英老人，他深深感到了潜藏在民间的无尽的智慧和伟力！

一番交谈后，白英接受了宋礼的真诚邀请，走上了治运一线。

永乐九年（公元1411年）夏，宋礼调发青州、兖州、济宁及直隶、徐州民工20余万人，按"白英策"展开施工。

"自南旺分水北至临清三百里,地降九十尺,为闸二十有一;南至镇口三百九里,地降百十有六尺,为闸二十有七。其外又有积水、进水、减水、平水之闸五十有四。又为坝二十有一,所以防河之泄,佐闸以为用也。"(《明史·河渠志》)

至永乐十三年(公元1415年),整个会通河工程全面竣工:河道加深,深则能蓄水,而其深三丈,八百斛之舟迅流无滞。

南北大畅的运河上除漕船之外,商船、民船往来如梭,经年累月,千樯万艘。开通的第一年,通过运河输送到北京的粮食就有6462990石。这意味着需要6419艘漕船来运送,再算上往返,每年穿行于运河之上的漕船在12000艘次以上。杭州与苏州的锦缎等丝织品也沿运河而来,两省每年运载这些物品的船舶数在300艘以上。再加上其他各种船只,运河漕运能力十倍于元王朝。

会通河畅通的喜讯传到紫禁城,明成祖龙颜大悦:"传旨,着工部尚书宋礼携'汶上老人'白英即刻晋京复命,朕要重重地赏他们。"

接旨后,工部尚书宋礼携白英踏上了赴京复命、觐见皇上的路途。

然而,谁又能想到,宋礼一行进京的官船航行到德州桑园时,白英老人突然感到胸口疼痛,接着满脸虚汗淋漓。

在宋礼随从的帮助下,白英躺在了船舱里。不一会儿,老人双目紧闭,呕血数斗。

望着从白英口中呕出的鲜血,宋礼的眼眶立时溢出大滴大滴的泪来。工部尚书想到了白英在会通河工地上没日没夜忙碌的身影,想到了白英监督熬制数十万斤糯米汁浇灌坝闸石缝的日日夜夜,想到白英为他贡献出的治水之策……没有眼前的老人,怎么会有会通河的大畅?没有眼前的老人,我宋礼又怎么可能立下这不世丰功呢?

今日戴村坝

济宁市白英故居

想到这些，宋礼用心呼唤："白英！你醒醒！"

"白英！你醒醒！"宋礼摇着白英老人的胳膊，大声呼喊着为会通河鞠躬尽瘁的老人。

白英睁开了眼睛。然而，身边的人全是模糊的影子。他再使劲睁，这才终于看清宋礼的面孔。他伸出失血的手，抓住宋礼的手心，用微弱得几乎听不见的声音说："尚书，我感谢你。是遇到了你，才能实现我这辈子治水的念想，才使我这一生没有遗憾。"说着，又吐出几口血来。

"我不行了。我们是在彩山见的面吧？我喜欢那地方。我死后，请求你把我葬在彩山之阳，以便我视汶水，看戴坝，望三湖……"

"放心吧，放心吧，本官一定照办！还要告诉你，本官早就想好啦，本官百年后也要葬在南旺，葬在你的身边，和你做伴。你不寂寞，本官也不寂寞，我们还可以在一起……"宋礼以极快的语速回应着，就怕慢了，眼前吐血不止的白英再不能听见。

没等宋礼说完，白英泛着紫色的嘴唇合起了，握在自己手心里的手变冷了……

由于为会通河操劳过度，正值壮年的白英老人在56岁时合上了双眼，永远地走了。

突然，大雨像一片巨大的瀑布，没有任何预告地遮天盖地卷来。雷在低低的云层间轰响着，震得人的耳朵嗡嗡作响。闪电不时用它耀眼的蓝光划破黑沉沉的天幕，照亮在暴风雨中狂乱摇摆的山河。一刹那间，电光消失，天地又合在了一起，只有哗哗的豪雨肆意倾泻。苍天为白英送行，悲情漫漫，气势浩荡。

得知白英仙逝于进京途中，永乐皇帝很是哀伤，降旨工部尚书宋礼："封白英为'功漕神'。延迟回京复命，即刻扶柩南下，遂老人之遗愿，葬于彩山之阳。"

宋礼换去官服，着素衣扶白英灵柩沿运河返回。

得知白英仙逝的消息，运河沿岸的百姓扶老携幼，披麻戴孝，自发地站在运河两岸，从德州桑园一直站到济宁，绵延四百里，目送着灵船通过，送他们的亲人、大运河的儿子——白英老人的英灵归去。

灵船行驶在会通河上，每过白英生前设计修筑的坝闸，守坝官员和送灵百姓便燃起数千响的长鞭，告慰这位虽没有显赫身世却功勋卓著的普通老人。

今天，我们应该以运河的名义、国家的名义给予"功漕神"白英英雄的荣耀！

"白英策"畅通了大运河，南方的漕粮物资得以源源北来，营建所用木材、砖瓦亦可从大运河上输运北京，建设新都的浩大工程具备了上马的全部条件。

为满足营建新都宫殿所需，明朝廷在北直隶武清县、山东东昌府临清县、江南苏州府三处设立制砖厂，烧制砖瓦。临清"岁征城砖百万"（《明令典》），为三处制砖官窑中规模最大的一处。

从各地征调的200多个制砖专业户沿运河来到临清，在运河两岸建起砖窑，一户一窑，户挨户，窑连窑。

天涯何处无"芳土"？北京盖皇宫，为什么要去千里外的临清烧砖？当然有临清地处大运河南北航运要冲，运输便利的原因，但这不是最主要的，最主要的是朝廷看重临清土。

临清地处黄河冲积平原，黄河一路冲刷淘洗的泥沙沉积在这里，形成了红、白、黄层叠相间的"莲花土"，细腻无杂质，烧成砖后，击之有声，断之无孔，坚硬苗实，不碱不蚀。一般的砖，硬度是70度。20世纪80年代，国家文物局曾对临清古砖进行过测试，其硬度达到200度，比一般的石头还硬。明政府看中的正是这里的"莲花土"。

临清砖窑，"窑"是基本的生产单位，一座窑就是一个制砖手工作坊。鼎盛时，临清砖窑多达384孔，它们错落在运河两岸，绵延几十里。

每座窑内，由窑户、作头、匠人和工人组成。窑户是窑场窑主；作头是砖瓦生产的参与者和组织指挥者，类似于今天的"工头"，对窑主负责；匠人是在窑场中从事制砖与烧制的技术人员；工人就是在窑场中从事取土、筛土、滤泥、踩泥、制坯、装窑、运柴、烧窑、泅水、出窑、装运等各个制烧砖工序上的直接劳动者。这四种人统称为"陶人"。

按当时的规定，每座窑划地40亩，专供取土。384窑占地面积就达万亩。根据眼前砖窑的实际容量和劳动量来估算，每座砖窑至少需要50位"陶人"才能运转，那么，明代临清砖窑厂鼎盛时期所拥有的"陶人"当不下数十万众！

临清砖很大，有一二十斤重，质地很细腻，面很平、很光，大多呈浅黑色，每块砖的一个侧面有字，上书某年某月和造砖的"作头"等字，有"临清砖"字样。

临清砖是为建设新都而烧制的，是皇家专用，官府对临清砖的制作规格和烧造质量要求极为严格。临清窑厂烧造的砖分城砖、副砖、券砖、斧刃砖、线砖、平身砖、望板砖、方砖八个品种，仅方砖就有二尺、尺七、尺五、尺二四个不同的规格。烧制出的成品必须棱角分明，光滑平正，色呈豆青，敲检无哑声者方算合格。成砖出窑后，驻窑厂的工部侍郎组织质量验收人员逐块验收。不合格的弃之民用；合格的砖用专用的黄裱纸包好，装船，运往京师建筑工地。

一日，被明成祖钦定监制建筑砖瓦的泰宁侯陈珪微服来到临清，突查窑厂皇砖质量。

泰宁侯陈珪办事古板得几乎不近人情，细严之名闻于朝廷内外。他在京师琉璃窑厂视察时，从黄裱纸包好的琉璃瓦中查验出数块色泽不正的有瑕疵的瓦片，便对窑户大发雷霆："你知道你犯了什么罪吗？欺君之罪！你就这样为皇上办差吗？来人，给本官将窑主打入囚牢！"陈珪来到临清，窑户们人人背上冒出冷汗。

泰宁侯陈珪没有去窑厂，而是在一天下午来到了运河码头。一艘满载皇砖的漕船正要离开，陈珪指着缓缓离岸的漕船对随从说："叫那艘漕船靠过来。"

漕船停到了陈珪的面前。陈珪也不言语，跨上船去，揭开一封皇砖，观其色，放下；又着随从从船底翻出另一封，揭开，听其声。如是者三，陈珪脸上漾起了笑容。

到这时，临清的窑户们提到嗓子眼的心才算放回了肚子里。

数千艘自直隶武清县、东昌府临清县、江南苏州府而来的各式船只塞满运河，前不见首，后不见尾，每年将100万块以上的皇砖输往北京。民夫们出窑、装船的劳动号子连成一片，此起彼伏，昼夜不歇，响彻运河两岸。

北京城宫殿的辉煌就是眼前这些半身泥土、半身砖灰的"陶人"们筛、滤、踩、烧制出来的，就是眼前这些半身砖灰、半身河水的纤夫赤脚裸背地吼着高腔号子拉来的。

北京城，一座从大运河上漂来的都城。

建材从运河上漂来，建设北京宫殿和陵寝的工匠们也从运河上"漂"来。

蔡信从运河上来。

蔡信，南直隶（包括今江苏、安徽、上海）武进县人，工匠。他参加过紫金山独龙阜玩珠峰下明太祖朱元璋陵墓的修建。陵前的下马坊、望柱、翁仲石人等雕刻都凝聚着蔡信的智慧。他精湛过人的技术给当时明廷负责明孝陵建设的工部尚书留下了深刻的印象。北京都城建设开工后，受工部尚书所请，蔡信来到北京，担负宫殿设计施工。果然如工部尚书所荐，蔡信技术高超，在奉天殿建筑工地被前来视察的明成祖当场擢升为工部缮工官。

阿孙从运河上来。

阿孙，南直隶金山（今上海市金山县）人，石匠。这位贫苦人家的聪慧男儿从运河上漂来北京时连名字也没有。那天，他正在丽正门建设工地上劳动，明成祖视察来了，恰巧就停在他的身边。明成祖左看右看，阿孙干的活都无可挑剔，几乎十全十美。明成祖十分高兴，问："你叫什么名字？"在场的人都笑了。陪同圣上视察的工部大臣回禀说："回皇上话，他没有名字，大家都叫他'阿孙'。""是人怎么可以没有名字呢？朕赐你个名字，从今天起你叫'杨青'怎么样？"阿孙哪有不从之理？从此，杨青饮誉北京城，成为与蔡信齐名的著名工匠。后来，明成祖也将他提拔为工部官员。

陆祥从运河上来。

陆祥，南直隶无锡人，石匠。这位喝着运河水长大的运河儿子自幼聪明过人，拥有异于常人的奇思妙想。到北京后，他加入都城建设的行列，参与了天安门金水桥边祥云朵朵、盘龙威武的华表以及两侧的石柱、石像，还有皇家长陵"神功圣德碑"等项工程建设。这些享誉中外的艺术杰作上都凝结着陆祥的奇思妙想，都浸润着他智慧的心血和劳作的汗水。因为功至甚伟，陆祥被朝廷任命为工部官员。

蒯祥从运河上来。

蒯祥，著名工匠，南直隶吴县（今属苏州市）人。他智慧过人，技艺过人，精于建筑结构的设计和制图，天安门城楼就是他设计督造的，无人不惊讶城楼斗拱榫卯技巧的炉火纯青，竣工验收时，位置、距离、大小尺寸竟与设计图纸分毫不差。永乐帝视察时啧啧赞誉，授予"蒯鲁班"之称号，当场擢升他为工部官员。此后，蒯祥参与的国都工程都高质量完成，他也一步接一步地升迁，一直坐上工部左郎的高位。

张放从运河上来……

天下的能工巧匠一个个地沿京杭大运河北上，来到都城建设工地一展身手、建功立业，用灵巧双手、聪明才智雕琢京都的辉煌，创造彪炳世界的艺术杰作。

依据正德年间制定出的《漕运水程》，每艘漕船抵达京城码头的日子相当严格：江北直隶、山东、河南当于每年的五月初一日前抵京；江南直隶各府漕粮运船当于每年的七月初一日到京；浙江、江西、湖广当在九月初一到京。每艘漕船都随船携带"行程图格"，逐日将行止程时填在图格里，各段巡漕官吏负责稽查，违限之船不得继

续向北航行，所载漕粮卸德州仓，然后返航，以免阻碍后来的行船。中途入德州仓的漕粮称为"寄囤"。寄囤一次，要根据数额多寡分别对指挥、千户、百户运官予以降级处罚。

这天，当又一艘漕船抵达通州并要转向通惠河准备直航京城时，被站在运河边的河官挥着小三角红旗制止了："拢岸，拢岸！就卸在这里新建的储仓里。"

船工很纳闷，不解地问："怎么卸在这里啊？不送到都城去吗？"

"不啦。漕船不再停泊积水潭码头，就泊在这里。"

迁都北京之后，西山一带被选为皇陵禁地，为防坏了风水，不再允许象征龙脉的水流过皇城子午线。通惠河因此断了水源补给，大运河只能退止通州。

也是从这时起，"海子"成了"积水潭"，积水潭与京杭大运河失去了联系，北京城与京杭大运河失去了联系。

———————————————

在数万"陶人"的烧制中，在数万船夫腾起的号子中，在数十万役夫的星夜垒砌中，煌煌大都横空出世。它"左祖右社、面朝后市"，"九经九纬"，全城以皇宫紫禁城为中心，南北中轴线贯穿宫城、皇城、内城、外城，两旁建筑均匀对称，和谐规整。太庙、社稷坛、五府六部置于皇城中轴线两侧，突出皇城至高无上的地位和皇权独尊的思想。天坛、山川坛、日坛、月坛等建筑左右对称，分布于外城中轴线上，使内、外城融为一体，自然天成。

明成祖绕城巡看，煞是满意。永乐十八年（公元1418年）九月，明成祖庄严地颁布诏令：是月起，明都城正式由南京迁往北京，五府六部自下月起在新都行事。

依诏令，大明帝国沿京杭大运河，从南京"漂"向北京。

千艘并进万夫牵，京杭大运河迎来了有史以来的鼎盛时期，直接造就了京都的繁华。

南方的稻米、蚕丝、茶叶、糖、竹、木、漆、陶等源源不断地运至京都，在北部码头通州张家湾、河西务等处建起大量的廊房以储存货物，再转入京都市场。

中央各部府集中在正阳门内大明门前的棋盘街，于是，这条街百货汇聚、商贾云集，成了京城最热闹的所在。

仰仗大运河的福泽，隆福寺、护国寺、东岳庙、城隍庙、白云观等处形成定期庙会。庙会日，林林总总的商品博览展销，人流攒动，摩肩接踵。

皇家、勋戚、宦官端坐在消费的顶层，自然不会没有专门为他们服务的市场。这个市场称"内市"，类似于今天的"特供"，每月初四、十四、二十四开市三天，"文贝珊瑚看不尽"，没有比这更奢华的了。

明代皇帝甚至还与宦官合伙开店，专门经营各地客商贩来的杂货，从中牟利。太监刘若愚著的《酌中志》就记载有皇店每年经售的商品，皇家也是要大发运河财的："貂皮一万余张，狐皮六万余张，杂皮三万张，南丝五百驮，北丝三万斤，江米三万五千石，芝麻三万石，棉花六千包，荆油三万五千篓，夏布二十万匹，烧酒四万篓，猪五万口，羊三十万只，腌肉二百车……"

成祖徙直隶（南京）、苏州等十郡、江浙等地十省富民充实北京。因着大运河的日输昼运，至永乐二十年（公元 1422 年）间，北京已有 132 个行业、39800 多家店铺，把皇都装点得繁华昌盛。

永乐十五年（公元1417年）夏，当奉天殿建筑完成，
明王朝积极准备迁都北京时，长住北京的明成祖接到南京
来的禀报：太平洋苏禄群岛上的苏禄国（今菲律宾南部）
东王巴都葛叭哈剌、西王麻哈剌叱葛剌麻丁、峒王妻叭都
葛巴剌卜率领340余人的使团，到明朝朝贡。

接报，明成祖十分高兴。成祖有理由高兴：苏禄王第
一次入贡就"空国来归，鳞次阙下，亦向化之笃也"（《明
史》）。他立刻降旨："运河沿途地方官员照例为苏禄贡
使提供口粮及相关开销，以国宾规格接待之。"

明成祖即位以后，一改洪武年间限制朝贡番国数量的
做法，设驿馆，鼓励海外诸国来朝，写下了中国对外交往
史上最灿烂的篇章。

往来于运河之上的外国贡使和商人把本国的特产及文
化传播到运河沿岸，同时也通过运河，把明朝先进的文化

带回自己的国都去。

苏禄使团从福建泉州登陆，后自杭州入运河北上。25 天后，八月初一，苏禄使团顺利到达京杭大运河最北端的通州。

25 天，这是沿运河自杭州至北京的最快速度。为了这 25 天，忙坏了运河上的所有人。

首先是运河上所有的捞浅工全部出动，不分昼夜，挑挖有碍船只通过的淤浅。在淮扬运道，仪真、江都、高邮、宝应及山阳等一线建有闸 23 座，设浅铺 51 处，各处投捞浅船 2 只、捞浅夫 10 名，常年从事捞浅疏浚，以保证但许深湖，不许高堤，通过疏浚维持深湖低堤。因为有外事任务，他们感到编制小、人手缺，于是请调驻军加入捞浅。三千兵士临时加入，披星戴月，大干了半个月才告圆满。有 4 名兵士因不谙水性而在捞浅时溺亡。

会通河道常患水小，加之泥沙淤积，捞浅任务最为繁重。从临清至鱼台段有 140 处浅铺，3840 名捞浅夫奋战不歇，仍然感到力不从心，又从附近州县临时征调 2000 人上阵。

其次是令大运河沿岸所有的管泉老人、泉夫全部到位，24 小时值班，确保运河水源充沛。运河山东境内的会通河段，水源最为金贵，因此在山东的东平、滋阳、邹县、曲阜、泗水、藤县等 14 个州县共设有管泉老人 98 名、泉夫 2632 名，专门负责看护供运河的泉源。接到指令，管泉老人、泉夫们拖儿带女，奔赴一线，昼夜守护在泉源旁，不敢离开一步，禁止任何人在这段时间里盗用水源。

最后，朝廷派出工部侍郎，会同沿河省份巡抚、巡按督责三司府卫官并管河管泉官员组成检查组，逐处踏勘，全面验收。

杭州至无锡运段，水源由太湖补给，水量丰沛，比较放心。常州至镇江段由练湖补水，还有长江潮入运河接济，问题不大。仪、瓜至扬州段，由扬州诸塘补水调蓄，另有仪真、瓜洲闸坝蓄纳江潮接济，不会有什么意外。扬州至淮安段由高邮、宝应诸湖调蓄，另有淮水济运，密切关注黄河不出什么事就可以了。检查组把重点放在运河全线水源最紧张的会通河段。检查组命令全部打开汶、洸、泗诸河河闸，全面汇集鲁中南西麓诸泉入运河，确保会通河段达到最大通航能力。检查组不辞辛劳，深入到会通河段各湖泊、湖塘及泉源所在地，查看湖夫、塘夫及泉夫在位及巡守情况。

一切为了通航，一切为了苏禄使团友好访问的圆满成功。

天上的浮云像棉花一样，正一块一块地消散开来，有几处竟现出青苍的笑靥来。苏禄使团乘坐的豪华客船缓缓靠向通州运河码头，明成祖派出的5位重臣早就迎候在这里，立刻热情地迎上前去，抱拳致意，热烈欢迎使团的到来。

340余人的庞大使团分乘80辆马车，加上前来相迎的大臣们的车辆，相接五里，一路浩浩荡荡，离开通州运河码头，向北京驶来。这是明朝开国以来迎接的最大规模的外国代表团，也是大运河见过的最庞大、最威风的外交使节车队。

当天晚上，明成祖在紫禁城内为苏禄王一行举行盛大而隆重的国宴。

次日，明成祖在奉天殿内为苏禄王举行正式册封仪式。

有了强大的明帝国作为后盾，巴都葛叭哈剌东王觉得自己的腰杆子挺直了许多，底气足了许多，苏禄国周边的国家再也没有一个敢怠慢他了。

册封仪式之后，苏禄王的心情好极了，他率领他的代表团在此后的二十几天里逛遍北京。宫殿园囿、名山胜地、自然风光等令来自太平洋岛国的苏禄王一行流连忘返。

八月二十七日，大运河见过的最庞大、最威风的外交使节车队驶入通州码头，苏禄王一行从这里登船南下，启程回国。

又见那湾红莲绿荷，又见丛丛青苇白荻。平畴沃野，坦荡辽阔。晨曦里的村庄悠然地冒着炊烟，好像一个平和的老人宁静地抽着烟斗。田地里有农夫和老牛的剪影；河面上跃动着金亮的光斑。惠风和畅。入夜，沁凉如水，一船明月，满舱繁星。一天又一天，苏禄王一行航行在悠悠然丰盈的京杭大运河上。

归船至德州。突然，东王上吐下泻，倾刻间就变得脸色蜡黄，无力站起。

东王突发急病，将一行人吓坏了。随行医生竭尽全力也无力使东王的病情好转起来。无奈之中，只得停船德州，登岸求治。

然而，无论是德州最好的郎中还是从北京、南京急奔而来的御医，都没能使苏禄王的病情有所起色。东王病疴日沉，九月十三日子时，他吃力地嘱托日夜守候在榻边的儿子们："我死后体魄托葬中华。你们要誓死毋忘大明国天子之恩……"说完，撒手人寰。

噩耗传到北京，明成祖收住悲伤，亲笔写下满纸泪痕的悼文，派礼部郎中陈士启携带着前往德州致祭：

> 惟王聪慧明达，赋性温厚，敬天之道，诚事知几，不惮数万里，率其眷属及陪臣国人，历涉海道，忠顺之心可谓至矣……

成祖恩准东王的遗愿，以王礼将苏禄东王安葬于德州。

明朝廷按照诸侯王陵的规格，在德州城北为苏禄东王营建了高

鼎盛时代

德州苏禄东王墓"芳名远播"坊

德州苏禄东王墓碑

大宏伟的陵墓。穿过"芳名远播"坊就是陵园所在。它土垒十二所，周方数里，绵亘连峙，旧名十二连城，成拱卫环绕状，风水所聚，前庙后墓，魂魄相依。

按中国的礼俗，成祖让东王的次子安都禄和三子温哈剌及王妃、随从等十余人留在德州守墓三年后返回，命东王长子都马含继位苏禄东王。

料理完父王的后事，都马含率众继续沿运河南下，回国执政。留在德州守墓的东王家人，明成祖除了让德州官仓向其每人每月供给口粮一石以及布匹、银钞外，还"恩赐十二连城祭田二顷三十八亩，永不起科，王裔云种中土者，俱关食奉粮，支给花布钞贯"。

为了更好地护墓，明廷"拨历城、德州三姓回回，供其役，准其杂志"（《明史》）。每逢过年过节，德州地方官都要前来祭扫王墓。

返回苏禄的都马含继承父王遗志，继续与明朝通好。永乐十八年（公元1420年）、十九年（公元1421年）、二十二（公元1424年），苏禄国先后三次派来使节，向大明王朝纳贡通好。永乐十九年前来的使节为东王母亲所遣，贡献了一颗七两多的特大珍珠，引起轰动。

留在德州的东王家人受到明朝廷的厚待，三年守丧期满后，东王次子安都禄和三子温哈剌愿意永留德州为父守墓。东王妃于永乐二十一年（公元1423年）回国一次，第二年又返回德州。从此，他们终其一生也没有再回苏禄国去，在中国德州繁衍生息。他们按照中国的姓氏习俗改安姓和温姓。随着时间的推移，王墓所在地附近逐渐形成了一个苏禄人的村庄，枝繁叶茂。

流淌在中华大地上千年万年的黄河赋予中华民族的一半是血泪，一半是黄金。翻开尘封的典籍，搜寻关于黄河的书页，每一页的正反面上写满的都是"水患"二字！更有甚者，黄河稍有不快便更辙易道，随意夺口，时而北走天津，时而南下江淮，沿黄河的百姓痛苦不堪。

运河穿越黄河，自然受如此任性、难以约束的黄河影响巨大。

嘉靖四十四年（公元 1565 年）七月，黄河在江苏沛县决口，纵横数百里间的中原大地成了一片泽国，泥沙淤塞南北大运河二百余里。艰困之际，朝廷任命佥都御史潘季驯为总理河道，协助工部尚书兼总理河漕朱衡抢险救灾，畅通运道。

受命于危难之时的潘季驯，字时良，号印川。生于乌程（今浙江湖州）的他离黄河远得很，根本不了解黄河、淮河。他由进士入仕途，授九江推官，宦海沉浮，累官至工部尚书兼右都御史，并没有治水的经历。好在，他四十四岁，年富力强；好在，他责任感、使命感强，特别是具有官场中人少有的体恤之心。他走马上任之后，立即深入到河患最严重的地区慰问百姓；再沿河而上，实地查勘，制定治河方案。

潘季驯查勘后制定出"开导上源，疏浚下流"的治河方案，上报朝廷。不日，皇帝谕旨到，只剩"疏浚下流"四个字。来不及问为什么，也问不清为什么，潘季驯能做的就一个字：干！

在潘季驯的督导下，决口很快被堵塞，下游很快被疏浚，治河工程大功告成。明世宗非常高兴，嘉奖两位河总，晋升潘季驯为右副都御史。

嘉靖四十五年（公元1566年）十一月，正在治河一线的潘季驯接到乌程老家传来的噩耗：母亲病逝。泪湿衣襟的潘季驯放下手头的工作，按制回籍丁忧。

然而，丁忧尚未期满的潘季驯突然接到穆宗朱载垕的圣旨："隆庆三年七月，黄河在沛县决口，隆庆四年七月又决邳州，运河一百多里淤为平陆。任命卿为总理河道兼提督军务，速速赶往灾区，协助工部尚书兼总理河漕朱衡抢险救灾。"

带着丧母的哀痛，潘季驯即刻起程。他亲自督率民工5万余人，堵塞决口11处，在徐州至邳州西岸修筑缕堤3万余丈，疏浚匙头湾（在古邳镇附近）以下淤河并恢复旧堤。河水受束，急行正河，冲刷淤沙，使河道深广如前，漕运大为畅通。

眼看抢险工程快要完成，突然，河水再次暴涨，堤防再次溃决，险恶万分。此时，潘季驯正患背疽，趴在床上难以动弹。闻得险讯，潘季驯拨开劝阻他的人，披衣而起，忍着剧痛，直奔险地。

洪水滔滔不绝，肆意漫过堤顶。手下们喊道："撤吧！危险！"潘季驯喝道："身为朝廷命官，哪有临危退缩之理？！人在堤在，与堤共存亡！"

在潘季驯无惧无畏的精神感召下，一些已逃离大堤的民工又折返回来。他们按照潘季驯的指挥，将一筐筐装满石块的篾织条笼推下决口处。

流淌了亿万年的黄河裹挟着黄土高原上的泥沙，至中下游地区早成地上悬河，遇雨成灾，泛滥四溢。灾来时"分流杀势"成为治理黄河的主要手段。道理很简单，合则势大，分则势小，河灾得治。然而，分流论者忽视了清水与黄水决然不同，黄水多沙，水分则势弱不错，势弱则泥沙沉，泥沙沉则河道淤塞。明代前 200 年中，过分分流的结果不但没有使河患稍有停息，反而造成了此冲彼淤、靡有定向的局面，灾害愈演愈烈。这就是面对黄河水患"分流杀势"的致命缺陷。

亲历两次堵决黄水的实践，使潘季驯看清一味"分流杀势"根本行不通，应当筑堤束水，以水攻沙。就是束水以槽，加快流速，水中泥沙不致因流速过慢而沉积，垫高河床。

一言既出，石破天惊！潘季驯离经叛道的"束水攻沙"论立时遭到了传统势力的愤怒围剿：黄、淮合流，水量陡增，水势倍加，决口和泛滥岂不更加严重？"束水攻沙"祸害甚烈，祸国殃民！

面对上纲上线的围剿，潘季驯毫不动摇："别人治黄河用什么办法，时良决不置喙，要我治黄河，只有'束水攻沙'！"

潘季驯不顾一切的坚持显然是书生气太重了。身为朝廷重臣，应该懂得朝廷的任何举动都是政治。"束水攻沙"的矛头指向的是传统，传统里有政治。因此，"束水攻沙"自提出的第一天起就是极其敏感的政治斗争。政治斗争的本来法则就是执著于事情的性质而不在于事情的内容。而当原则争辩一旦成为快意恩仇，人身迫害也就不可避免。

果不其然，隆庆五年（公元1571年）十二月，执意要将"束水攻沙"理论付诸实践的潘季驯遭到诬告，被撤销了一切职务，遣回原籍。

沧海横流，方显英雄本色。没有横流的沧海，有些人总是被忽略，乃至被迫害。这是英雄的无奈，也是英雄的宿命，更是英雄之所以是英雄的原因。

五年后，万历四年（公元1576年）八月，黄河在徐州决口，次年又决崔镇（今江苏泗阳西北）等处。黄、淮交汇之地清口淤塞，黄水北流；淮水决高家堰，全淮南徙。面对黄、淮的恣意肆虐，朝廷一筹莫展。

举望朝廷，官员济济一堂，其中说得头头是道的很多很多，能挑别人毛病甚至陷害别人的也很多很多，但能上马征战、杀敌御辱的却很少很少，能治水有佳策、驭民有良方的就更少。

危难关头，大明朝力主改革的首辅张居正想到了因务实而遭人诬告陷害最后被撤职的潘季驯。举目四望，无一人可用，不用潘季驯还能用谁呢？神宗无奈之下准了张居正的举荐。万历六年（公元1578年）二月，潘季驯被第三次起用。

艰难世事的磨励使29岁中进士的潘季驯懂得，只给责任不给予责任相等同的权力，那责任是负不起的，就这样赴任，必会重蹈第二次任内多受掣肘而最终被革职罢免的覆辙。不给予与责任相等同的权力，潘某宁可老死乡野，决不复出。

拿定主意后，潘季驯铺纸濡墨，上疏朝廷："治河是件十分困难的事，劳师动众，稍有不慎，就会广生怨言，涣散军心，这对治河工作影响极大。请求允准时良相机行事，使时良遇事时能独立处置，能当机立断。如是，时良向朝廷立军令状：三年为限，如治河不见成效，甘受军法论罪。"

是潘季驯对治河事业的信心和认真负责的精神感动了万历还是面对危境皇帝别无选择？万历皇帝满足了潘季驯的全部要求："朕命潘季驯为都察院右都御史兼工部侍郎、总理河漕兼提督军务。河北、河南、山东和江苏等黄、运所经区域巡抚一律听从潘季驯指挥，文官五品以下，武官四品以下，凡对治河工作有阻碍者，可由潘季驯直接提审惩罚；有功劳者，可由潘季驯直接保荐升赏。"

圣旨传来，潘季驯喜出望外，怀揣起革职在家完成的《河防一览》，直赴治黄一线，誓死用性命换来的权力将前无古人的"束水攻沙"理论践行在华夏大地上！

他在总结历代治理黄河经验的基础上，创造性地把堤防工程分为遥堤、缕堤、格堤、月堤，因地制宜地在运河两岸周密布置，配合运用。

潘季驯最为关切的是大堤的修筑质量。他日夜奔走在筑堤工地上，督促筑堤民夫选取真土胶泥筑堤，杜绝往岁杂沙虚松之弊；督促筑堤民夫"夯杵坚实"，防止"豆腐渣工程"；反复叮咛民夫们取土宜远，切忌傍堤挖取，那样会造成运河积水，刷损堤根；反复提醒大堤的高厚必须符合尺寸要求，勿惜巨费。

那日，近运河边的一段月堤竣工，潘季驯命随从提着铁锥筒亲往堤上验收。潘季驯在月堤中段停下，命人打开铁锥筒钻探，掘至堤底，从十余米的深处探上一锥土来。潘季驯拿过铁锥筒里的土仔细查看，见的确是真土胶泥，完全不含沙，而且夯杵得很坚实，才满意地点头称许。

遥堤、缕堤、格堤、月堤等虎踞龙蟠，在规定的时间里全部筑成，提前一年实现了三年为限的军令状。

不要期望潘季驯因此成就就可以一帆风顺。高度集权、高度专制的王朝历来波谲云诡，充满风浪，充满玄机。万历十二年（公元1584年），曾经威震朝野、叱咤风云的宰相张居正去世。这位为稳固帝国做出过巨大贡献的宰相，死后却是抄家的悲惨命运。紧要关头，一则是张居正有恩于己，二则更在于品质使然，潘季驯挺身而出，替张宰相八十多岁的老母求情免罪。

潘季驯不跳出来都有人想整他，何况是自投罗网？旋即，他再遭人弹劾，以"党庇居正"之罪落职为民。

就这样，热爱治水，心系黄、淮、运的潘季驯，怀揣上次被贬时写成的《河防一览》，石压归航。

潘季驯离去，河患频发。虽然朝廷责令使臣和地方官吏分区治理，可是，巨大的人力、物力全都扔进黄河打了水漂，黄河水患日甚一日。

严峻关头，朝廷再一次想起了落职为民的潘季驯。万历十六年（公元1588年），神宗皇帝再次降旨，第四次起用已是67岁高龄的潘季驯，任命他为总理河漕。

屡遭贬革的潘季驯矢志不改，一走上岗位便奋发如初："民，以食为天，水者，食之原也。然所以为利，亦所以为害，在善导之而已。……渠道之修，所以兴夫水府之利，以足夫民食也。自古为治，率不免用心於此焉。"（项忠：《新开广惠渠记》）他没有进衙门喝口水，背囊尚在肩，就走上运河大堤。只有在大堤上，只有看到畅流的运河，潘季驯才感到自身的价值。

治河有定义而河防无止工。治河没有一劳永逸的事。可是，自己离去不过四年，上次所修的堤防却因车马之蹂躏、风雨之剥蚀，高者日卑，厚者日薄，破败不堪！奉旨走上万历六年（公元1578年）自己督导筑成的运河大堤，见此情状，潘季驯泪湿衣衫。

他速速征来数万民工，对旧有的27万多丈堤防闸坝进行普遍的整修加固，又在黄河两岸大筑遥堤、缕堤、月堤和格堤，督修新堰闸，"日与役夫杂处畚锸苇萧间，沐风雨，裹霜露"（项忠：《新开广惠渠记》）。在潘季驯的大力整治下，明王朝的生命线——京杭大运河畅通无阻。

神宗皇帝看到了潘季驯为朝廷奋力治水的巨大成就，颁旨晋升潘季驯为太子太保、工部尚书兼右都御史。

万历二十年（公元1592年），潘季驯已经71岁高龄。年至古稀的潘季驯感到自己力不从心，再不能经风雨、顶烈日了，再不能历风霜、冒寒雪了。他上奏神宗："微臣年事已高，且积劳成疾，乞休离职。"神宗皇帝准请。

潘季驯进京向神宗皇帝述职辞行，说起一生治水半在运河，潸然泪下，当着皇帝的面泣不成声。看着满面是泪的老臣，神宗皇帝也不禁神色黯然：功高昭日的潘季驯起起落落，不大多在自己在位期间吗？身为皇帝，朕这是怎么了？为什么要让如此善良又如此卓越的帝国人才非要遭受这般的磨难呢？真的是不可避免的吗？神宗皇帝这样沉思着，以致潘季驯抽出被自己握着的手起身辞行，他都一点都没有觉出来。

潘季驯蹒跚地走出奉天殿，在出门的那一刻又缓缓地转过头来，向在龙椅上发楞的神宗，向大明朝廷说出了最后的心声，那声音苍茫至极，在大殿里悠悠回荡，绕梁不绝："去国之臣，心忧在河！"

万历二十三年（公元1595年），三落四起、离职乞休的潘季驯一病不起。历嘉靖、隆庆、万历三朝，坎坷一生、拼搏一生、辉煌一生的潘季驯留下了归于一槽、基本稳定的黄河河道，留下了畅通无阻的京杭大运河，留下了光照千秋的《两河经略》《河防一览》，寿终正寝，享年74岁。

万历二十八年（公元 1600 年）五月十八日，穿梭于京杭大运河上的千船万舶间，有一艘船船头高悬着大明锦帜，显得很特别。是特别，特别在船客是意大利基督教传教士利玛窦。

利玛窦，字泰西，生于意大利玛塞拉塔城。受罗马大主教耶稣会的派遣，于万历十五年来到中国传教。面对一个接一个的传教士在华处处碰壁、打不开局面的现实，利玛窦渐渐明白过来：对一个有着强烈文化优越感的民族来说，正确的方法应该是首先消除他们对西方文化的疑忌，赢得信任，特别是要赢得帝国皇帝的支持。利玛窦脱下西方传教士的长袍，改穿儒服，在风俗习惯、饮食起居、谈吐举止上处处仿效汉人，自称儒士。为了传教事业，利玛窦决定进京朝觐当朝皇帝。他在朝廷礼部尚书王忠铭的帮助下，自南京登船，沿运河北上。此时，他就航行在大运河上。学识渊博的利玛窦有记日记的习惯，他边走边在札记中详细记录旅行经过的主要地名及坐标："南京省的扬州，纬度 32 度；淮安，约 34 度；徐州，经充分测定为 34 1/2 度；山东的济宁，35 1/2 度……"

明代，京杭大运河上的管理机构之庞大、繁杂，规章制度之苛刻、繁琐，就是臃肿专断的封建帝国体制的一个缩影。

永乐十五年（公元 1417 年）开始设立漕运总兵官（简称"漕总"），掌漕运河道事务，首任漕总是平江伯陈瑄。成化七年（公元 1471 年）开始设立总理河道（简称"总河"），主持黄运修治，首任总河是刑部侍郎王恕。

总河以下按运道各段设有分司，管理运道工程设施，如闸、坝、洪等，兼河道驿传、捕盗、夫役等事务。

除朝廷统一派出的官司机构外，沿运各省也分派地方官吏参与管理河道的事务，运河沿途州、县也设管河通判、同知及其他佐贰官吏等，以司河防之务。

自北京到杭州，三千余里，大运河有多少河道、漕总、郎中、主事、监司、通判、同知、佐贰啊！

不止于此，河道上具体从事管理的差役多如牛毛，这些差役统称作"夫役"。夫役编为甲，每甲约十人，内设小甲一人，十小甲为一总甲，内设总甲一人。根据不同工种，夫役又分为闸夫、溜夫、坝夫、浅夫、泉夫、湖夫、塘夫等差役。漕河夫役，在闸者曰"闸夫"，以掌启闭；在船者曰"溜夫"，以挽船上下；在坝者曰"坝夫"，以车挽船过坝；在浅铺者曰"浅夫"，以巡视堤岸、树木，招呼运船，使不胶于滩沙，或遇修堤浚河，聚而役之，又禁捕盗贼；泉夫以浚泉；湖夫以守湖；塘夫以守塘。另外还有捞沙夫、挑港夫等临时征用的

古运河

差役。在明中期，从通州至长江北瓜洲运段，由国家额定的夫役人数就达到 47004 人。至于遇到计工量大而临时差派、征发来的夫役，更是不计其数。这夫那夫，不是官员，但有时比官员更难缠。

大大小小的官员们管理着运河，也利用着运河；维护着运河，也伤害着运河；修筑着运河，也摧毁着运河。

京杭大运河上建着众多的闸坝，由于功用不同，管理方式和管理制度也不相同。拦河修筑的闸坝多用于节制水量、调节航深；而或引或泄的闸坝、水门多为侧向建筑，并与湖、塘或天然河道相通。前一类闸坝直接关系船只通航，因此在管理方面有严格的启闭制度与维修制度。例如，会通河一线建有 40 多座闸，各种船只通过运河时需要相邻的上下闸联合运用，上启下闭，下启上闭，以防水走失。两闸间的距离，近者数里，远者十余里，船只过闸时通过令牌传递启闭指令，以减少河水的流失。每次过闸，船只必须结队编组，除了皇帝的龙舟，不准单船航行，宰相的船也不能享受单船过闸的待遇，以减少启闭次数。"两闸之间一里之长的运段，可容船九十只，九十只船满槽后水涨，下闸水也停蓄，可逆灌上闸，以达'以槽治槽'之功效。"（万恭：《治水筌蹄》）

对于闸门启闭时的河道最低积水深度也有明确规定："除紧用船不在禁例，其余运粮、解官物及官员、军民、商贾府船到闸，务矣积水至六七板，方许开放"，"不许违例开闸"（王琼：《漕河图志》）。在运河枯水或岁修期，局部河段下闸要堵水，或筑草坝塞闭，船只由月河或岔河绕行，或盘坝上下，实行闸与坝配合运行。

请求觐见当朝皇帝的利玛窦需要穿越的就是这样的一条运河。

船达济宁，在南京结识的朋友李卓吾在码头迎接利玛窦。

在李卓吾的陪同下，利玛窦游览了李白笔下壮观的济宁后，出席了热情好客的驻济宁漕运把总刘东星在驻济宁鲁桥把总衙门内摆设的宴会。席间，刘总督手书一信交给利玛窦，嘱咐说："此去北京，路途遥远，大运河上关节甚多，拿着本官的书信，也许有用。"

带着济宁的热情，利玛窦接着登船北上。

船至南旺段柳林闸。

南旺段柳林闸须"积船二百余只方可启板，启完即速过船，船过完即速闭板"（张伯行：《居济一得》）。

近闸时就听得一闸吏粗暴地大叫："那船那船！靠边靠边！已经满闸了，你等下一批再过闸吧！"

闸内真的满 200 只船了吗？没有。明摆着是闸吏想要卡你，卡得你送上银子。

听到闸吏的粗喊，利玛窦船上的船工高喊："闸官，刘总督有信给你。"闸官将信将疑地驾一只巡逻船靠过来。他从利玛窦手中接过信，又瞟了一眼眼前这位高鼻子、凹眼睛的外国人，脸上立即有了笑容，向利玛窦一鞠躬，转身对旁边的船工大喊："让一让，让一让，叫这艘船先过！这是朝廷命船！"

大运河，你是一条没有峡谷绝壁，只有繁华都市城镇相簇拥的河；是一条遍布船闸、闸吏、闸夫、闸役的河；是一条不需要与激流险滩搏斗，只需要与闸官、税吏周旋的河；是一条人际关系渗透到每一个河段、每一道波纹、每一朵浪花里的河。

船到临清，在临清闸前再次受阻。利玛窦再次拿出刘总督的信。然而，这次刘总督的信不好使了。利玛窦在广东肇庆传教时结识的朋友、临清道的钟万禄闻讯赶来相助，也不好使。

此时正值明神宗派亲信太监到全国重要商业城市做税监，驻临清的正是深得皇帝宠信的太监马堂。马堂这家伙雁过拔毛，地方官对他既恨又怕，却奈何不得。

马堂先请利玛窦一行登岸，宴请他们，并包下临清最大的勾栏请他们看杂技表演。接着，马堂向利玛窦提出了要求："我就是皇帝身边的人，你要进献的贡品留给我吧，我为你代献。"

利玛窦断然拒绝。马堂"哼"的一声拂袖而去。没等杂技演完，马堂的一路爪牙便闯了进来，将利玛窦押上一辆马车，一夜狂奔100多里，关进了一个城堡中；马堂的另一路爪牙登上利玛窦乘坐的船，将利玛窦携带的贡品悉数搬进了马堂在临清的住处。

关押利玛窦的城堡是运河边的一处陈旧建筑，矗立在阴暗的天空下。河水缓缓流去，城堡沉默着。

城堡面对运河的一面有窗。天明之后，无端遭关押的利玛窦伏在窗台上呆呆地看着运河，心情沮丧。运河波光粼粼，宽阔的河道上，船只来来往往，一片繁忙，全然不知城堡里的这位外国传教士的心思。

河风渐渐送来一种声音：呜隆、呜隆……越来越响，越来越清晰。

利玛窦寻声望去，见城堡附近有一溜儿排开的房屋，声音就是从那些房屋里传出的。

哦，这些房屋里有生命。

房屋里的生命在干什么呢？什么样的生命会发出如此响亮的声音呢？他们也像自己一样焦虑着吗？

太阳越升越高，照亮了一片桤林，照进了有声音传出的那些房屋的窗棂。利玛窦看清了：屋内有一个巨大的石磨在不慌不忙地转动，耐心地碾磨着时光。两头老牛拉着巨磨，在没有起点也没有终点的路上缓缓行走。有一位老人端坐在一旁的方凳上，看着老磨，隔一会儿就起身往磨眼里添加一木勺什么东西。牛蹄踩不到的地方长满了绿色的苔藓，在阳光的照耀下泛着幽幽的光。

原来，这是运河边随处可见的磨房。运河水丰时，用水作为动力；运河水弱时，就用牲畜来拉动。

利玛窦的心猛然一沉：此时，自己不就是那石磨么？

正这样想着，城堡的门被打开了。

利玛窦以为是看押自己的兵卒来送饭，转身一看，面对自己的是一张从未见过的笑脸。

原来，利玛窦一行被太监马堂抓住后，临清道钟万禄立即派人买通城堡看守，来给教士传话："钟大人要我告诉你，能救你的只有你自己。你可写一封给皇上的信交给我，钟大人设法呈给皇上。皇帝降旨，你才可能获释。"

利玛窦一听，喜出望外，原本阴霾一片的心空立时阳光万里。他迫不及待地从来人手中接过钟大人早就备好的纸和笔，急急地给神宗皇帝写了一封恳切求见的信。

接到利玛窦的信，神宗降旨召见。马堂闻得消息，怕了，立即将利玛窦从古堡内释出，很不情愿地将扣押下的礼品送还。利玛窦带着进贡礼品，走进了紫禁城。

利玛窦进贡给神宗皇帝的礼品中有天主图像一幅、圣母像二幅、天主经一本、珍珠镶嵌十字架一座、报时自鸣钟二架、万国图志一册、西洋琴一把。利玛窦献上的贡品见所未见、闻所未闻，明神宗十分欣喜，将沿运河而来的利玛窦留在宫中居住，还让太监跟利玛窦学习演奏西琴。

从此，利玛窦和西方的传教士们获得了在中国传教的合法地位。这些传教士们在传播基督教的同时也把西方的自然科学带到了中国。利玛窦煽惑颇有名气的中国科学家徐光启皈依了天主教，两人合译了西方自然科学著作《几何原理》，使中国人首次认识了西方科技的进步。京杭大运河无意中帮助拉开了"西学东渐"的序幕。

第六章

旷世 绝 响

在运河上，为了赶路，有晚上照常行驶的夜船。船行缓慢，漫漫长途，人们坐着无聊，于是闲谈消遣。船上的一位士子于人前高谈阔论，同船的一位僧人蜷着脚睡在一边，听着士子的谈论，很敬畏，听着听着却听出了士子的破绽，开口道："请问相公，澹台灭明是一个人，还是两个人？"士子不假思索地答道："是两个人。"僧人："哦，这么说来，尧舜是一个人还是两个人？"士子信心满满地回答："自然是一个人。"僧人笑了，说："这等说起来，且待小僧伸伸脚。"高谈阔论的士子不知道"澹台"是复姓也许算不得丢人，但把尧舜认成一个人是连祖宗也弄不清了。在这样的士子面前，蜷着脚就大可不必了。

这就是明末清初大学者张岱为增加坐船时的谈资而作的《夜航船》中的一个故事。

张岱，浙东运河岸边余姚人。他是蘸着运河水，以惊人的博学写就《夜航船》的，也让我们看到了运河上的"夜航船文化"。

夜航船是长途苦旅的象征，有了这些故事，文化与河水一起流淌，大运河上也就不再是时日缓慢的无聊，而有了一种精神慰藉。

当涂人黄钺应浙江学政朱珪之聘，于乾隆五十二年（公元1787年）二月前往宁波阅试卷，坐进了船舱："九日，随石君师接试宁绍两府。渡钱塘，至西兴，过萧山。十日，黎明过绍兴，大雨，船渗漏。薄暮抵曹娥坝，冒雨渡江。换船，船狭而长，方言所谓艬也，彼处呼为王瓜船，象形耳。十一日，晨起过上坝。坝以土曳船，上沃水令滑。较济运河险亦迥别。十二日，到西坝，饭期抵宁波西门入校士馆。"

自杭州至宁波，四天三夜全程纪实，我们看到了浙东运河的全貌和浙东运河上夜航船的全貌。漫漫长途之《夜航船》的精神抚慰何等重要啊。

嘉兴府濮浣镇运河码头一片繁忙，船夫们喊着沉雄的号子，正在将名重京城的濮绸等丝织精品装上漕船。

江南运河两岸肥沃的土地上生长着连片的桑树，居民稠密的濮浣镇以蚕桑为业。男女勤谨，络纬机杼之声轧轧相闻，日吃锦帛千计，在运河水的冲洗下，花团锦簇的各色丝织品在嘉兴府濮浣镇盛极一时。

伴随装船号子的是从岸边飘来的歌声。歌声满河，与河面上的水气一起涨涨落落。"要分离，除非是天做了地……"歌声未歇，漕船已满，船工们正协同着起篙离去。搭乘这趟船进京的江南才子卓人月急忙喊道："停，停，停！这歌多好听！它让我想起《诗经》中的《伯兮》：'自伯之东，首如飞蓬。岂无膏沐？谁适为容！'"

船工笑着一点竹篙，漕船便离岸而去，滑行在铺满歌声的运河中。有船工戏谑地说道："才子就是容易大惊小怪，也太能想了。这是运河上刚流行的小曲儿。在南方的运河上，它叫《挂枝儿·分离》；到了会通河往北的地方，它改名儿了，叫《打枣竿·分离》。词还这个词，调还是这个调，就是名不同。比年以来，不问南北，不问男女，不问老幼良贱，人人习之，亦人人喜听之。"

《打枣竿·分离》是明代运河地区的民歌。民歌一般来说来自农村民间。从《打枣竿》来看，反映的是城市市民的生活。这些民歌当是先从农村传到运河沿岸的城市里，很快被都市化。而有些民歌本身就产生于运河沿岸的商业城市里。这些民歌小曲流行得非常快，传播和流行几乎同时完成。北方的曲子很快就能在南方听到；同样，南方流行的曲子也会很快在北方传唱。就像今天的某一首歌曲凭借"春晚"这个舞台一夜蹿红一样，那时的流行歌曲凭借的是运河这个"舞台"。

卓人月自从在漕船上听到《挂枝儿·分离》开始，便倾情于民歌的搜集、研究，很有心得，写出了《古今词通序》。他在序中深情地写道："我明诗让唐，词让宋，曲又让元，庶几'吴歌'《挂枝儿》《罗江怨》《打枣竿》《银绞丝》之类，为我明一绝耳！"

"此言大有识见。明人独创之艺，为前人所无者，只此一曲耳。"（陈宏绪：《寒夜录》）流行的是小曲儿，支撑小曲流行的是发达的运河经济。从爱情忠贞的《打枣竿》到相爱真挚的《南九宫词》，从爱情专一的《灯笼》到思念甜蜜的《挂枝儿·描真》，没有运河沿岸兴旺繁荣的经济，就不会有如此丰富多彩的爱情生活，没有如此丰富多彩的爱情生活，当然就不会有如此精妙的小曲儿。小曲儿唱的是爱情，折射的是运河沿岸的经济之光、文化之光。

施槃，生在运河边的苏州，学在淮安靠运河而成为财主的罗铎

家中，自幼聪明过人、灵慧过人。一日，罗铎的一位友人张都宪来访。他早听说寄读罗家的施槃出口成章，有七步之才，就有意一试。张都宪进门时，施槃正在与一群小同伴滚铜板。张都宪笑着迎过去："你是施槃？"施槃一抹鼻尖上的汗回道："是。"接着，张都宪给小施槃出了一阙上联："新月如弓，残月如弓，上弦弓下弦弓。"年少的施槃低头望脚尖，再抬头看来客时脱口而出："朝霞似锦，晚霞似锦，东川锦西川锦。"惊得张都宪都呆了。

正统二年（公元1437年），施槃参加顺天乡试，以第十名中举；次年参加会试，高中状元，年仅23岁。

江南才子之风采，由此可见之一斑。

运河沿岸经济发达，促进社会文明，读书成为运河岸边人的内在需要。于是，书院如雨后春笋般出现在运河沿岸的城市乡村。武宗朝时，仅山东境内的运河沿岸及附近地区就建起书院十数处：东林书院（聊城）、元庵书院（堂邑）、陶山书院（馆陶）、青莲书院（恩县）、清源书院（临清）、学道书院（武城）、堂浒书院（鱼台）、崇德书院（鱼台）、宗圣书院（嘉祥）、金田书院（金乡）、柯亭书院（东阿）、安平书院（东阿）、东流书院（东阿）……运河边的临清人氏武训流浪乞讨，办起崇贤义塾，声名大播。至于江南一带的书院，更是比比皆是，多不胜数。

书院催生出好学习的人。运河边的孩童弱儒，和着运河的流水声，孜孜不倦，水滴石穿，施槃这样的人便诞生了。运河人的尚学之风也伴随着运河水声慢慢形成。运河沿岸的文化像经济一样勃然兴起，像映在运河水里的霓虹，把运河水照得精神焕发、魅力无比。

施槃这样的才子在运河沿岸不是个例。明太祖洪武四年（公元

1371 年）首开科举取士，至崇祯十六年（公元 1643 年）最后一次开考，大明朝 272 年中总计放 88 榜，通过科举产生了 89 名状元（洪武三十年"丁丑科"状元陈安夺魁后不久被杀，另取韩克忠递补），他们中有 43 人来自运河流经的北京、天津、河北、山东、江苏、浙江省区，占总数的 48.3%，近全国状元总数的一半。如果我们将这些状元的籍贯更精确地锁定在运河沿岸，那也不下 20 余人。

他们中不仅有上文提到的来自苏州的施槃，还有来自苏州的吴宽、来自杭州的李旻、来自苏州的朱希周、来自杭州的茅瓒、来自淮安的沈坤、来自苏州的申时行、来自无锡的孙继皋、来自嘉兴的朱国、来自嘉善的钱士升、来自苏州的文震孟、来自通州的魏藻德、来自常州的杨廷鉴等。

这样的现象绝非偶然，这样的现象绝非与运河无关。可以说，是运河水带给他们灵气、才华、智慧。他们从八股考试中脱颖而出，成为著名官吏、著名学者。他们的高官厚禄、显赫名声反过来又影响和推动着他们故乡的书院建设、学风乡风，后生们以他们为榜样和楷模，更加勤奋、努力。一代代的状元就在这样的勤奋、努力中一茬接一茬地诞生，像不竭的运河水潺潺流淌。

———————

一般认为《三国演义》的作者罗贯中原籍太原，实际上，他生活在大运河最南端的杭州。气势恢宏、波澜壮阔的《三国演义》是大运河水浇灌出来的艺术奇葩。

没有运河就不会有唐传奇，没有唐传奇就不会有滥觞于宋代勾栏、茶肆里的话本，就不会有话本中的"说三分"。唐传奇、宋话本、

旷世绝响

淮安市区内的吴承恩故居

章回小说一脉相承，从它们的"一脉"中能号到运河水的脉动。

没有运河就不会有元杂剧，没有元杂剧就不会有日后的《水浒传》。关于《水浒传》的作者，一般认为是元末明初的施耐庵，其生平事迹虽无考，但他生长在淮北基本是可以肯定的。而且，《水浒传》讲述的好汉传奇就是以运河岸边的水泊梁山为舞台。大运河见识过这些草莽英雄的侠义身影。

吴承恩，祖籍涟水，后徙山阳（今淮安），喝着运河水长大。一年春天，他邀友人同游运河之畔的花果山（今属连云港市）。他们走累了，就坐在山涧的水帘洞前休息。春光催人眠，他很快就睡着了。睡梦中，吴承恩成了一只可以七十二变的灵猴，翻江倒海，上天入地，无所不能……当他醒来，掉头直奔回家，惊得朋友们不知出了什么事。回到家里，他舀一瓢运河水研墨，展纸疾疾写来，将梦中的奇幻异事加以铺陈。日后享誉世界的神话寓言小说《西游记》就这样诞生了。

吴承恩凭着运河水赋予他的出类拔萃的想象力和表现力，肆意挥洒。第八十六回写了一场"野菜宴"，提及的野菜名号近 70 种，无一杜撰，在运河沿岸全部能找到它们。先有运河文化之光照亮吴承恩，后有《西游记》丰富大运河。神话小说《西游记》呈现出一个民族想象力所达的高度。

　　不同于历史演义和英雄传奇的吊古伤今，也不同于神话小说以假神话曲折地反映现实，《金瓶梅》直书现实人生，表现人情世态。它的作者兰陵笑笑生究竟是谁，众说纷纭。"金学"家们以做学问的缜密，排列出了 60 多位候选人，每一位都有可能，都具备"是"的充分理由和根据。兰陵笑笑生究竟是谁并不重要，重要的是这 60 多位候选人几乎都不出运河流域。这就够了。这证明《金瓶梅》是运河的儿女。《金瓶梅》以清河、临清这些运河流经的重镇为舞台，是运河"十月怀胎"，才有兰陵笑笑生日后的"一朝分娩"。

　　自有运河起，沿岸就成了人们竞逐的商机，如同飞鸟从四面八方飞向太阳。叫卖声伴随着亲朋间的问候，关于衣料质地、发髻款式的攀谈里夹杂着有意无意的探究。在茶棚饭铺里高谈阔论，交换着奇闻异事，关注着青石板铺成的小巷深处的风吹草动，织成市民社会里悄无声息的天罗地网。运河的堤岸上随时可能出现精心策划的偶遇。琳琅满目的货架掩不住秋波流转，马车外飘落的手帕上绣着晨光中最先歌唱的鸟儿和春天里最先绽放的花朵。人们在河边的戏台下结朋交友，在庙宇外暗定终身。河边浣衣女子在欢笑声中结束窃窃私语，抬眼望去，不远处的青石桥上有回首又驻足凝视的英俊少年……真实记录下运河边的人和事、情和怨、爱和恨，这就有了《喻世明言》《警世通言》《醒世恒言》这样的白话小说。小说里的故

瓜州古渡

沉箱亭

事就是运河两岸商业城市里茁壮生长的传奇，再以水淋淋的鲜活文字记录下来，惊心摄魄，深得不断壮大的市民阶层的喜爱，最后走进了中国文学的史册。

浙江绍兴府人氏李甲在赴京赶考时识得名妓杜十娘，情投意合，双双沿大运河南归。不想李甲经不住财富的诱惑，中道见弃，于瓜洲渡口将杜十娘卖给了祖籍安徽、积祖在扬州种盐的商人孙富。杜十娘闻讯，悔恨不已，站在剪江而渡的船甲板上痛骂负心薄幸的李甲和为富不仁的孙富，然后抱起韫藏百宝、不下万金的随身妆箱投入波涛滚滚的江心。《警示通言》里的这篇《杜十娘怒沉百宝箱》，情节哀惋绝伦，深深撞击着世俗人心。在诞生后的几百年中，此文不断被改编成多种艺术形式，广为流播。扬州人在大运河连接长江的瓜洲古渡旧址上专修"沉箱亭"，是对有情有意、风骨超拔的杜十娘的追怀，更是为李甲、孙富之流立下了历史的耻辱柱。

与冯梦龙取材现实生活的"三言"不同，凌濛初的《初刻拍案惊奇》《二刻拍案惊奇》喜欢在古今书籍中挖掘，将挖掘所得铺陈到运河两岸的商业城市背景上，娓娓写来。在中国文学史上第一部由文人独立创作的宏瞻言情小说"二拍"中，我们读出的依然是大运河的朵朵水花，体会出的依然是运河的灵秀之气。

所有这些成为运河历史文化厚卷中的重要篇章，成为久读不厌的经典，其中的营养成份既是文化的，也是精神的。

京杭大运河是人类造化的杰作，因了这份杰作，中华文化才具有了更加跌宕的层次和更加丰厚的内涵；京杭大运河是人类生命的奇观，因了这份奇观，云蒸霞蔚的中华文明才具有了更加丰富的色泽。

旷世绝响

运河滋润了文学，为源远流长的中华文化增添了新质；运河荡涤着社会风俗，使世俗人心为之改观。

晚明时期的某一天，在运河边的苏州城里，一位身材魁梧的中年人身穿绣龙案的丝质长袍从闹市走过，引得路人纷纷探问："皇上来苏州了？"

他不是当朝皇帝，而是苏州城里的一个富商。

龙纹图案一向为皇家所专有。龙是皇家之象、帝王之尊，遑言寻常百姓，即便是为公为侯的，要是敢动"龙"的念头，都是犯上作乱的死罪。是谁给了一介商人这样的胆量，堂而皇之地穿上一向为人君至尊象征的龙纹服饰招摇过市？

是大运河！

运河经济的发展、商品经济的刺激使人们追求享受与个性自由的意识大大增强，大明律条被社会成员不断突破更新，法律等级限定名存实亡。明朝初年，"翡翠珠冠，龙凤服饰，唯皇后、王妃始得为服，命妇礼冠四品以上用金事件，五品以下用抹金银事件。衣大袖衫五品以上用纻丝绫罗，六品以下用绫罗缎绢，皆有限制"（张瀚：《松窗梦语》）。违者，以僭越罪治之。

经济的力量是社会发展中最巨大的力量。运河之波携带着某种力量，首先溅在体现人的身份地位的服饰上。追逐服饰的奢华由商品经济最为发达的运河南部开风气之先，侈靡享乐之风急速地取代朴素俭约而成时尚。龙案服饰不再是皇帝的专利，渐成普通百姓常用的服装花纹。而女子的衣着薄如蝉翼而无袂，罗裳飘漫，裙裾娈屑："今男子服锦绮，女子饰金珠，是皆僭拟无涯，逾国家之禁者也。"（张瀚：《松窗梦语》）

很快，这道风景随着运河上的千船万舶越过长江，越过淮河，越过黄河，靓丽在整个运河流域。沿河的人们头饰"必珍珠宝石，以贵为美，以多为胜"（钱思元：《吴门补乘》），甚至胥隶、屠沽、倡优等社会下层也无不"戴貂衣绣，炫丽矜奇"（《苏州府志》）。"代变风移，人皆志于尊崇富侈，不复知有明禁，群相蹈之。"（张瀚：《松窗梦语》）至于京师的世禄之家，更是"越礼逾制，僭拟王者"（袁裘：《世纬》）。

巨变之风，不只限服饰一味，而是跟着渗透到房舍、饮食及器用等生活的方方面面，波及社会生活的每一个角落。沿运河地区人们的社会生活发生着亘古未有、目不暇接的裂变。

吃什么、怎么吃决定了食者的等级与财富，从来都是等级森严体现着礼之高下和人群贵贱。"天子以牺牛，诸侯以肥牛，大夫以索牛，士以羊豕"（《礼记·曲礼》），不可僭越。在运河水的淘洗之下，到了明人写宋事的《金瓶梅》，吃的等级荡然无存，一个不起眼的底层财税员竟能摆下如此的豪宴："水晶盘内，高堆火枣交梨；碧玉杯中，满泛琼浆玉液。烹龙肝，炮凤腑，果然下箸了万钱；黑熊掌，紫驼蹄，酒后献来香满座。更有那软炊红莲香稻，细脍通印子鱼。伊鲂洛鲤，诚然贵似牛羊；龙眼荔枝，信是东南佳味……"（《金瓶梅》第十回）

"豪门贵室，导奢导淫"（范濂：《云间据目抄》），竞以"侈靡相耀"（顾炎武：《菰中随笔》）。住宅必有绣户雕栋、亭台园林；宴饮必备水陆珍馐，一席百金；日用器具，不惜金银；细磁金盏，名器珍玩。苏州府昆山县自明嘉万以后是"邸第从御之美，服饰珍馐之盛，古或无之"（《昆山县志》）。看一看周庄尚存的那些深院豪宅，可知此言不虚。

追求侈靡、崇尚时髦是生活的表象，本质是时代中人的价值观、人生观发生着与时代经济发展水平相一致的改变，几千年的一潭封建死水被活生生的大运河激活了，被南来北往、昼夜不歇的运河上的千船万舸改变着。

运河之水冲刷服饰、邸第、珍馐等自不在话下，而最激烈的莫过于对人的冲刷。大明律规定，奴仆、奴婢之人属贱民之列，不得与良人通婚，子弟不得入学做官，犯罪要罪加一等。以至豪门缙绅之家，蓄奴成风，所谓"人奴之多，吴中为甚"（顾炎武：《日知录》）。这样的规定合理吗？这样的规定合情吗？这样的规定合乎人性吗？是流淌千年的运河水激醒了运河人。生活在运河地区的奴婢之人借着运河水给她们的力量，首先起来冲破明律限定，跻身良民阶层。

一时间，"良""贱"混淆、"上""下"失序的"奴变"壮观景象发生了："胶序之间，济济斌斌，多奴隶子。"（伍袁萃：《林居漫录·前集》）不少奴婢无视上下，不受人身依附的束缚，"及主家衰落，则掉臂不顾"，"而一旦叛去，恣意殴詈，甚且操戈入室焉"（顾炎武：《天下郡国利病书》）。

矫枉可能过正，可不过正难以矫枉。我们应该为运河边奴婢的这种觉醒感到振奋。而在这种"奴变"之风中发生的奴仆逃亡、挟赎索契、焚烧主家田庐、杀主劫财者等等情状，是社会压迫他们千年支付的成本。

封建制度对妇女的戕害巨大而惨痛。五代时期，运河边有"嫠妇断臂"。有一个寡妇护送丈夫的灵柩回乡，途中求宿，客栈的主人嫌殓着尸首的灵柩不吉利，不让进，拉着她的手臂把她拖了出去。被拖出客栈的这个寡妇挥刀砍断了自己的这条手臂，因为它被客栈男人玷污了。元朝运河边发生过"乳疡不医"的事情。一个妇女的乳房生了病疮，溃疡不止。有人劝她去找郎中看，患病的妇人回答说："我就是因此而死也不能让别的男人看到我的身体。"不久，这位妇女真的死掉了。

数千年的"文明"史中，满是妇女的血泪！

在大运河水日日夜夜的冲刷下，这样的血迹泪痕在渐渐褪色。运河两岸的女人们，死了丈夫后不再一味守寡，改嫁渐成风气；日益觉醒的女性以巨大的勇气直接向"休妻"这样的男性特权挑战，"休夫"不再是个例。妇女们凭借运河给她们的胆量，在道统下寻找性灵自由，直欲改写"为人莫作妇人身，百年苦乐由他人"（白居易：《太行路》）的历史记录。

———————————

"蝈蝈盆啰——"一声悠长的叫卖，吆喝成运河沿岸的一款民俗、一道风景。

斗禽、斗羊、斗虫赌博是存在于运河流域社会各阶层中相当普遍的博彩娱乐，而其中尤以斗蟋蟀最为盛行。

在运河南部，"蓄蟋蟀以斗，名曰秋兴"（《苏州府志》）。"吴俗喜斗蟋蟀，多以决赌财物"（陆粲：《庚巳编》）。在京师，进入七月以后，便"家家皆养促织……瓦盆泥罐，遍市井皆是，不论老幼男女，皆引斗以为乐"（蒋一葵：《长安客话》）。

为了适应社会养斗蟋蟀的需要，运河地区制作养斗蟋蟀器皿的工厂应运而生。这种被称为"蟋蟀盆"和"蟋蟀罐"的器皿，以苏州的宣德窑烧制的为精，其中又以陆、邹二家制造的器皿最为工巧精妙。

"卖蟋蟀啰——"又一声尖长的叫喊划破运河晨昏的宁静。

沿运河两岸还出现了以捉养蟋蟀为生的人。这些人"每一虫不论瓦盆泥钵，即时养起，候有贵公子富家郎，并开场赌斗者，不论虫之高低，每十每百，输钱买去"。然后，买主再根据蟋蟀的形体、颜色，"细定其名号"、等级，参与试斗，"其中有百战百胜者，是为大将军，务养其锐，以待稠人广众之中，登场角胜"（陈淏子：《花镜》）。

有赌博有比赛，就有规则。明代后期，运河地区的蟋蟀博戏娱乐形成了一套严密的竞赛规则。凡参斗者，必是名为大将军级的蟋蟀。不是名角，谁跟你玩儿？"开场者大书报条于市，某处秋兴可观。"届时，老少男女皆来围观，各方斗主持蟋蟀如约而至，"各纳之于比笼，相其身符、色等，方合而纳乎官斗处，两家亲认定己之促织，然后纳银作彩，多寡随便。更有旁赌者与台丁，亦各出彩。若促织胜，主胜；促织负，主负。胜者鼓翅长鸣，以报其主，即将小红旗一面，插于比笼上，负者输银"。每次"赌胜负，辄数百金"（陈淏子：《花镜》）。像所有的赌博一样，不少赌家因斗蟋蟀而倾家荡产。

作为运河文化的组成部分，"蟋蟀文化"堪称细腻和精微，令人叹为观止。

不仅是服饰穿戴，不仅是家佣妇女，不仅是蟋蟀游乐，运河沿岸，在运河水的冲击下，所有的一切都在潜移默化间改变，辐射给社会的影响深刻而久远。

"兖州府，自古称为君子之国，'家家颜闵，人人由求'。而到了明朝，由于地近漕河，风俗大变。万历《兖州府志》在记述本地风俗变迁时概括为'民逐末利'。当'河漕要害之冲，江淮百货走集，多贾贩，民竞刀锥，趋末者众'。"（《济宁直隶州志》）

运河神奇，泥沙俱存，包容乃博。

　　明天启七年（公元 1627 年），陕西澄城白水王二怒杀坐堂拷打农民的知县张斗耀，揭开了明末农民大起义的序幕。

　　做过牧童和驿卒的闯王李自成率领的起义军一路势如破竹，摧枯拉朽般地扫荡着日益没落的明王朝，剑锋所指，城陷镇落。崇祯十七年（公元 1644 年）正月十八日，李自成自彰化门攻破北京，"闯"进了紫禁城。

　　就在李自成于英武殿举行盛大典礼一圆"皇帝梦"的次日，一个文明尚不先进的少数民族——满族挥舞着他们有力的马鞭，鋬师山海关，迎着明朝悍将吴三桂爱妾陈圆圆悲伤的哭泣声，杀奔而来。"明朝还是在内乱和外患的交加下灭亡了。就在中国内部纷争不息的时候，一群新的征服者翻过了万里长城，攻陷北京"（〔美〕威尔·杜兰特：《世界文明史·东方的遗产》），其势比李自成更加威猛，直将紫禁城头的"闯"旗扑倒，于马蹄下建立起统一的、多民族的大清帝国。

"满族入主内地，中国仿佛又重回到三百六十多年前的旧梦。"历史学家钱穆用浑厚、沉雄的嗓音这样评说中国封建社会的最后一个王朝："在惯性的驱动下，封建社会正沿着下坡，继续蹒跚地、颠簸地向着死亡缓慢滑行。但是，历史像是在同我们这个古老而多灾的民族大团结开玩笑：就在封建制度已经进入僵死腐败的时期，却又由一个正富有活力的满族主宰了中原。满族的入主，着实给这个濒于死亡的制度注射了一针强心针。"

清王朝虽是少数民族，但对中国传统文化极为尊崇，全盘接受继承。京杭大运河作为物质文明遗产，也作为非物质文明遗产，被清帝国从明王朝那里接收过来，使它获得了回光返照式的辉煌。

明末，国力日衰，运河失修，到清帝国接收时，京杭大运河"河道淤垫，黄流逆灌，全淮南溃，屡塞屡决"（靳辅：《治河方略》）。

清代黄河、淮河、运河交织于苏北一隅，黄河肆虐无常，决口频繁，每当泛滥之际，一片浊波汪洋，沿黄百姓痛苦不堪，尤其是淤塞运河、断阻漕运，成为朝廷心腹大患。无论是从每年漕运四百万石漕粮到京的角度考虑，还是从南北商旅通行，南方、北方及全国经济的交流角度考虑，"济运通漕"都是重中之重。当康熙十五年（公元1676年）夏黄河倒灌洪泽湖，切断京杭大动脉时，康熙立即任命已经当了六年安徽巡抚的靳辅为河道总督，治黄通漕。

靳辅，字紫垣，辽阳人。他在接到河道总督的任命赴任前，上折康熙帝："治河责重，且业有所专，虽有雄心万丈，然才疏学浅，力所难逮，恐负圣望，特别举荐微臣在一个偶然机会相识的陈潢，此人对黄河特性和治理方法深有研究，希冀朝廷任用，共赴重任。"

接到靳辅的奏折，康熙召来吏部、工部大臣垂询："陈潢是谁？"遗憾的是，朝廷里没有一个大臣知道这个被新任河道总督靳辅竭力举荐的陈潢。最后还是靳辅面奏，才掀起了陈潢的面纱。"陈潢，字天一，号省斋，浙江钱塘人，年轻时就很关心黄河问题，曾沿黄河察看至宁夏地区。微臣刚到安徽巡抚任上的那年，偶然与之相识，闲谈中见出了他的抱负和才能。陈潢认为，治黄必须先要审势，掌握来水来沙的规律，遵循规律，因势利导，因其欲下而下之，因其欲堵而堵之，因其欲分而分之，因其欲合而合之，因其欲直注而直注之，因其欲纡回而纡回之。善治水者，先须曲体其性情，而或疏，或蓄，或泄，或分，或合，而俱得其自然之宜。在治理黄河的方法上，陈潢继承和发展明朝杰出治水专家潘季驯筑堤束水、以水攻沙的思想，主张分流、合流结合，把分流杀势作为河水暴涨时的应急措施，把合流攻沙作为长期的安排。听之，微臣感动，遂聘他为治河幕僚，数年来，为微臣治水做出了莫大贡献。"

闻奏，康熙感慨："难得有这样优秀杰出之才！这样的人才不可流落乡野，应该为我大清所用。准奏！"

就这样，靳辅携陈潢赴淮安走马上任。

先有运河，后有淮安。淮河风高浪急，险象环生，特别是"山阳湾尤迅急，多有沉溺之患"（《宋史·河渠志》）。神宗年间（公元1068年至公元1085年），淮河每年沉船170艘之多，船工们闻淮色变。船工姻娅眷属随船相送至入淮的末口清溪馆，声声嘱咐"过淮安"。久而久之，运河与淮河连接的地方就有了"淮安"这个名字。是运河"生"下了"淮安"，"淮安"是运河的儿子。像西安城边折柳相别的"灞桥"一样，"清溪馆"是淮安城边送别亲人赴漕的地方，名播南北。

上任前，靳辅想到过使命重大、治河艰难；来到治河一线，才知道河道敝坏的形势比他想象的更加严峻。

黄河、淮河、运河交汇的洪泽湖口叫清口。"治河、导淮、济运三策，群萃于淮安、清口一隅，施工之勤，糜帑之巨，人民田庐之频岁受灾，未有甚于此者。"（《清史稿·河渠志》）由此可见，治理清口的关键是治河，通过治黄河淤塞的问题来实现导淮，通过导淮来实现清口畅通，达到济运的目的。

如何治理？"先不要拿出什么定策。定策产生于调查研究之后。"陈潢建议说："我们手先要做的是深入实际，充分掌握黄河、淮河的脾性，再集中大家的智慧，最后制定对策。""甚好，本官也是这样想的。"靳辅说。

接下来的两个多月里，靳辅和陈潢亲赴一线勘察。当"疾风猛雨之时，潢独驾轻舸，深冒不测，水之深浅，时之盈涸，了然指掌"（《钱塘县志》）。他们的足迹遍及徐州以下黄河两岸和附近的运河河道。

靳辅更发话："毋论绅士兵民以及工匠夫役人等，凡有一言可取、一事可行者"，"莫不虚心采择，以期得当"（靳辅：《治河方略》）。

一番考察，一番总结，一番论证，一番筹划，靳辅奏上了《河道败坏已极疏》和《经理河工八疏》，提出对黄河、淮河、运河先下游、后上游，统一规划，源流并治，疏塞俱施的综合治理方案。

"两疏"报至朝廷，廷议认为，军事未了，规划预算约需工费银215.8 万两，经费巨大，工程所需人夫又很多，应暂缓实施。但当朝皇帝康熙不这样认为，他被靳辅的计划深深打动，一心想马上上马，

旷世绝响

但碍于廷议纷纷，他采取了折衷态度：让靳辅针对廷议提出的问题，完善原规划，报来再议。

康熙十六年（公元1677年）九月底到十二月，靳辅、陈潢再次进行实地考察，又奏《敬陈经理河工八疏》：黄、淮、运形势严峻，治河规划"断断难以缓议"。原规划存在拨款、用夫过多的缺陷，建议经费可从盐税等处暂行挪凑；人夫过多的问题可在疏浚工程中采用独轮车，减少人夫一半。他在新疏中进一步建议将黄河河道疏浚范围往上游延伸到徐州，在两岸加筑用以束水的缕堤；组织人夫挑挖清口，堵合黄河上的一些小决口，堵塞高家堰其他三十多处决口，以求毕其功于一役。

捧疏在手，康熙读得心头一阵热过一阵，他从疏上的字里行间感受到了靳辅、陈潢两颗火热的心。当廷议还有大臣提出异议时，康熙帝出言毅然："治水就是治国。河一日不治，国一日不宁，民一日不安，社稷一日不稳啊！"

金口玉言，谁还敢有异义？

《敬陈经理河工八疏》于康熙十七年（公元1678年）一月经廷议批准实行。为表明对治理黄河的决心和期望，康熙不同意靳辅挪凑经费的建议，直接从国库内拨发工费银250万两，比靳辅要求的还多。

经费到位，人夫到位，靳辅和陈潢甩开了臂膀大干，治理工程全面展开。经六年的不懈努力，康熙二十三年（公元1684年），《敬陈经理河工八疏》中提出的治河规划宣告最终完成。

这年十月，康熙南巡。看到靳辅、陈潢六年间取得如此大的河工成就，龙颜大悦，特别在山东召见靳辅、陈潢，慰问有加："此次南巡，沿途所见，朕感到大把大把的银子没有打水漂，爱卿之功不可没啊！赏你黄马褂也绰绰有余。可朕在巡视途中，还是赐朕昨晚在龙船上手书的《阅河堤诗》吧。"靳辅跪倒在地，接过题诗，泪水涟涟。

位于江淮之间的下河地区，地势低洼，内水入海不畅，加之运河上的减水坝在汛期经常要放水保漕运，使这个地区的灾害十分严重。康熙南巡时途经这里，看到高邮等县内泛滥的情形，就要求尽快治理。靳辅是河道总督，河道上的事当由靳辅负责，但康熙帝见靳辅忙于其他工程，一时难以顾及，便将下河治理交由直隶总督于成龙来负责："下河地区原有入海故道淤塞严重，只要加以疏通就可以根治。"临离开时，康熙帝特别嘱咐于成龙："你是临时负责专项工程，仍应听靳辅节制。"于成龙应诺。

康熙前脚刚走，一场围绕如何治理的大争论就爆发了。一方是临时负责专项工程的直隶总督于成龙，另一方是在泥水里滚爬了六七年的河道总督靳辅和他的得力助手陈潢。刚愎自用的于成龙没记住康熙"仍应听靳辅节制"，记住的是"疏通入海故道就可以根治"的上意。善于迎合奉承的于成龙竭力主张挑浚海口："哪里堵就挑哪里，水到渠成，是上策也。"慎独慎行的靳辅、陈潢不肯盲从，经过调查以为不可："下河地卑（低）于海五尺，疏海口引潮内侵，害滋大。'挑浚海口'万万不可！"他们主张挑河筑堤，开大河，建长堤，以敌海潮。

双方争得面红耳赤，相互僵持不下，官司一直打到始作俑者康熙帝那里。

康熙能说什么呢？批驳于成龙？于成龙坚持的是自己的主张，批驳他就等于打自己的耳光。身为君王，有这样的心胸和气度吗？错了也得坚持到底，哪怕以后再改，否则，皇权、皇威在哪里？批驳

旷世绝响

靳辅、陈潢？南巡时在山东刚刚召见过，充分肯定了他们的治水成就，褒奖之言，余音犹在，而且自己还要他们将经验汇集成书，便后人借鉴。批驳他们也是打自己的耳光。况且，如果日后的事实证明靳辅、陈潢的主张是对的，又当如何面对？思虑再三，康熙选择了沉默。唯有沉默才能使自己立于进退自如的境地，掌握事情的主动权。面对复杂的事件，作为至高无上的皇帝，不可意气用事，当昏庸的裁判者。

康熙的沉默对靳辅、陈潢是有利的。毕竟，靳辅是河道总督；毕竟，于成龙是临时受命且需听靳辅节制。靳辅、陈潢毫不迟疑地实践自己挑河筑堤的主张，结果大获成功，下河地区的灾情迅速缓解，出海口也逐渐恢复通畅。

面对事实，直隶总督于成龙没了声音。

于成龙没了声音不等于大争论没有发生过，更不等于事情就这样过去了。快意恩仇的封建官场远不是这样。为了自己的尊严和面子，任何官吏都可能不顾一切地付出生命的代价。打破了的碗即便是锔好了，也有锔疤在。恓心却得皇上宠信的于成龙自此对靳辅、陈潢怀恨在心，像一只潜伏着的饿狼，在暗中不断地窥探着猎物的一举一动。他在寻找时机，一旦时机成熟，他将毫不犹豫地向猎物扑去，将猎物撕得粉碎。

于成龙等待的时机很快就来了。

靳辅、陈潢在挑河筑堤解下河地区灾情，在运河东堤以东再筑大堤一道，将运河减出的水排入黄河，以减少下河地区的来水。这道大堤是靳辅、陈潢自作主张修筑的，方案未报朝廷，更准确地说是未报康熙帝批准同意。这道"欺君之堤"进入了于成龙的视野。

靳辅、陈潢堵住黄、运等堤决口之后，原来被黄水淹没的大片农田得以涸出。为补充河工经费，靳辅、陈潢商议，按原来照章纳赋的田亩数交还原主，其余农田都作为国家的屯田，屯田所获得的收入用于河工。然而，豪强大户照章纳赋的田亩数只是他们全部田地的一部分，还有大量不照章纳赋的"黑田"。靳辅、陈潢只按照章纳赋的田亩数交还，这意味着豪强大户们丧失了大量的"黑田"，这大大损害了豪强大户们的切身利益，地方豪强联合起来群起反对是可以想象的。

于成龙抓住这一时机，联合朝廷里气味相投的褊狭大臣，上奏攻击靳辅、陈潢，诐辞哓哓："罪一是治河劳而无功，罪二是欺君妄为，罪三是激起民变，罪四是……"

无论靳辅在面见康熙时怎样诚恳地陈述事实，声泪俱下，康熙也不为所动，冠冕堂皇的一句话决定了靳辅、陈潢的最后命运："众怒难犯啊！"

康熙二十七年（公元1688年）三月，经廷议，靳辅、陈潢被革职。陈潢在削职后被捕，冤死狱中。

壮怀激烈，青史几行姓名；鸿爪一痕，北邙无数荒丘！助手陈潢的死给靳辅极大的刺激。感怀世事，他伤怀落寞。革职还乡的靳辅执著地在日落前的山坡上站着，面向京杭大运河的方向，把斜阳站成夜色。只有夜色，唯有夜色，才是凄楚的姊妹和伙伴，才配吟一首壮怀激越的诗。一切都结束了，一切都抹上了岁月风沙的锈！"千年前伍子胥放船系舟的地方，百年前潘季驯束水攻沙的地方，我暗然卸鞍。历史的锁啊，没有钥匙。我人生的码头边已没有舟，要一铿锵的梦吧，趁月色，我传下悲恺的《将军令》，自琴弦……"

旷世绝响

康熙三十一年（公元 1692 年）十一月，决胜清口的靳辅，浚河深通、筑堤坚固、实心任事、劳绩昭然的靳辅，心系大河、俯仰百姓的靳辅，带着无从诉说的冤屈，更带着永恒不变的情怀，长叹一声，撒手西去。

康熙十二年（公元1673年）三藩乱，长江一线战事告急，清王朝紧急征抓江南运河沿岸的壮丁，为不习水性的八旗兵划船拉纤。

战舰排江口。正天边、真王拜印，蛟螭蟠钮。征发棹船郎十万，列郡风驰雨骤。叹闾左、骚然鸡狗。里正前团催后保，尽累累、锁系空仓后。捽头去，敢摇手？

稻花恰称霜天秀。有丁男、临歧诀绝，草间病妇。此去三江牵百丈，雪浪排樯夜吼。背耐得、土牛鞭否？好倚后园枫树下，向丛祠、亟倩巫浇酒。神佑我，归田亩。

宜兴人士陈维崧的这首《贺新郎·纤夫词》波澜壮阔、

气象万千，写尽运河沿岸人的苦难，写尽江南人对清廷的愤懑。

———————————————

"决口啦！"

仓惶的喊声、悲惨的呼号划破乾隆三十九年（公元1774年）八月十九日子夜的宁静，在老坝口（今淮阴市东北五里）一带的村舍间凄戾地回荡。

黄河决口！决口冲阔至125丈，口门处水深达5丈，黄河水全入运河，在运河里一路咆哮！水闸管理衙署也被冲毁了。

鸡飞狗吠，人喊马叫，一片混乱，一片狼藉。黑暗中奔向高处的人们你冲我撞，相互践踏，死伤无数。淮安、宝应、高邮、扬州四城官民纷纷爬屋上树，躲避突然袭来的洪涛巨浪。

消息传到京城，当朝皇帝乾隆大为震惊，立即派出钦差大臣赴灾区一线视察。

河堤决就决了，运河漕运断就断了，至于千家万户被洗一空，这些对时任南河总督的吴嗣爵来说，他都不在乎。黄河决口不是今天才有的事，每年一小决，三年一大决，习以为常。令他焦虑不安、不知所措的是钦差大臣即将到来，朝廷重臣看到自己管辖的河道如此灾重，怎么交待？头上的顶戴花翎还能保得住吗？无奈之下，他想到了刚刚与自己反目的郭大昌。

尽管吴嗣爵身为朝廷命官，位居南河总督，而郭大昌只是一介草民，可吴嗣爵堵不了决口，非郭大昌不行啊！危机就在眼前，不能因为一时的面子而葬送了大好前程。吴嗣爵整整官服，赶往清江浦五圣庙，登门向被自己气跑而住到这里的郭大昌再三致歉，请求他出来主持堵口："你堵决，是帮本官，更是解民于倒悬啊！"

郭大昌，字禹修，江苏山阳（今淮安县）南乡高良涧（今洪泽县）人。十六岁那年入河库道府衙当贴书（府内办事人员的助手），学习工程核算、料物管理方面的知识。他聪明好学，三年后便脱颖而出。他对水情、流势的变化有突出的观察能力，深受时任河库道嘉谟的赏识。遇难事、大事，嘉谟总要听听郭大昌的建议，有时直接让郭大昌到一线指挥。嘉谟升任漕运总督时打算把郭大昌带走，但被淮扬道截住了。

淮扬道诚恳地对嘉谟说："黄、淮两河正值多事之时，这里离不开郭大昌这样的能人！请老兄务必将郭大昌留下。本官一定像你一样善待他，本官任命他为助理河工如何？"就这样，郭大昌客居河道署。

乾隆三十九年（公元1774年）七月，在做修河预算时，南河总督吴嗣爵授意夸大预算、虚报冒领以利侵吞。秉性刚直、不徇私情的郭大昌看在眼里，恨在心上，一怒之下，拔腿就走：薰莸不同器！郭大昌搬到了清江浦五圣庙里。

这就是郭大昌。

尽管郭大昌压根儿看不起吴嗣爵，但他深知，黄河决口，百姓损失惨重，不为吴嗣爵着想，也得为百姓着想，为生自己、养自己的这方土地着想，为流过千年的运河着想。郭大昌接过吴嗣爵的话说："不必转弯抹角，你是为堵决的事而来吧？说吧！"

吴嗣爵一听，喜出望外。尽管郭大昌出言满含着对自己的不屑，那有什么关系呢？只要他肯出山主持堵决，就是对自己最大的帮助。吴嗣爵挪一挪凳子，坐得离郭大昌更近些，语调也放得特别柔和："你看这样行不行，工费 50 万两，由你全权支配，本官绝不加约束；工期呢，在 50 天以内。你看怎样？"

郭大昌一听，心头的火苗立时蹿了上来，声音变得很激昂："如果是这样，还是请你自己想办法，我不敢接受！"

吴嗣爵申辩说："老郭啊，工程虽然很大，但 50 万工费不算少了吧？ 50 天也不算太快吧？ 再晚，恐怕我要吃罪不起。"

郭大昌反唇相讥："你以为我辈都像你一样，专发国难财？专发难民财？我告诉你，那迟早要遭报应的！如果一定要我干，工期不会超过 20 天，工费不会超过 10 万两。"

听到这里，吴嗣爵脸上浮起尴尬之色，嗫嚅着半晌吱不出声来。

次日，怀揣吴嗣爵交出的用于调用工料的官印，郭大昌走上老坝口决口处。

接下来的日子里，郭大昌指挥若定，仅用 18 天、工费料物总共折合银 10.2 万两，将决口堵得严严实实。

10 万两堵实老坝口，郭大昌成了传奇性的人物。因他无一官半职，人们尊称他为"老河工"。

新任河道官员包世臣未到淮安，就知淮安有个"老河工"。嘉庆十三年（公元 1808 年），他一到淮安任上，便轻车简从，登门造访郭大昌。包世臣为官清廉，心系运河，是清朝官场上不多的一个例外；郭大昌则是疾贪如仇。两人一聊，脾性相投，很快成了朋友。包世臣像嘉谟一样器重郭大昌。

包世臣到任时，因黄河、淮河的入海口不畅，靳辅、陈潢决胜清口之前的险情重又不断发生。面对危情，有官员提出改黄河下游从射阳湖（今射阳镇一带）或灌河口（今灌南县西北）入海。

这样的方案行吗？包世臣很是怀疑：如果可行，就不会有康熙二十四年（公元1685年）于成龙与靳辅、陈潢的激辩，就不会有康熙二十七年（公元1688年）靳辅被革职、陈潢冤死狱中。事情才过去几年啊，人为什么这样健忘呢？

最好的方案是最切合实际的方案。包世臣邀上郭大昌，一道前往勘察。他们历时两个月，将上至徐州、下至射阳湖一带的黄、淮、运、湖形势勘察一遍。勘察中，包世臣望着靳辅、陈潢当年为束水攻沙所筑的长堤颓废如斯，悲从中来："人去不过72年，耗尽他们半辈子心血的长堤因人而废，痛心疾首啊！"听包世臣这样说，"老河工"眼中盈满了眼泪："靳辅去后，再来清江浦的河官们尽想花招搂钱，根本不把心思放在治河利民上！"

"老河工"见包世臣转身看自己，便撩起衣角拭去泪滴，接着说："靳辅、陈潢所筑长堤束水攻沙很有成效。我以为，决不可改黄河下游的入海口！一堵就改，那是懒汉、蠢人的办法，看起来很省事，其实急功近利，趁一时之能。正确的做法应该是恢复长堤，集中流势，束水归海，唯其如此，标本兼治，运河畅通才有保证，沿河百姓才得安宁。"

"本官也是这样想的。两月来的实际勘察告诉本官，前人比我们聪明啊。另改入海口，工程十分浩大，劳民伤财，淮河下游数百万黎民的生命财产将受到极大威胁。抛开这一切不论，单就说一堵就改道，大清国有多大的土地可供豁败呢？"包世臣这样说。

"老河工"道："痛快！说得痛快！"

河、淮入海处，坦荡辽远，苍苍茫茫。长风劲吹，包世臣头上的顶戴花翎迎风飘动，飞扬如鬓。站在苍茫的大地上，望着高天流云，一股为天地立心、为生民立命的豪情涌上心头："本官准备再做一次靳辅！"

汍澜泪珠，再次盈满"老河工"的双眼。

勘察归来，怀着决绝的悲壮，包世臣毫不迟疑地提笔上奏，陈情修改黄、淮入海口的害处以及应筑长堤束水攻沙的理由。

掷地有声的奏折传至朝廷，廷议沸沸扬扬。当朝嘉庆皇帝见争来争去难有定案，而时间却在一天一天地过去，不胜其烦，最后钦准："按包世臣奏折所请办！"

圣旨传来，包世臣与"老河工"一起，在当年河道总督靳辅、助手陈潢决胜清口时所筑长堤的原址上，遵靳辅遗规，筑海口新堤，夯实锤坚，收拾起入海口处四处漫溢的黄河水重回故道入海。

仿佛是为了验证包世臣、"老河工"筑长堤以束水的成效似的，这一年的秋汛来得特别的强劲。然而，由于包世臣、"老河工"所筑的铁底铜堤束住了强劲的河水，使原本汪洋恣肆的黄河水不出河漕，淮水与之并力出海，淮水沿途冲带淤沙，缓和了黄河水中泥沙淤积的问题，漕运依然畅通。

"再去看一次清口以下的大堤吧，这可能是小民最后一次去看啦。不看不放心，看一次才会瞑目。""老河工"越来越感到自己老了，精力不支了。嘉庆十八年（公元 1813 年）九月，郭大昌向包世臣提出了这样的请求。

包世臣欣然同意郭大昌所请，九月二十一日这天，这对风雨几十年的朋友牵手相扶着走向清口大堤，逡巡有顷，僵回再三。

这不是郭大昌一时的心血来潮，他是要趁自己还有一口气，挣扎到大堤上，将自己心中的忧患一并说出，说出自己最后的遗嘱："大人，从明代起就不断有人提出海口河道高仰，到本朝则是黄河每决口一次就有人说一次。一说说了三百年。近二十多年来，云梯关以外方圆几百里放弃修防，任黄水泛滥，黄河上游该无事了吧？事实不是这样的，上游还是常常决口，这说明什么？说明海口河道并非高仰。这么些年来，我们费了吃奶的力气，就做了一件事：证明海口高仰的说法是错的，坚持着恢复下游大堤，使两岸每年可以多生产粮食一千多万石，百姓欢呼雀跃！仅此，老夫足以自慰了。虽然主管河道的官员并没有完全按照我们的建议办，但就按我们建议办了的那些工程，可使几十年内安澜无事。现在，又有些无视事实、草菅人命的河道官员蠢蠢欲动，张开他们的乌鸦嘴，建议多开减坝，分泄黄河、淮河，如果实行，是运河之不幸！十年之内，高家堰拦淮大堤将不保啊！这，我是看不到了，可是，生活在这方土地上的我们的子孙要遭殃啊！"

说到这里，郭大昌悲从心头起，放声嚎啕。70多岁老人声泪俱下，含有怎样的悲情、怎样的哀痛啊！运河突然颤抖起来，波推浪叠，载着"老河工"的嚎啕流向莫名的前方。

老友包世臣为郭大昌拭去眼泪，也无声哽咽。一腔无声血，千里运河情。

好不容易敛住哭泣，"老河工"殷切地嘱托老友："今后，恳望大人在河道官员面前，不计功名利禄、进退得失，为运河，为运河沿岸的黎民苍生，多多进言，杜绝这一隐患，杜绝这一悲剧！大运河会记住你，布衣百姓会记住你的恩德……"

包世臣庄严地点点头："放心吧，放心吧，禹修！本官不求必胜，但一定矢志真诚；本官不可能永远成功，但一定会言行如一，贯彻始终；与正人君子并肩，是其所是，非其所非，余生足矣，足矣！"

旷世绝响

淮安市区内古运河畔清江浦木塔

听到这里，"老河工"再次掩面而泣。泪如运河水，点点入土地。

运河上卷来的风在两个老人身边呼呼地喊着，将他们的衣襟撩起很高很高。秋风一阵千百年。天上的云一团一团如棉花，一卷一卷如波涛，连绵的山一般簇拥在那儿，野兽一般地站在这边，万千状态，无奇不有，它们构成最复杂、最神秘、最莫测的图画，只有睁开心灵的眼睛，才能领略其间的意义和幽妙吧？

走下清口大堤的两年后，嘉庆二十年（公元1815年），"老河工"郭大昌因风痹症去世，享年74岁。

郭大昌一生无官无职，他的事迹正史无载，是他的好友包世臣蘸着运河水，将他的点点滴滴记载在《中衢一勺·郭臣传》中，这才使今天的我们得以看到一个草根河工的胸怀、品质、才华和卓越贡献，才使我有可能在大运河史传中写下这绝不可以缺少的星宿般的人物。

淮安市内古运河边高耸着一座木塔，朝东的塔门上方悬挂着"清江浦"匾额。傍晚时分，我伫立在这里。一侧的古运河饱含残阳，绿波中漂浮着无数的金币，炫人眼目；这一侧的木塔被晚风摇响了檐角处的铜铃，叮当有声。只有"清江浦"以它的历史持重沉默在残阳中。面对无言的"清江浦"，我用心呼唤：先人归来，御风驾云，从天而降，在运河残阳的虹影中拾回你们曾经失落的，并带走我景仰的目光。

康熙四十六年（公元1707年），登上大位46年的康熙皇帝开始了他沿运河的第六次南巡。

离京前，康熙帝收到河道总督张鹏翮呈上的关于开溜淮套河的奏折，一看再看，心生疑惑：先年，靳辅、陈潢因旧河身疏浚中河，凡漕运商民船只，避黄河180里之险，此河确有成效，至今往来之人尚追念之。今张鹏翮欲开溜淮套，必然凿山穿岭，不唯断难成功，即或成功，将来洪水泛滥，不漫入洪泽湖，亦罢然冲决运河矣。张鹏翮为什么要开？真的能像他在奏折中说的那么有意义、有把握吗？

康熙南巡的龙舟抵达苏北。康熙决定从清口舍舟登陆，乘骑详看地方形势。骑在高头大马上的康熙帝拿着张鹏翮河督呈上的地形图，边走边看。他看到，现实的地势地形与张鹏翮进图迥然不同！自清口至曹家庙地势步步走高，如果将这儿开凿成河，并不能使之直达清口。作为河道总督，他张鹏翮连这些都看不出来吗？有火气在康熙帝的心头爬升。

压着火气，康熙帝一路走去。他接着看见，沿途已立起了开河标竿。然而，有不少标竿就立在坟墓之上！这使康熙心头的火气直蹿上来：若依此开河，不唯坏民田庐，甚至毁民坟墓，这不是要激起民变吗？你张鹏翮要干什么？！

专为康熙帝南巡而建的曹家庙行宫到了。张鹏翮等负责河务的地方官员跪在宫前接驾。康熙也不看他们，翻身下马，接过内侍递过来的盖茶，饮了，压住火气，尽量平缓地说道："张鹏翮平身回话。你上奏开溜淮套河，朕想听听你对这项工程的看法。"

张鹏翮答非所问地回答："皇上爱民如子，不惜百万帑金……"

康熙掐断张鹏翮的话："朕要你说溜套工程，说河务，不要你歌功颂德。"

张鹏翮还是顺着刚才的话说："圣上拯救群生，黎民皆颂圣恩！"

听到这里，康熙再也压不住原本就有的火气，一股脑地全发泄了出来："你所说的都是无用的空话！朕要问你的是河工事务！做文章可以敷衍成篇，论政事必须实在可行。朕不想听这些！"

虚汗顺着脸面直流入脖子里，张鹏翮说话也结结巴巴起来："我原来是根据前人的图样决定开溜淮套河的。后觉得事关重大，所以请皇上亲临阅视，亲定开还是不开……"

康熙勃然大怒："你这是要朕替你承担失察之责，当罪人！"

一听这话，张鹏翮吓得跪倒在地，去掉官帽，连连磕头："微臣该死！微臣该死！"

康熙当着大小官员们的面，严厉训斥道："今日，朕乘骑从清口至曹家庙，沿途所见，地势甚高，你张鹏翮有本事让水向高处流吗？

旷世绝响

什么'办溜淮套工程'，朕看你是在办'溜须工程'！不是地方官员希图私肥，就是河工官员妄冀升迁，想得很美呐！"

张鹏翮张口结舌，面如土色："罪臣该死，罪臣该死！"

康熙："尔任用一二不肖官吏，偏听其言，河工事务，漫不经心。安居署中，两三月不一出，唯以虚文为事，语多欺诳。所列标竿错杂，问尔全然不知，问河官亦皆不知，不知立什么标竿？立给朕看啊？糊弄朕啊？河工系尔专责，此事不留心，何事方留心乎？"

张鹏翮："罪臣该死，罪臣该死！"

康熙皇帝觉得这样训斥下去并不能解决问题，语气渐渐地缓和下来："与其开溜淮套无益之河，不若将洪泽湖出水之处再行挑浚，令其宽深，使清水愈加畅流，至蒋家坝、天然坝一带旧有河形，宜更加挑浚，使商民船只皆可通行，即漕船亦可挽运，为利不浅矣。"

张鹏翮跪在地上"喳喳"地应诺着。次日，张鹏翮亲领大小河官，全部拔去溜淮套工程河道放样标竿，"百姓见之，欢腾雀跃"。

———————————————

自通州至杭州，京杭大运河浩浩三千五百里，要确保它全程畅通无阻，不是一件易事，其日常管理繁难至极。

清王朝前、中期，根据距离京通路程的远近，规定了漕船航行的时序。山东、河南帮船在前，依次为江苏、安徽、浙江、湖北、江西、湖南。为防止各帮因抢先而打乱秩序，严禁潜越。比如，江西船和江浙船即便是一同由瓜州入口，也必须让江浙船先行。再比如，即便湖北帮先于江浙帮到达淮河，也必须在清江闸等河身较宽阔的河面上停候，在江浙船过后再尾随北上。一省之中，又按各府途程远近排定次序。湖广漕船年初必须开行，湖北限于二月过淮，湖南限于三月过淮，俱于六月初一抵通。尽管有苛严的时序规定，但或由于自然灾害漕粮难征，或因漕船私自携带土产过多载量过重不能如期航行，或因运道艰难阻滞，时序规定再苛严也无济于事。那时，大运河上的拥挤、混乱自可想象。

为了保证按时至终点通州交粮，对漕船每日在运河上的航行里程作出了具体规定，因水流方向及运道难易的不同而不同。漕船运粮北上谓之"重运"，抵通卸粮南归谓之"回空"。重运北上，浙江至山阳段和通州至天津段，每日航程定顺流40里，逆流20里；直隶安汛北至天津段，运道畅通，北上又系顺流，每日限行58里。其闸坝繁多、挽运困难之处，立限适当放宽。"重运""回空"，来来往往，把大清王朝的稳定和繁荣装载在漕船上，樯帆为路，波浪为程。

运河畅通，离不开河段疏浚和堤防修守。顺治十年（公元1653年）规定，令南旺、临清岁一小浚，间岁一大浚；江南徙阳运河定一年小挑，六年大挑。小挑指疏浚闸旁越河，大挑系正河挑浚，即筑坝断流，船由越河绕行。山东南旺分水段是会通河挑浚的重点段，定例正月十五日兴工，二月中旬完工，这期间航运停止。大挑、小挑制度的建立使运河在维修期间能正常航行，有利于回空漕船及商船、民船南返。

无论是大挑还是小挑，都离不开用工、离不开人。清代地方河道管理机构的厅、汛就养有大批夫役：浅夫、闸夫、坝夫、堤夫、溜夫、泉夫、塘夫、湖夫等不一而足，人数庞大得惊人。"沙淤之处谓之浅，浅有铺，铺有夫，以时挑浚焉。"（《山东通志》）清代定制沿河

旷世
绝响

州县设浅夫，例如徐州浅夫数额为3516名，邳县浅夫为835名。浅铺管理可分为捞浅和起驳两类。所谓捞浅，就是在水量较小时适时淘挖有碍船只通行的淤浅；起驳（或作剥、拨）就是在运河沿线有浅处配置驳船，供漕船到达水位低浅的时候改用驳船转运。沿河除过浅外，过闸、过洪等多处也要转驳船运输。《清史稿》上记载，仅德州、恩县、武城、夏津、临清五处就配有驳船300艘。通惠河段因水源不足，闸门多不开启，过闸时由驳船转运漕粮或干脆改为陆运。漕船过浅，多为由沿途铺舍浅夫导航，这也是浅夫的主要工作。

清初，运河守堤制度废弛。康熙十七年（公元1678年），根据总河靳辅建议，运河沿线按里设兵，分驻运堤。每兵各管两岸河堤六十丈，并负责栽种树木、草皮等护堤。雍正八年（公元1730年），因袭明末铺舍制度，改为堤堡制。黄、运两岸全都设守堤堡夫，二里一堡，堡设夫二，住堤巡守，远近互为声援。江南运河段仍称铺夫，后来铺、堡夫成为坝夫、浅夫的总名。康熙元年（公元1662年），订立运河修筑工限，规定运河新建或维修工程三年内冲决，参处修筑官；过三年，参处防守官；不行防护，至有冲决，一并参处。严格规定了管理人员的职责。北运河段还设有标夫，专门从事经管浅滩标志工作，导引船只上下航行。

清王朝以少数民族入主中原，为巩固统治，政府官吏采取双轨制，满汉并列，机构更加臃肿，运河河道的管理者更是重重叠叠。他们服务于运河，更吃运河、卡运河，运河在他们的压榨下痛苦地呻吟。他们是运河上的王者。你只要在运河上走，就不得不向他们低头。运河不堪重负，运河上的河工不堪重负，运河沿岸的百姓更加不堪重负。我们已领教过意大利传教士利玛窦过运河临清闸时遭到太监马堂欺压的情景。至清代，运河上这官那官、这夫那夫"玩"出的花样，太监马堂也要自叹不如。

你要在运河上航行吗？请准备好银子："卫丁当承运时，有卫官、帮官常例，每船二三两不等；粮道、书办常例，每船四五两、八九两不等。至府厅书办，各有常规，常规之外，又有令箭、牌票、差礼。漕院、粮道令箭牌一到，每船送五两、十两不等；刑厅票差，每船送一二两不等。其名目则或查名丁，或查粮艘，或查修舱，或查日报，或查开帮，或提头识，名目数十，难以枚举。"因此，"船未离次，已费五六十金"（《清经世文编》）。

你想过淮河吗？请准备好银子："积歇摊派、吏书陋规、投文过堂种种诸费。往往过淮，每帮漕费至五六百金或千金不等。"（《清经世文编》）

你要翻越运河上的闸坝吗？请准备好银子："委官旧规、伍长常例、上斛下荡等费，每船又须十余金。"（《清经世文编》）

船抵运河最北端的通州，并不意味着就可了事，索要银子的地方、名色更多，包括投文、胥役船规以及"走部代之聚敛"，"一票必费十余金"；船上的货物交仓时，仓官还要捞上一笔："仓官常例，并收粮衙署官办书吏马上马下等名色"，"每船又费数十两"（《清经世文编》）。

运河上的种种腐败，最后都需要贫苦的百姓来埋单。"上既出百余万漕项，下复出百余万帮费，民生日蹙，国计益贫。"（《清史稿》）

运河之坏远不止于此！

苏北运段是黄河夺淮地区，水高陆低，每遇黄汛，河堤岌岌可危，加上淮扬一线湖泊密集，水满为患，黄淮下游，淤高南泄，是很容

旷世绝响

易发生水灾的地区。为了保全运道，一遇河水暴涨，官府即行分黄导淮，启放闸坝，以资宣泄，以至下里河一带年年被淹，淮扬一线，田庐尽没，当地百姓只能在滚滚洪涛中啼饥号寒，痛苦挣扎。大运河是朝廷的功勋之河，却是劳苦百姓的苦难之河！

为保证京师生命线的畅通，清政府不惜投入巨资来经营运河，河务经费逐年激增。康熙年间，河工经费每年不过数十万两，到嘉庆末、道光初，已增加到五六百万两。可是，运河并没有因为经费的增加而变得更加畅通，与之相反，河工益坏，运道益阻，原因就在于河官贪污成风，大官大贪，小官小贪，无官不贪，结果，实际真正用到工程上的经费不到十分之一。堵口工程越大，河官贪污越多，"黄河决口，黄金万两"。朝野上下，无一日不言治河，亦无一年不虞误漕运。嘉庆帝十分震怒，廷议时愤然责问众臣："河工连年妄用帑银三千余万两，谓无弊窦，其谁信之？"（《清史稿》）助江苏巡抚陶澍办漕运的魏源在《筹漕篇》中惊叹运河腐败堕落到了"虽神禹复生不能治"的地步。

乾隆好戏文，天下尽知。早在乾隆四十四年（公元1779年）冬朝廷筹备来年皇帝南巡事项时，即向各地发出了征调地方戏曲班子汇集扬州，为乾隆路经扬州时唱堂会的通知。

各地官员不敢怠慢，立即征集民间最好、最有特色的地方戏曲班子，府衙出银两，派领队，在乾隆还在炭火融融的皇宫中越冬时，收拾起各色行头，踏上了赶赴扬州的路程。他们要抢在皇帝到达扬州前先期抵达。

弋阳腔戏班来了，秦腔戏班来了，徽戏班来了，罗罗腔戏班来了，柳子腔戏班来了，勾腔戏班来了，昆曲戏班来了……南昆、北勾，东柳、西梆等云集，昆、高、梆、簧、柳五腔齐聚，迎接乾隆帝的到来。

"御舟早候运河滨，陆路行余水路循。"（乾隆：《登舟》）乾隆四十五年（公元1780年）正月，为母后守孝三年期满的乾隆帝从北京出发，由陆而舟，满心愉悦，开始第五次南巡。"一日之间遇李杜，千秋以上接精神。"（乾隆：《登舟》）乾隆南巡，巡的是社情民风，更是一次运河之上属于文化的长途跋涉。

扬州，禹时天下九州之一，与邗沟同龄。仅凭这两点，扬州足有傲视运河沿岸所有城市的资本，况且它还有"广陵实佳丽，隋季此为京"（权德舆：《广陵诗》）的经历。

元朝前东西大运河时，扬州是转输重地；元代后南北大运河时，扬州是交通咽喉。长江与大运河交汇在此，公家运漕，私人商旅，舳舻相继，扬州成了"百货通焉，利尽四海"的商业名城，是著名的国际港口。放开你的胆子也难以想像历史上扬州的富奢、繁华。二分明月，十里红楼。绿水芳塘浮玉榜，珠帘绣幕上金钩。列一百二十行经商财货，润八万四千户人物风流。平山堂、观音阁，幡花腻叶；九曲池、小金山，浴鹭眠鸥。银行街、米市街，如龙马骤；禅智寺、山光寺，似蚁人稠……"腰缠十万贯，骑鹤下扬州。"这是没有到过扬州、准备去扬州的人启程前想像扬州喊出的豪言壮语：腰缠十万贯，差不多了！——十万贯？毛毛雨啦！在扬州，"富者以千万计"，"百万以下者谓之小商"（《扬州府志》）。扬州城里的一个富人为自己想不出一下子就能费掉一万金的办法而深感苦恼。他的门客替他想办法："以金尽买金箔，载至金山塔上，向风扬之，顷刻而散。"（《扬州画坊录》）与之相比，腰缠十万贯来扬州还值得一说吗？连上金山塔的资格都没有。

大运河像一条高速运转的印钞机的输送带，把"夜半江声听不住，南船才过北船来"的扬州宠得忘乎所以，宠得中国通史般富华。

历史特别宠爱扬州，时光特别眷顾扬州。因为这种宠爱与眷顾不仅造就了这方土地"利尽四海"的富庶，更使扬州的一根柳条、半截残碑、三分曲栏、几处苔痕都暗结着他处无法企及、无法比拟的浓重的凄美故事、人文沧桑，使扬州有了风雅，有了灵气，有了精神。这是下江南的乾隆选择在扬州唱堂会的理由吧。只有扬州才有这个氛围，也只有扬州才有资格般配这样的盛事。

乾隆帝如期而至，堂会也如期开锣。

首场演出当然是"雅部"昆山腔。

这里的"雅"有正规、标准、高尚的意思。因皇帝喜欢，朝廷将昆山腔定为"雅部"，此外的所有戏曲都属"花部"。"花"有混杂、零乱、粗俗的意思，又称"乱弹"。由于朝廷推崇，昆山腔有了类似"样

"乾隆行宫"坊

旷世绝响

板戏"的味道，身价超越所有戏曲，出没于宫廷，行走在帝王身边。这也害了昆曲，使本来因沾带着运河水的鲜活而为广大百姓喜闻乐见的艺术迅速宫廷化、士大夫化，远离了布衣，最后被百姓无情地抛弃了："长安梨园称盛，……而所好唯秦声、罗、弋，厌听吴骚，闻歌昆曲，辄哄然散去。"（《梦中缘》）这是后话。此时的昆曲正好风凭借力，直送上青天，大红大紫着。

"样板戏"唱完了，接下来就是在乾隆帝"雅俗共赏，与民同乐"八字圣旨下上演的"花部"戏。

徽戏登台。乾隆一看就喜欢，其中亢扬的"高拨子"很使乾隆振奋。他眼不离舞台上的《徐策跑城》，兴趣盎然地问陪同在身边的扬州府督："这是什么曲调啊？"扬州府督一脸惘然："启禀圣上，下官愚昧，不识此调。容下官去请懂调的人来禀奏圣上。"

不多时，徽戏班班主被从后台传到了御座前，跪安后禀呈："此调贱民称'高拨子'，源出运河支脉高淳县境。高淳县内多湖，渔民时常需要拨船过坝，拨船是力气活，拨船众人齐声高喊，用喊声凑齐力点，用喊声鼓劲。久而久之，喊声成调，广播湖边。因为是在拨船时所用，人们称它'拨子'；此腔调从高淳县传出，人们又在'拨子'前面加'高'字，这就有了'高拨子'一称。草民无知，就知道这些。"

乾隆满意地点了点头。

随行的朝臣把发生在扬州的这一细节看在眼里、记在心上。

群星荟萃，灿若星辰；百花齐放，流光溢彩。在中国数千年历史上，如此众多的地方剧种汇集一处是首次。扬州堂会开汇演之先河，成为一次戏曲的历史盛会，成为一次民间文化的盛大节日。

连续演出十一天，随着乾隆帝起驾离开扬州才告曲终。

曲虽终，人未散。十数个来自全国各地的戏班子并没有马上离开扬州。他们敲起锣，打起鼓，拨起弦，拉起琴，向运河水滋润的扬州市民献上各自的绝活。因为没有了皇帝在，各戏班也就没有了压力，没有了这样那样的忌讳，盛装登台，各显本色，"锣鼓之声，无日不闻；冲僻之巷，无地不有"（《扬州府志》）。托乾隆的福，扬州市民一饱眼福，享受到了一次空前的中国戏曲大餐。

当在扬州的演出接近尾声时，秦腔班主、名角魏长生对常常聚在一起的各戏班班主提议："我们结伴进京吧。戏要唱响，非去京城不可。"

好主意！各戏班班主们再聚集到一起，相商细节，最后一致决定，沿大运河北上，每到一个城镇就登岸演出，走一路演一路，积蓄些到京城的资金，以图更大的发展。

运河扬州码头，一字排开十余艘班船。各戏班带着刚刚为皇帝御演的兴奋和激动，带着对京城的向往和渴望，也带着对未来的期盼和希冀，船头接船尾，首尾相衔，结伴向北进发。

十数种地方戏曲同时漂在千里运河上，京杭大运河以它的博大接纳它们、滋养它们。一路上，不同的戏曲班子同台演出，你借我鉴，如切如磋，如琢如磨，戏曲文化间的交融、汇合在运河的舞台上轰轰烈烈地上演着。

自发进京寻找舞台的历史性行动也是一次文化苦旅。经过长达一年的盘桓，乾隆十七年（公元 1752 年）春天，当这支荟萃了不同戏曲的浩荡队伍到达他们梦想中的京城，在前门一带的太平园、四宜园、查家楼、月明楼、吉祥、中华、东安、丹桂、庆乐、中和等戏楼亮相的时候，一个令这些戏班自己也感到惊讶的文化奇观发生了：昆弋同班、"雅""花"杂陈，徽戏中融进了二簧腔、昆曲、吹腔、高拨子等各类声腔，融进了弋阳戏曲中精湛的武打做功。原本地方色彩虽浓郁但显得单调的戏曲变得丰富起来，艺术形式更加多样，表演手段更加多彩，魅力横生。像用水和面一样，运河水用它无可比拟的柔情和粘合力，将不同地域的文化融合在了一起。

十余个戏班的到来，京城舞台精彩纷呈，各戏班九门轮转，盛况空前。

就在戏班班主们沉浸在一种从未体验过的成功快乐中时，恶浪掀起：红极一时的秦腔被清廷以"无非科诨诲淫之状"为名，于乾隆五十年（公元1785年）下令禁演，随之清廷封杀"花部"戏曲："乱弹、梆子、弦索、秦腔等戏，声音既属淫靡，其所扮演者，非狭邪媟亵，即怪诞悖乱之事，于风俗人心殊有关系。……着交和珅严查饬禁，并着传谕江苏、安徽巡抚、苏州织造、两淮盐政，一体严行查禁。"（《老郎庙碑记》）

同属"花部"的徽戏未获禁止，因为它在扬州与乾隆帝有缘。并且，在善度上意的内廷大臣的审辍下，三庆、四喜、春台、三和这四大徽班于乾隆五十五年（公元1790年）再沿运河入京，承办皇会，为乾隆祝八十大寿。

四大徽班各具特长，三庆班以新编连台本见长，被时人称为"三庆轴子"；四喜班以唱昆曲见长，被时人称为"四喜曲子"；和春班以武打戏见长，被时人称为"和春把子"；春台班以儿童演员见长，被时人称为"春台孩子"。他们以各自的绝活在北京站稳脚跟后，广收博取，吸收汉调、昆曲折子戏、邦子腔和地方戏曲精华，与北京语言的字音字调结合起来，使念白和唱腔与老徽戏、老汉戏逐渐产生差异，演出剧目逐渐有了自己的特点，表演方面形成了自己的规范，伴奏音乐也由早期的笛子主奏改用硬弓胡琴。这种京胡的音色清脆嘹亮，对新风格形成起了重要作用。

经过几十年的发展，徽班逐渐由诸腔杂呈走向和谐统一，以皮黄为主，兼容昆腔、吹腔、拔子、罗罗等地方声腔于一体的新剧种悄然形成，它就是日后被称为"国瘁"的京剧。

扬州堂会是历史的偶然，戏班汇聚是历史的偶然，汇聚进京还是历史的偶然。当这么多的偶然一起交给大运河时，一种历史的必然诞生了——京剧，这是大运河捧给中华民族的艺术瑰宝、大运河献给世界的文化绝响！

第六次南巡之后，乾隆老了，走不动了。然而，六下江南给他留下的记忆是刻骨铭心的，他对运河充满感情。他不时对身边的众臣说："朕要是再年轻十岁该多好啊！那样，朕可以再沿河走一走，再到江南看一看。山东段运河还畅吗？"当得到肯定的回答时，他欣慰地笑着。

他的大臣没有骗他，大运河畅通着。正是由于大运河的畅通，"正供足"，则"国计日以裕，国用日以纾"（《淮安府志》），酿造出了眼前的"康乾盛世"。

乾隆五十四年（公元 1789 年）春，大地在春的注目里醒来，细细的波纹一样的土层上吹迷着渴望的风。热烈的阳光像是一种声音，响彻整个大地。乾隆帝听到了这一声音。他被这一声音召唤着："朕想念运河！明天，朕去看运河！”

次日，浩荡威严的皇家车队出朝阳门，在禁卫军的开道下，一路向东，直趋通州。

龙辇里的乾隆帝撩起帘布，贪婪地看着回春的大地，“最是篷窗心惬处，雨晴绿野出耕人”（乾隆：《登舟》）。

“站！”乾隆帝被原野上的春天图景感动了，他要下去看看，吸一口皇宫中绝对吸不到的春天的气息……

皇家车队走过通运桥、虹桥、广利桥、石桥，直到当日下午，御驾才摆在通州运河码头边。

通州，河中船多，陆上车多，街市上货栈多，客栈中客人多，石桥上的车轮碾出的沟印磨光了桥上的石栏板。

乾隆帝坐在侍臣早已摆好的龙座上，毫无倦意。“北河总督可在？”乾隆问。

“微臣在！”

清代河道管理机构基本上沿明朝之旧制，并逐渐调整简化，系统更加分明。明代的总河，清称河道总督，是管理漕运的最高军政长官，原驻山东济宁，康熙十六年（公元1677年）后移驻江苏清江浦。雍正时分总河为三：一为江南河道总督，管理江苏、安徽两省的黄、淮、运，简称“南河”，驻清江浦；二为河东河道总督，管理河南、山东两省的黄、运两河，简称“东河”，驻济宁；三为直隶河道总督，管理海河水系及运河，简称“北河”，驻天津，后由直隶总督兼任。“自是，北河、南河、东河为三督”，共同“掌河治渠，综其政令，营制视漕督”。北河总督是得到乾隆帝要来通州察看运河的报告，连夜从天津赶来的。

"国家大计，莫过于漕。漕运兴衰，对我大清性命攸关。自朕即位以来，河费既数倍于国初，每年入国库的六分之一收入都用于河工，可见运河对我大清之重要。朕拿这么多银子扔在河里，漕运可畅？"

"回皇上话，"北河总督字斟句酌，就怕哪句话说得乾隆帝不高兴，招来祸端，他小心翼翼地回禀道："微臣恪尽职守，不敢稍有懈怠，很是畅通。"

"畅通就好。一个好官员，要懂治水、会治水、肯治水，这是一个很重要的标准，这是从大禹那里就开始了的传统。朕有五年不走运河啦，想它啊！"

乾隆像是对北河总督说，更像是自言自语："你们知道吗？汉人做过两件了不起的大事：一是修长城，二是筑运河。朕不喜欢汉人修的长城，除了入关出关之外，朕从来没有专门去看过那堵墙。那是汉家院落的围墙。先祖推倒围墙院落，开疆拓土，我大清才富有如此无垠的江山！汉人筑的这运河，朕喜欢，四十年里，朕来来回回走了六趟。朕根本就不需要长城，朕的长城就是朕手中的戟。可朕不能没有运河啊。京师重地，官兵军役，咸仰赖于东南数百万之漕粮，没有运河行吗？朝祭之需、官之禄、主之廪、兵之饷，咸于漕平取给，而饷为最。综财官、技击、厮养、羡卒，名载饷册者十七万人。家以八口计，则饷者百三十有六万；即家五口，食饷者亦宜八十有五万。此断非籴数十百乡镇，乡镇籴数千斛，所克济……微漕东南粟，蔑由职是故也。"

人老了，话就变得很多，帝王也不例外："顺治帝在位时，亲王岁给俸银一万两，禄米一万二千斛；郡王银四千两，米八千斛；贝勒银二千两，米二千八百斛；贝子银一千两，米一千六百斛；公爵银五百两，米一千二百斛。后来宗室人数激增，恩米开支激增。凡俸：亲王万斛，郡王五千，公一千，以次降，合而名曰恩米。夫九王之初，封其子孙不过数人，后愈衍愈众，至于今，枝繁叶盛，盖其人亦数倍于前矣。而国家封爵赐米必一一如其人数，是以国初恩米去京仓不过百分之一，今则不啻十之三四矣。百姓说运河是'皇粮河'，不错。"乾隆如数家珍地念叨着，突然，话锋一转，抬手指着北河总督说："这么多的粮食，朕从哪里来？朕跟你要，你跟河去要，大通桥上望漕粮嘛。"

"你们都退下吧，朕想一个人静一会儿。"

众臣退去，运河边就坐着老迈的大清皇帝。

老迈的乾隆在想什么？

没人知道。从来天意高难问。

也许，他想到了太伯，没有太伯掘起第一筐土，会有后来的大运河吗？也许，他想到了隋炀帝："尽道隋亡为此河，至今千里赖通波；若无水殿龙舟事，共禹论功不较多。"（皮日休：《汴河怀古》）也许，他想到了将河比作宝带的宋太祖，这个比喻是不准确的，宝带是身外之物，既是身外之物，当然舍取由人，把运河当作身上的血脉对待才是。也许，他在嫉妒运河：几千年了，还这样年轻，而且还将年轻下去，怎不叫人羡煞慕煞！你刚唱罢我登台的皇帝，争来夺去的江山都在哪里呢？不就是运河里的一个浪头？浪头过去，依然是一河的平静，真让人感叹、惆怅！

也许，没有也许……

第七章

渐退渐远

当内燃机的巨大动力推动着"日不落"帝国横行海上、横行世界的时候，世界东方的古老王朝依然沉浸在内河航运的悠闲之中。工业时代滚滚而来，辘轳在暗哑的声音中汲起井水，清凉而又带着黄土气息的风里依然回旋着千年的岁月。桅顶上悬挂着"米"字旗的坚船利炮从海上攻击这样的岁月，沉重的国门在第一次鸦片战争中轰然坍塌。道光二十二年（公元 1842 年），金陵这座原本清幽的寺庙丧失了往昔的宁静，清王朝被逼在这里签下了割地赔款、丧权辱国的《南京条约》。

"鸦片战争的军事失败还不是民族的致命伤，失败后还不明了失败的理由，力图改革，那才是民族的致命伤。"（蒋廷黻语）以此为起点，中华民族跌入半殖民地的深渊，列强的奴役日甚一日，中国社会剧烈动荡，悠悠大运河也随之陷入了空前的苦难。

列强用枪刺挑开中国市场，大量"洋货"从海上汹涌而入。为了逃避内关（杭州北新关），西方商人勾结中国的买办，"洋货"从上海登岸后经过京杭大运河沿岸的湖州、嘉兴偷运至运河辐射地澉浦，然后从澉浦运往京杭大运河的延伸段余姚和宁波，再分销浙、闽各地。造福国人的京杭大运河此时成了走私"洋货"的黄金通道。"洋布"充斥市场，给京杭大运河沿岸地区的民族工业造成了空前的冲击，运河沿线的苏、锡、常、太、松、嘉、湖、杭地区的纺织业急剧衰退，原本占据闽南绝大部分市场的江浙棉布此时不复畅销。

列强贪婪的欲壑是永远也填不平的。他们哪里甘心在利益面前停下侵略的脚步？在更加恶毒的威逼利诱没有获得渴望得到的结果之后，咸丰六年（公元 1856 年），他们再次扣动火枪的板机，再次点燃舰炮的引信，第二次鸦片战争爆发。

昏聩无能的满清王朝毫无悬念地再一次战败，在枪口下签下的《天津条约》《北京条约》将大运河的重要转输点镇江列入 11 个新开放的口岸 —— 不平等条约勒住了大运河的咽喉。

在嗜血成性的大英帝国举着屠刀切下一块又一块中华民族身上的肥肉，整个民族发出痛苦的呻吟时，更多的西方列强眼红如饿狼，伺机张开了恶毒的利爪，疯狂地加入到分食中国的盛大会餐中。光绪二十五年（公元 1899 年），太平洋彼岸的美利坚合众国终于撕下了虚伪的中立面具，国务卿海约翰跳出来发表"门户开放宣言"，核心是他们要获得与英帝国一样的在华特权。从此，更多的恶狼一起扑向了虚弱、沉睡的雄狮，肆无忌惮地瓜分、掠夺。帝国主义国家的兵舰、商船不仅可以横行中国长江，而且能够直接驶入京杭大运河，侵略的魔爪沿运河水网伸向中国广阔的农村地区，千里运河沿岸的城镇乡村的自然经济受到了毁灭性的破坏。苏南、浙北运河一带输出的茶丝等传统物产由 19 世纪 70 年代初占出口总值 80% 锐减为 60%。大豆、猪鬃、皮革、菜油和短绒棉花这些盛产于运河航运带的农产品和原料无一幸免地成为列强搜刮出口的对象。

在西方列强步步深入的侵略面前，清王朝摇摇欲坠，道光二十二年（公元 1842 年）之后再也顾不上对大运河进行像样的疏浚护养，曾经光鲜的运河在腥风血雨中日甚一日地破败、衰落下去。

此后，清王朝对大运河唯一的一次整治行动发生在光绪二十九年（公元 1903 年）。这一年，英、美、日在《辛丑条约》的基础上，又用枪刺顶着清政府的胸膛，逼迫订立旨在开放更多通商口岸的新的《通商行船条约》。西方列强在新条约中规定朝廷必须整顿内河水道"以便外国商轮通行"。无耻的强盗在残忍地强暴纯美女子时还要令这个女子自己将裤子褪下。是可忍孰不可忍！

风雨飘摇的清王朝先后动员近 20 万民工，对千孔百疮的京杭大运河进行整治疏浚。整治疏浚之后，山东聊城以南的运河以及与京杭大运河联结在一起的湖河港荡都成了各帝国主义列强疯狂掠夺的场所。

带给大运河一丝转机的是道光三十年（公元 1851 年）十二月爆发于广西金田村并迅速燎原南部中国的太平天国。它如一道彩虹，把千古大运河映照得一时灿烂。这个与清王朝对峙十余年的农民革命政权在定都南京之后坚决不承认满清王朝与外国列强签定的所有不平等条约，誓死捍卫京杭大运河的航运主权。同治二年（公元 1863 年），太平军水师与外国侵略者水战无锡东南运河上。英勇顽强的太平军水师给侵略军以重创。水师航王唐正财在激战中牺牲。同治三年（公元 1864 年），太平军水师"飞而复来"轮在运河常州段与侵略军再次遭遇，自上午激战至傍晚，太平军水师终因寡不敌众而战败。

在与满清王朝划江而治的初始，太平天国对运河水道实行的是军管。随着政权的稳定，对辖区内的水道、水上民船放松管制，任其自由航行，以致自浙江以达上海，帆樯林立，来去自如；松江地区的乡民犹肩挑船载，不绝于道；运河边的苏州众安桥、通贵桥一带船来日多，售亦日盛，乡民过午，满载而归。

然而，倾巢之下，岂有完卵？国破如此，大运河的命运怎么可能是例外？沿岸流民云集、百货云屯、市上热闹、生意兴旺只是回光返照式的辉煌，并没能从根本上改变大运河风雨飘摇的历史命运。随着太平天国被清王朝镇压下去，京杭大运河再次失去护佑者，成了无家可归的弃儿，无助地飘零在天地之间。

飘零的运河面色憔悴，形容枯槁，在破碎的土地上残喘呻吟。

公元 1900 年，八国联军的铁蹄踏上了中国。列强自元朝海运时的北部码头塘沽爬上岸来，攻陷天津后，沿运河两岸向紫禁城进击。

进击的劫匪被清王朝的愚昧大臣毓贤嘴里的"刀枪不入"的义和团阻击在廊坊、落岱、杨村运河段。凡身肉胎的义和团员葆有热血，他们在运河两岸的大堤上奋勇杀敌，前赴后继，傲然长风，视死如归，为一个文明古国国都的沦陷做最后的祭奠。史称"廊坊大捷"。

这是什么大捷？羸弱惨淡的大运河无可奈何地托举起一个个鲜血淋漓的魂魄，诵一曲长恨歌！

19 世纪 60 年代中叶之后,英国太古怡、美国旗昌等洋行控制着沿海和长江中下游的航运,赢弱的清王朝束手无策,望河兴叹。与此相对应的是中国河船数量的日益萎缩:道光年间有河船 3000 余号,咸丰年间减至 2000 多号,到同治十一年仅剩下可怜的 400 号。

风光无限的大运河在帝国主义列强的侵略、奴役、掠夺下,在腐败无能的清王朝疏于管理、日益废弃下奄奄一息。

朝廷漂在运河上。运河是王朝的生命线,不可须臾中断。每次决堤,朝廷都会倾其所有、尽其所能地来疏浚整治,尽速恢复通航漕运。仅在清王朝的历史舞台上就涌现出将生命汇入浩荡运河来写就卓越华章的靳辅、陈潢、郭大昌、包世臣等治理黄、淮、运的风流人物。然而,此时的清王朝对运河再无心岁以为常的疏治。铁路开始出现,南粮北运不再仰仗唯一的运河。

火车的巨轮在碾过长长的铁轨时也碾压着运河的千年独尊。

经过一番紧张、曲折的准备，光绪三年（公元1877年），清政府下令开工建设吴淞（从今上海北站到吴淞）铁路，次年建成，成为中国最早正式办理运输业务的铁路。

新的交通工具以及新的交通组织初来，中国人从内心里感到的是惊诧和厌恶。风平浪静、波澜不惊的大运河多好，它存在了千年，我们熟悉它，驾驭它就像驾驭我们身体的某个部位，得心应手，随心所欲，游刃有余。"在进入现代社会之前，中国人一直是用水方面的专家。"（罗伯特·坦普尔：《中国的一百个世界第一》）然而，经过了许多教训以后，国人知道了数千年相守的成法不足以应付激烈的世变，悠哉游哉的漕船不足以应付西方工业革命催生出的迅捷火车。而且，延办新的交通事业也只有替外国人多造一些在中国横行的机会。于是，铁路轮船和邮电在所谓的"洋务运动"中拉开了序幕。

光绪二十四年（公元1898年），京津铁路通车；光绪三十四年（公元1908年），沪宁铁路建成，其中苏州至镇江段与江南运河并行；宣统元年（公元1909年），沪杭甬铁路建成，其中嘉兴至杭州段与大运河并行；公元1911年，津浦铁路建成，其中德州至天津段与华北平原上的大运河并行。

随着铁路建设和运输业务的正式办理，独尊千年、无可替代的大运河的历史地位被撼动了，开始失去往昔的神圣光环。大运河沿岸的一些城镇逐渐失去了往日的喧闹繁华，开始衰落凋零。

再给风光千年的京杭大运河以重重一击的是随铁路出现的公路。

比起铁路建设来，修建公路相对容易，投资也比铁路少得多，而货物送达的速度要大大高于铁路运输，其灵活性、机动性比铁路强，可以深入到农村、山区等铁路很难通达的地方。于是，它一经出现，立即受到重视。

公元1913年，北京至天津公路建成。随后，公路建设在大运河沿岸省份不断展开。

当北京城里的第一辆汽车被装载在漕船上从上海经京杭大运河运来时，京杭大运河真的不知道，它奋力拉来的正是将要压垮自己的最后一根稻草。

火车的出现和铁路线的延长、汽车的出现和公路线的延长、科技时代的出现和历史的延长使运河的命运开始了不可逆转的改变，逐渐淡出历史的舞台，运河作为国命民脉的时代走向终结。这是没有异议的。然而，运河的衰落又不仅只有外部原因。

开挖运河是社会现象，是人类社会发展到一定历史阶段，出于自身生存和发展的需要而展开的一种目的性极强的社会活动。它在走过作为重要战略设施、作为战神的翅膀的历史之后，人们开挖、经营它的主要理由是交通航运。然而，这只是运河得以产生和不断发展的外部营造力量。而人们的主观愿望要想实现，必须顾及现实的客观条件，必须与运河发育、发展的内在规律相契合。什么是运河的内在规律呢？运河与自然河流有本质不同：所有自然河流都有自己的天然源头，而运河没有。它形成发育的必备前提是要有众多自然江河、溪流、湖泊、湿地为之提供水源，它的生命力依靠外部源源不断的注入。运河是一根脐带，连结在自然的母体上，吸吮着天然乳汁。运河是人类交给自然养育的骄子。它是大地的安泰，一旦离开大地立刻就会失血而亡。这是"荆汉运河"诞生在汉水云梦之间、江淮之间的原因；这是"郑国渠"诞生在关中渭水水系的原因；

这是魏武时期众多运河诞生在燕赵大地丰富水系间的原因；当然也是京杭大运河不可能诞生在别处，只能诞生在浙江水系、太湖水系、长江水系、淮河水系、黄河水系、海河水系之间的原因。运河以大地母亲的水文地理为基础，以人工自然的身份加入到不同水系和生态环境的运动之中。一旦加入，它和养育它的众多的自然江河、溪流、湖泊、湿地就成了兄弟姐妹，从兄弟姐妹那里获得了属于自己的内部营造力量。运河也不只是一味地享受养育之恩，它的加入带着人类在认识自然后赋予的力量，推进着流经区域水系的良性演变，形成水系新的分布、新的流向、新的环境、新的力量，使大自然更加符合人类的意志、愿望和理想。

运河的内在规律告诉我们：它走向衰落，不仅只是外部力量作用的结果，还有更致命的内在原因。淮安向北的降雨量已经降至年不足 700 毫米，北部水源再也养不活人类托养的儿子；山东会通河段、北京通惠河段痛了元、明、清三朝，现在不只是"痛"的问题而是"失"的问题了。会通河、通惠河段水源的匮乏导致京杭大运河北部内在养育能力的最终丧失。养育运河的母亲自己病倒了，连在母体上的脐带就不可能获得维持自身生命的营养，它的失血萎缩是必然的。

咸丰五年（公元 1855 年），黄河再一次释放出它巨大的原始野性，撕开了河南铜瓦厢一线大堤，冲荡而出，以无所顾忌、任情挥洒、硬黄匀碧的大手笔，淤塞徐州以北千里大运河，将大运河拦腰掐断。此后，尽管满清王朝派住各省的厅汛所属漕运官员还在京杭大运河上挣扎，但始终没有能使中断的漕运起死回生，再也没有能使京杭大运河全程通航，大运河从此变成了躺倒在大地上的一根长长的毛竹，看似完整，其实因为竹节的阻隔，从头到尾并不贯通，在日趋残破中成为一条只能分段通航的水道。

在吴淞铁路建成并正式办理运输业务后的24年，即光绪二十七年（公元1901年），清廷重臣李鸿章上呈光绪帝废漕运的奏折；光绪二十八年（公元1902年），清廷宣布废除各省漕运屯田，裁撤各卫所领官员及河道厅汛闸各官；光绪三十一年（公元1905年），清廷在沪宁铁路开工建设的号子声中裁去漕运总督一职。至此，大运河肩负的漕运使命宣告结束。康熙、乾隆眼里无比重要的漕运在他们的不肖子孙手里彻底中断了。

雍正年间，监生考授州吏目张为衡采西晋地理学家裴秀提出的"制备文体"法则，绘制了《运河源流图》，对京杭大运河山东至北京段流域内城池闸口的分布以及沿岸的地理风貌做了详尽的描绘。

乾隆年间，镇江人士江萱绘就《潞河督运图卷》，描绘漕粮沿运河抵达北端码头的繁忙景象，讴歌乾隆盛世。

光绪年间，清王朝最后的运河河道官员实地绘制了《清代京杭运河全图》，凡州府县镇之名、位，水闸、堤坝、涵洞、桥梁、码头、渡口、山川、河流、湖泊、港湾、洼淀、滩涂、寺庙、墩塔、两岸景物等尽详尽细地呈现出来。各驿站名称、水闸名称、相距里程、河厅县之交界、河水涨落、航运情况记载完备、注释清晰。

《运河源流图》《潞河督运图卷》记录了大运河最后的辉煌。就像《清明上河图》是对汴河的祭奠一样，《清代京杭运河全图》则是对京杭大运河最后的凭吊，是献给京杭大运河动人心魄的挽歌。

———————————

20世纪初的中国，大运河流淌的山河，瓜分豆剖，惨淡飘零。

1919 年春，北京爆发了爱国救亡运动。北京大学教授陈独秀因散发《北京市民宣言》被北洋政府当局抓捕，在强大的社会舆论压力下，98 天后才被释放出来。为躲避可能发生的进一步迫害，北京大学图书馆馆长李大钊化装成账房先生，雇一辆骡车，立即把化装成老板的陈独秀送出北京，送往天津。

骡蹄敲打着大运河衰败崎岖的河堤，发出"嘀嘀嗒嗒"的声响。一路颠簸，在中国最早传播马克思主义的李大钊与陈独秀商谈起了创党。1919 年 6 月 5 日，7 万多名上海工人走上街头，举行声援北京学生的示威，立即使不肯向学生俯首的北洋政府低下了头，这使陈、李刻骨铭心：在中国的无产阶级当中建立强固精密的统一的劳动者政党是件非常重要的事情，没有这样的政党，中国的面貌断不能有改变。中国迫切需要这样的政党。陈独秀问李大钊："党名是不是叫'社会党'？"李大钊坚定地回答："不，叫'共产党'。"

破碎残存的大运河最早听见两位思想家关于民族命运的激情对话，默然而兴奋地想象着自身的命运、国家的命运将会因这两人的对话发生怎样的改变。

黄河决堤，淤塞千里，阻断了北往漕船，也阻断了南去的漕船，千艘鲁、皖、苏、浙的漕船被阻滞在通州、天津、静海、青县、沧州等运河沿线码头。它们焦急地等待着大运河淤塞河段被疏通，启航归去。

它们等啊，等啊，等过了一年又一年，始终没有等来通航的消息。轰隆隆的雷雨声是它们的心情。残阳西下，倦鸟有归时，而阻断的运河使它们失去了归期。

无休止的等待使船工们绝望了，弃船而去。这些见过杭州的繁华、苏州的秀丽、扬州的清美的南船被永远地抛弃在了运河北段的座座码头边，任时光消磨、岁月剥蚀。随着运河北段的逐渐干涸，犁过千重浪、剪过万里水的它们成了躺在大地上的"旱船"。再随着时光的迁延，它们在风吹日晒中化作了船形的枯骸，化作了段段朽木，直至完全与泥土融为一体。

北出静海，古运河边残存着当年被抛下的一艘南船遗骸。得知这则消息，我的心为之一震，专程前往凭吊。

它深陷在古运河的河床里，以一道优美的弧线，顽强地显示着曾经是船的真实。包裹着它的泥沙和斑斓的卵石是大运河厚重的文化堆叠，闪动着水的灵光。伸手过去轻敲，传出的是木质的朴实沉厚之音，似乎带着运河水浪的喧响，带着150年的苍茫。船尾一柄木橹，仿佛在船夫"嗨吆嗨吆"的号子声中穿越了时间的帷幕，朝我迎面划来。

听当地的老人说，四五十年前，它还没有腐烂到现在这个程度，左舷处还可辨"浙－37"字样。

哦，是这样。我深情地凝视它、凭吊它，也是凝视千年运河，凭吊它曾有过的非凡历程。我感到了眼前这艘漕船的骨气，即便消逝，也绝不离开运河流过的地方，也要与运河同腐朽，也要以船的弯度，悲伤地铭记昔日的峥嵘岁月。

天苍苍、野茫茫，静默在天地之间的这艘漕船的遗骸极具象征意义。是它，为首开于汉武帝、延续两千多年的漕运画上了悲壮的休止符。以它的最后抵达、无法南归为界，一边是大运河的繁盛时代，另一边是大运河不断衰落的岁月。我向它深鞠一躬，致上无尽的缅怀。

临离开时，天下起了雨，车窗前的雨刮器刷刮着不断扑上来的雨水。

雨已断，风流泪。

　　自明王朝永乐年间开始，大运河的最北端就不再是北京了。大运河离"京"而去，到了通州。通惠河与积水潭的联系被切断，积水潭就与京杭大运河失去了关系，失去了云水依依、帆影渺渺。此后再将大运河称作"京杭大运河"，就显得很勉强，名不副实。

　　这是京杭大运河自元朝开通以来的第一次消退，向东南消退了164里又104步，退到了通州，退到了通州的张家湾。

　　大运河离开北京城区已近600年，然而我们依然说北京是运河城市，是因为运河创造了北京。无论是宫殿还是门阙，无论是庙社还是郊祀，整座北京城都涌动着永不停息的运河浪花。通州至北京沿途至今仍保留着的海运仓、北新仓、北门仓、南门仓、东门仓、禄米仓等地名，是虽离京而去却依然眷恋京城的大运河溅落的水珠，它们滋润

雍正年间通州至北京朝阳门古道碑

着京师、装点着京师、繁华着京师。只要驻足在南河沿儿、骑河楼、银闸儿屏息谛听，依然可闻运河历史的水声。京师的缎、瓷、灯、竹都印记着运河的来历，还有遗迹犹存的各种会馆，都深烙着京杭大运河的印记，永不磨灭。

大运河再不是都城的命脉，再不是王者的神经，离京城远去，远成了古代文物，远在了我们的精神似乎不需要触及的地方，人们已经没有理由来积水潭，来积水潭北岸一座小山上的郭守敬纪念馆追怀他为京杭大运河建立的丰功伟勋。

这是中华文明的星座。郭守敬，犹如启明星般的名字，点燃了13世纪的文明曙光，辉映和引领了一个时代的航路。如今，他的雕像肃穆地挺立在积水潭潭面的西北角，左手握着一卷图纸，右手伸向前方，犀利的目光凝望着他在世时繁极一时的银锭桥方向，默然无语。暮色渐浓，纪念馆檐角悬着的铃铛在如铁的长风中间歇响起，一声，又一声，重一声，轻一声，像是追念，像是怀想。

倾心聆听，其中有说不出的慰贴和凄凉。它像一个多情的幽灵，独自追思着那不可唤回的渺若烟云的以往，又是赞美，又是惋惜，又是哀伤，充满怨望和依恋，在薄寒的空气中不住地颤动……

如果不是特别的原因使明成祖令京杭大运河在通州嘎然而止，那么，通州充其量只是一个运河沿岸的小客栈，人们不会在这元代"结篱为城"的地方驻足，历史也不会在这里过多地凝视盘桓。是作为大运河北端终点的这一特殊身份使通州的身价陡增，有了日后的繁花似锦。城边土坝、石坝的漕粮搬运工人长住在这里；东关、北关各商船的岸口装卸工人长住在这里；政府在这里设置专管漕运仓储、验收的官吏、吏役、河兵；南来北往的客商来了，开饭铺、饭棚、饭摊的业主们就来了，船民、水手、铺户、负贩、码头装卸托运工人以及流民、乞丐都来了。通州成了各色人等的荟萃之地。通州因运河载来送往的船只而变得五光十色；通州以大运河北端的尾闾身份，与南端的杭州城遥遥相应，走进了中国的历史深处。

随着京津铁路通车，河运和陆运的漕粮大多在抵达天津后不再沿运河西进，改由更加便捷、快速的火车直运北京。通州运河码头一变昔日的繁忙繁华，寂寞冷清下来，最后一艘孤独离去的漕船为600年的通州运河码头史画上了句号。

通州城为朱元璋的部将所筑。城砖砌其外，中实以土，周围9里13步，垛墙高3丈5尺。共四门，东门面对运河，是通运河之门，取名"运通"。几百年过去，"运"不再"通"了，连同那三门，一并化作了历史的陈迹。现在，通州古运河上尚存的古老建筑之一是建于明正统十三年（公元1448年）的八里桥。在我眼里，它并没有570岁的老迈，依然结实。

乾隆年间，马戛尔尼率领英国使团骑马从八里桥上鱼贯而过，紧随在使团身后的是几百辆手推车组成的车队，推着使团的行装、各色"洋货"，沿通州至朝阳门的石道浩荡进京。随团有一位叫斯当东的人，回国后写了一本《英使谒见乾隆纪事》，流传海内外。他在书中这样描写通州："城东关有一座税关城楼，沿街可以看到很多冠有潞河和运河的匾额。登船后，我们看到一座城市后移。运河两岸是宽阔的大堤，堤上生长着茂密的丛林，树木高大，树上住着很多鸟。运河河面宽阔，大小船只众多……"

今天，通州人投巨资建成了运河文化带主题公园，运河河面被拓至四五百米以上，比英使看到的宽阔河面还宽阔，两岸全都砌以裁

通州运河文化带主题公园内的仿制龙舟

通州运河文化带主题公园内船帆雕塑

剪得十分规整的石块，衬托、渲示着古运河身世的至尊高贵。唯有如此之宽的河面，才能安放得下通州人一想起"一京二卫（天津卫）三通州"就狂跳不已的历史之心。

作为公园景点之一，河面上停泊着一艘仿制的乾隆下江南时乘坐的巨大龙舟。由于水面过于空阔，它犹如一片树叶，浮在那里，夕阳照耀着，通体散发出异于其他所有船只的豪华之气。面对它，是该赞美还是该可怜？恰当的是两者兼备吧。赞美奉献给它的历史，可怜留给它的现实。它曾怀着金色的壮阔的梦行驶在千里大运河上。就像马的使命是奔跑一样，船的使命是航行。不能航行的船还能叫船吗？停泊在没有前途也没有后途的一截水面，只是作为时光的玩物存在在这里，以自身的船型启发每一个走近的人：通过我去追忆大运河曾经的水波浩淼、曾经的显赫辉煌吧！

就一座城市的公园而言，通州的运河文化长廊够长，长得近乎奢侈。为了与停泊着的仿制龙舟相呼应，在长廊的中段耸立着片片船帆的雕塑。船帆挺立，呈现出力的美感。征帆如碑，镌刻着船的航程。帆的生命是风给的。鼓满风的帆才是有生命的帆。眼前的雕塑只能止于梦想，根本不可能接受风给予的生命。

站在横跨通州运河的大桥上，后顾，生无限之留恋；前瞻，又引无量之冀望。面对滔滔不息的历史长河，让我们舀一瓢仅剩的运河水，酹祭那斑斓的生命之帆。

大运河从通州码头继续向东南退却，退却 300 余里。20 世纪最初的 10 年，只有追寻到天津一线，才能再见京杭大运河在北方段残

京杭大运河天津段畔的官银号

存的一截。

这一截大运河得以残存，是不是承续了这方土地的神奇历史呢？

天津原名直沽。东汉之前的直沽，干旱时大地龟裂，寸苗难存；洪涝起来浊波汪洋，一片泽国，是块易涝易旱的盐碱地。建武年间，三位在直沽任职的官员接力治水，历经十几个寒来暑往，才改变了直沽这片穷地的面貌。

三官治水是在同一个地方取土，形成了一片水面足有方圆十来里的清水洼。直沽人很快发现了这片清水洼的神奇：洼四面无堤，也不与外面相通，可是，这片死水洼从没有干涸或内涝过。即便是赤地千里的干旱之岁，它依然水波荡漾；即便是暴雨倾盆的大涝之年，

京杭大运河天津段畔的广东会馆

它也不会四溢泛滥。直沽百姓啧啧称奇。

令人啧啧称奇的事还有呢。大运河凿通之后，它汇入了运河。北面的通惠河时常因水枯而断流；南面的会通河也不时因水源不沛而浅窄。唯有清水洼这段，无论南北闹什么样的状况，它始终波光潋滟，托起南来北往的船只，通行无碍。洼边的百姓说，这是三官在天之灵庇佑着天津的黎民众生。于是，不知何年何月起，洼边的百姓集资修起了一座供奉神位的庙宇，称"三官庙"。自庙修成的那天起，岁岁年年，庙前馈饤供品丰盛，香火缭绕不绝。

至今，三官庙踪影全无，而残存的一截大运河与海河连成一体。可能今天的天津人还会指着某一汪水说是京杭大运河，其实，那不过是习惯而已。事实上，大运河在天津境内已经可以忽略不计了。

元都于燕，直沽成了"畿辅"，这是直沽得以发展起来的第一要素。

那时的元大都，白司庶府之繁、卫士编氓之众，无不仰赖于自江南而来的漕粮。罗璧、张瑄、朱清开辟的海运，直沽是登岸之地。接运厅（元政府设立的主持接运的机关）、临清万户府（河道运粮机关）皆在直沽。漕粮"石以数百万计，而较计至于合勺颗粒。畸不得有亏，盈不得有益"（《畿辅通志》）。这样巨大的交卸数目、这样严格的"较计"需要多少验收、托运人员是可以想象的，需要多少装卸人员就难以计数了。如此多的粮食输至直沽，还得在这里建设转运粮仓，广设仓储。就这样，直沽的历史地位被凸显了出来。公子王孙、南北商贾、达官贵人、江南名妓，乃至应役、庸作、船产、铺户、负贩、医户、僧道、乞丐等纷至沓来，直沽由此繁华起来。

建文二年（公元 1400 年），与建文帝争夺皇位的燕王朱棣南下，自直沽渡河。朱棣龙袍加身之后在直沽筑城设戍，赐名"天津"（天子经此渡河的意思）。"地当九河津要"的天津仰仗着京杭大运河，"路通七省舟车，江淮赋税由此达，燕赵渔盐由此给"（《畿辅通志》），舟车攸会，聚落始繁，大运河水托举起了一颗北方的城市明星。

站在今天天津市区内的彩虹桥上放眼望去，狭窄的运河故道与宽阔的海河在这里默默交汇，交汇成一幅寓意深邃的图画，供每个经过这里的人任意解读。作为京杭大运河的最后恩泽，溅在天津土地上的是官银号、教堂、会馆以及举世罕见的杨柳青年画、"狗不理"、大麻花、煎饼果子。它在给天津留下了它所能留下的一切之后，在严峻历史的威逼下，满含悲伤地向南退去。

"驿外断桥边，寂寞开无主。已是黄昏独自愁，更著风和雨。无意苦争春，一任群芳妒。零落成泥碾作尘，只有香如故。"（陆游：《卜算子·咏梅》）

渐退渐远

京杭大运河静海段干涸的河床

京杭大运河消退的脚步走过静海，静海便有了沉默在大地上的龙骨般漫长的河床。当年的河心里长满莫名的草，草间点缀着莫名的花。

京杭大运河消退的脚步走过沧州，留下了清风楼、朗吟楼，还有南皮高会，留下丝布、柳箱、苇簟、糖蟹、麻姑酒，锈迹斑斑的铁狮子是它投射在这里的最后的幻影。"高桅大舵长短篙，自南而北连千艘。""夜半不知行近远，一船明月过沧州。"我们只能从这些诗句里想象大运河沧州段的千帆竞发、百舸争流。明月还是明月，只是此时的明月只能千里照相思了。

京杭大运河消退的脚步走过吴桥，它把它的身姿幻化为流畅的杂技，幻化为"鬼手"的奇诡，幻化为充满水一样力量的武术，从中获得不朽。

京杭大运河消退的脚步走过景州，留下一截华家口夯土坝，炫耀着建筑大运河的传奇。

　　慢慢地,会通河有些流段堤岸坍塌了,消失了袅袅渔歌;慢慢地,有些地方变得荒芜苍凉,失去了片片帆影;慢慢地,河道一段接一段地干涸……如今,须细细寻找才能见到当年运河留下的斑斑水渍。会通河成了一段遗失了的记忆。唯有那阶梯形的老河道记叙着一条大河步步消退的历史;唯有微微隆起的大堤和堤内宽阔龟坼的河床证明着它们曾经的存在。我们只能到历代文人吟咏运河的诗文中去体味运河往日的清碧美妙,去遥想波澜壮阔、桅樯如林的昔日风光。用船歌中一瓢清水滋润一个民族三千年、养活了自秦至清所有朝代的大运河开始与我们的身体剥离,开始离我们的生命远去。

　　大运河出京城一路南下,越天津,过河北,进入山东的第一大码头就是德州。作为京杭大运河通往帝都的门户,德州由此成为冀、鲁、豫、苏、皖、浙、湘、鄂、赣"九达天衢"的咽喉，在水一方。因河而生，凭河而兴，德州就是大运河水浇灌出的一座古城奇葩，兴衰枯荣系在一脉清流之上。

运河德州段直线距离50里，河道落差3米，水流急，易决溢。运河上解决水流落差的办法就是置闸。然而，运河在德州换了一种技术：把河道做弯，以弯代闸，三弯抵一闸，河道延长到90里，落差降低一半，流速减缓近一半，保证航运安全、畅通。运河德州段这"九龙十八弯"炫耀着古代劳动人民不露痕迹、精湛高妙的筑河智慧。

河弯如臂，挽住点缀在旷野里的红瓦白墙以及在大堤上啃草的牛羊。往日樯桅如堵的河弯里仅剩薄水，星星点点的千年藻苔在薄水上随风荡漾。不知道这一池浅水哪天会化作水雾升腾而去，河道也就成了原野，沧海桑田。苍老悠长的船工号子渗入河堤泥土里，只

京杭大运河德州段弯河道遗址

有堤岸白杨树间聒噪的蝉声镌记着时光的流淌。

运河在这里留下了一座耗银 60400 余两的画梁雕栋的山陕会馆，留下了中国现存古建筑中年龄最老的木构光岳楼，留下了四代藏书、百代流芳的私人藏书楼海源阁，留下了沿运河两岸前店后居的板门小院，留下了临清运河钞关，留下了阳谷古闸群（荆门上闸、荆门下闸、阿城上闸、阿城下闸），留下了水兽镇守的崇武驿大码头，也留下了全国最大的城市湖泊——东昌湖，然后退过了"漕挽之咽喉，天都之肘腑"（于慎行：《东昌府城重修碑》）的聊城。

聊城市内的这些运河古迹令人流连，但更牵人怀的是离市区不远的古运河上残存的一座古桥，牵怀桥洞壁上的那道道纤纹。

桥长 35 米，两块宽 6.8 米，桥顶石护栏内宽 3.8 米。因经年累月的风雨剥蚀，桥孔楣上铭的桥名已经无法辨认了。它曾是沙镇、顾官屯诸地人来人往的要道，如今因为古运河里没有了水，也就无所谓的桥了。我们只能从史书典籍中认识它的重要、它的风光。曾有文人为它题写过一幅对联，给我们无尽的缅怀："从泛仙槎向何处，偶得虹桥向人间。"

旧时航行在大运河上的船，小船靠手划橹摇，重船、大船只能靠纤夫拉动。河岸就是纤路。两船相遇时，纤竿高的船走外边，纤竿低的船走里边。两船的纤夫或相视一笑，或相互寒暄几句，抽烟的互赠一袋烟，友好相交，从不争执。如今长满荒草的古运河两岸，曾人影绰绰，往来无绝，水声喧哗，一路沉雄。

并不是每座桥下都有纤道。有的桥，两端就浸在运河水中，并不能徒步从桥下经过。正是运河上有着众多的这样的跨河桥，练就了常年累月奔走在运河边的纤夫"摔担过桥"的绝技：快接近这样的桥时，纤夫们会用劲紧跑几步，使水中的船增大前行的惯性，然后自己边跑边收紧纤绳，站到桥头，一抖纤绳，纤担便从桥下划出一道优美的弧线穿到另一边。在纤担越过桥洞在另一边闪出的一瞬，纤夫伸手迅速接住，快步走向另一边的纤道，继续他们的路程。

凝视着桥洞壁上的道道纤痕，仿佛重见纤夫们摔担的潇洒、过桥的飘逸。桥身滞重的赭黄色是运河的波浪染成。纤痕告诉我，一条大河曾拉弯了多少纤夫的脊背，曾洗白了多少舵工的须发，曾嘶哑了多少舟子的喉头。纤痕告诉我，那是运河上的一道风景、一种民俗、一味文化。如今，我们不可能再见了，它连同运河一起凝固在了桥洞壁上，供人凭吊，令人伤怀。

黄河最后一次改道便自山东垦利入黄海，从此，大运河与黄河交汇处就改到了会通河段的山东省梁山县小路口镇红庙村、靳那里村之间。

因运河的断航，也因黄河的断流，红庙村、靳那里村远离了交通要道，显得相当偏僻，如果没有熟悉的当地人引导，实在难以顺利地找到。一定是很少有外人涉足，所以我们的到来惊动了两个村的男男女女、老老少少。

听说我们因运河而来，村人们都显得很激动。一位快言快语的中年妇女大着嗓门问："是不是要挖运河啊？那实在是太好啦！我们挖，绝不要工钱！子孙万代的事，哪能讲价钱啊！"

热情的靳那里人把村上最年长的靳怀宝老人请了出来。靳老已逾80高龄，满首华发，身板硬朗，讲起话来中气十足："你们来啦，感情好！"他指着村前的一洼水说："我都五十年没有看到这水上跑船啦，心里憋得慌。小时候，我跟着我爷爷从这里上船，南下苏州、杭州，北上天津卫、紫禁城，把我们这里的棉花、粮食送出去，把外面的东西装回来。虽说苦些，但心里畅快。就靠着跑船，爷爷给我们挣下了百亩水田。”“快别说这些。”有人打断他，“'土改'那会儿，不就是因为你爷爷挣下百亩水田，把你家评成富农了吗？后来你受了多少罪啊！”“没事，不都过去了吗？现在不讲成分了不是？”老人宽厚地笑着说，“要是运河还在，别看我这把年纪，没准我还在跑船。我一定是村上先富起来的人，住上小楼啦。”靳老的话引出一片开心的笑声。

靳老指着村子最北端的一片树林说：“你看那边，就是那片树林子，运河通黄河的闸就建在那儿。'大跃进'时有人要把闸毁掉，我不让，带着家人护闸，坚决不让拆。我对他们说：'运河还是会通的，

靳怀宝老人

渐退渐远

京杭大运河与黄河交汇南岸原闸址

把眼光放长远。现在把闸毁掉，大运河通时再建，浪费国家的钱财嘛。'大运河能不能再通，我心里没底，我这样说，不让毁，是对那闸、那河有感情，割舍不下。总觉得闸存那儿，就存着份念想。又十几年过去了，大运河还没有通，而且通的希望越来越小。当大队里来人毁闸时，我没了护闸的理由。就这样，闸被扒掉了。你看那片树，就是扒掉运河闸后栽上的。"说到这儿，靳老的眼眶里有泪花闪动。

"唉！"靳老长叹一声接着说，"老啦，在这个世上的日子倒着数啦，不知道我还能不能再看见水上的船。我常常一个人到那片树林子里转圈，一转就是大半天，总觉得那下面有船橹声，夜里经常被这声音惊醒。"

走进靳老常常一个人转圈的那片树林，努力想象当年黄、运相接的船闸的样子，可是，面对碗口粗细的树林无法想象出来。

为什么要把它毁掉呢？就因为它已经是堆废墟？就因为运河通航无望？这不是毁掉它们的理由啊。今天的我们不正是从古罗马的废墟上才得以见证罗马帝国的伟大吗？安东尼诺与法乌斯蒂纳神庙散落的石块见证了安东尼诺与他妻子法乌斯蒂纳的爱情；也许君士坦丁曾经在马森齐奥堂的墙壁前驻足沉思；蒂奥斯库雷神庙仅存的三根石柱历经千百年依然矗立；还有萨图尔诺农神庙残破不堪的大门仍然保持着当年的庄严……如果罗马人因为它们已经是废墟，而将这些残存的教堂、宫殿、市场、浴室和凯旋门都统统废弃，靠什么来叙说古罗马曾经的辉煌呢？站在这些废墟前，我看到的不是欧洲文明在这里衰落，相反，看到的是现代欧洲人从历史中吸取的精神和智慧，在废墟的遗址上孕育出现代文明。大运河北段的确在变成废墟，连同与运河连成一体的闸、坝、堰、仓。然而，如果我们毫不珍惜地剥夺废墟的存在，此后，我们靠什么见证大运河的千年辉煌呢？

孔孟之乡济宁"居运道之中"，在元明清三朝负责对大运河全线整治和督理的河道总督衙门就设置在这里。这样的地位造就了济宁"车马临四达之衢，商贾集五都之市"的繁华："济宁人号小苏州，城面青山州枕流。宣阜门前争眺望，云帆无数傍人舟。"（林之：《济宁州竹枝词》）

《乾隆年间济宁城区示意图》铺展在我的面前。近代《济宁城厢图》铺展在我的面前。细数两图，标识出的济宁城区内的各色桥梁，令我们惊诧：城区内的京杭大运河上有会通桥、永济桥、南门桥、大闸口桥、草桥、瑶池桥等；越河上有迎龙桥、二坝口桥、小红桥、小南门桥、济阳桥等；府河上有通心桥、兴隆桥、太和桥、阜桥、观澜桥等；洸河上有夏桥、大石桥、观水闸桥等；还有当地人最为津津乐道的飞虹、朝天、通泗、通津四座城门桥。一座仅有十几平方公里的城市里竟拥有如此之多的桥梁，足见出两图绘就时期运河济宁段的畅通程度了。几百年过去，我没有能力调查清楚这些无疑是古典文化组成部分的桥是否依然健在，是否依然跨水而去。我知道的是，京杭大运河在济宁人的无限怀念中渐退渐远了。

沿运河来到济宁的不仅有南方的竹子，堆积在运河沿街，形成了山东境内最大的竹器市场，还有江南的味道。戴玉堂自苏州来到这里，创办玉堂酱园，融汇南北口味，创地方特色，咸中带甜的滋味令吃遍天下的慈禧连连赞叹"味压江南，名驰京省"。

令人欣慰的是，元朝开凿的须城安山接济州河的一段运河被保护了起来，长廊阁楼倒影在古运河里，波光粼粼，斑斓缤纷。时代与历史交错，让人从这里感想运河的精神气韵。

令人欣慰的是，东平戴村坝得到了及时的修复，基本恢复了原貌；加上汶上邢通斗门遗址、汶上徐建口斗门遗址、汶上十里闸、汶上柳林闸、汶上寺前铺闸、南旺分水龙王庙遗址、汶上运河砖砌河堤，这些世界级别的文化遗产的存在炫耀着京杭大运河济宁段历史的璀璨辉煌。

李白客居济宁 23 年，度过了 36 岁到 59 岁人生最华彩的光阴。在这里蘸着运河水写下"长风破浪会有时，直挂云帆济沧海"等壮美诗篇，汇入源远精深的大运河文化之流，渗入济宁的地脉。哪怕大运河在济宁就剩一截河床、几滴水，地脉深处的文化精神仍会升腾而起，云蒸霞蔚。

行走在已经逝去的会通河古道上，就是行走在运河沿线的人们对大运河湿润的怀想中，就是行走在大运河沿线的人们对大运河的敬畏与膜拜里，就是行走在大运河沿线的人们对大运河的浩荡的思念里。这就是一条河的力量，一条创造了民族历史的河的力量。

京杭大运河穿微山湖深处的南阳古镇而过。古镇坐落在运河两堤上，宽阔的运河是它的街面。古镇四面环水，显现出独特的自然景观，无愧"中国第一水镇"的美誉。古镇上住着一位85岁的老兵唐玉柱，他当年在南泥湾垦过荒。老人长髯飘飘，目光炯炯，一看就是饱经世事的。从工厂退休时，当地政府照顾这位老革命，把他安排在城里安享晚年。唐玉柱谢绝了政府的安排，执意回到微山湖湖心里的南阳古镇："我牵挂生我、养我的大运河。没有哪里比得上岛在湖里、河在岛上、镇在湖内的南阳！"

南阳古镇距济宁80里水路，正好是一天的路程。当年行驶在运河上的各色船只总是系舟南阳，在这里停上一晚，南阳由此成了商埠。元朝至顺二年（公元1331年）在这里建起南阳闸，明朝隆庆元年（公元1567年）漕运新渠竣工，其后明清两朝，渔船、酒船、商船往来相接，橹樯林立如街市。北来运大豆、羊皮、煤炭的船只，南来载糖、纸、竹器、丝绸、煤油的船只，都在这里停泊，繁华一时。

唐玉柱老人

乾隆下江南时曾驻足南阳，古镇书院路上的"皇帝下榻处"见证着这段历史。它用青砖砌成，几百年过去，没有丝毫剥落，坚实如新，只有屋脊瓦缝里长出的株株青草呈现着它的年代久远。它的窗棂正对运河，下榻这里的乾隆应该是在运河里飘来的水声中睡去的，应该是被运河里传出的橹声唤醒的。

御宴房比"皇帝下榻处"还要古老，是乾隆的爷爷康熙留驻南阳时用膳的地方。满汉同席不同菜。162道菜证明着南阳物产的繁盛。

御宴房的门楣上贴着"佳节发财"的横幅，横幅一侧是2006年7月26日微山县人民政府定立的"康熙御宴房"铜牌。进得房内，餐桌还是当年的餐桌，凳子还是当年的凳子，只是落满了岁月的灰尘。唐玉柱伸出两根手指从餐桌上划过，桌面立时呈现出两道灰沟。

古镇，老藤古木，郁郁葱葱，流溢着光阴的故事。在唐玉柱的引领下，我谒见了散落在这里的皇宫所、皇粮殿、二爷庙、火神庙、魁星楼、文公祠、禹庙、杨家牌坊等，最后在"不沾地旗杆"处站定。在南阳镇的书院路与牌坊街交叉的地方有两座房屋的屋山夹着一座古庙，庙内有旗杆。因为庙夹在屋山之间不沾地，庙内的旗杆也就有了"不沾地旗杆"的名称，是古镇上最有名的一景。旗杆上的旗帜鼓满微山湖上吹来的风。运河像一支画笔，在南阳古镇这片不足五平方公里的土地上标记着历史的印记。岁月有痕，时光永在。

风流总被雨打风吹去。因河而兴的南阳也因河而黯然隐退。"大运河断航了，再不见南船北舟漂过南阳。古镇寂寞啊！南阳寂寞啊！我心寂寞啊！"唐玉柱的炯炯目光穿过旗杆，眺望着微山湖宽阔的湖面。

老人是想看见常常入梦来的舻船相接的盛况吧？想看见秋水长

南阳古镇"乾隆下榻处"

天间的千船万帆吧？

我顺着他的眼神望去，一条条渔船悠闲自得，不时有小鸟从芦苇丛中飞起，有渔民在撒网捕鱼，还有湖人赶着一队队鸬鹚捉鱼。没有船帆的踪影，只有被西下的夕阳烧红的湖水。湖水像是知道这是太阳在一天里呈现出的最后的残美，尽其所能地使自己通红，为即将坠入湖底的太阳壮行。

南阳古镇康熙御宴房

元代开通的京杭大运河济宁以北段已经不复存在，那秦皇汉武时代和唐宗宋祖时代围绕长安、洛阳开筑的运河呢？它们在哪里？我怀想它们。

倪宽应该是最后一个面对郑国渠发出感慨的人。

这位汉武帝的左内史站在建筑六辅渠的工地上，面对距己126年的郑国渠，思绪万千：秦国由此渠而兴，也由此渠而衰，仅历二世、十五年就走向了灭亡。郑国渠日益萎缩、不断衰败，原因很多，但其中不可忽视的一个重要原因是对它的管理、使用不当。历史的教训就在眼前，怎么才能避免六辅渠重蹈郑国渠的覆辙呢？怎样才能使六辅渠更长久地造福社会呢？倪宽辗转反侧，夜难成眠。苦思苦想中，想到了两个字：制度。对，就是制度！他在完成了六辅渠的建设之后，把精力集中到对辅渠管理运用的制度的制定上。在汉武帝的支持下，倪宽制定出了中国历史上首部《水令》，形成了完备的灌溉用水制度。由于年代久远，郑国渠、六辅渠和宝贵的《水令》都散失在岁月的流光中，仅剩"定水令以广溉田"这七个字一直照耀到今天。

一千年太久，岁月已经将浩荡漕渠尘封，仅存西安市东北渭河以南、灞水以东的苍苍原野上几公里长的一线狭长洼地。这线洼地低于两侧约1公尺左右，穿过几个自然村，每逢下雨会有积水。这就是徐伯表率卒开凿出的汉漕渠的最后遗迹。

站在这最后的遗迹上屏息谛听，它的深处似乎传来数万卒沉雄的号子，似乎传来漕船剪浪的水声……

这一段漕渠在隋王朝时代被大将郭衍疏浚，由宇文恺再修，以"广通渠"之名造就了"人物殷阜，朝野欢娱""区宇之内晏如也"（《隋书·高祖纪》）的隋高祖时代。

它在完成了属于自己的历史使命之后，化作了一袭龙骨，无言地静卧在大地上，一点一点消失，化作桑田。除了日月星光的相伴，还有塬上高亢的秦腔。也许不再要千年，它就会与大地完全融为一体，再也无从指认。然而，它浇灌过十几个朝代、穿越过千年的历史，不会消失。当我们夸耀昭宣崛起、光武中兴、盛唐气象时，漕渠深处的甘霖水气一定会飘荡而出，滋润我们夸耀的喉舌。

炀帝迁都洛阳，带来了天下，自然也带来了逶迤无垠的运河，洛阳成了天下运河的中心；唐王朝重回长安，渭水、浐水交汇出广运潭，天下运河中心从洛阳重新回到古都；大宋王朝诞生在汴京之时，宋太祖翻动着他的四根"腰带"，大修通济渠（汴水），使京师水道畅行天下。王朝在哪里，运河就在哪里，运河的中心就在哪里。运河是王朝的血脉，血脉向心脏奔流。

当历时 167 年的北宋帝国的宏伟大厦在郭京的"法术"咒语中被女真人洗劫后轰然坍塌，残砖碎瓦装载在汴渠里的一只接着一只的木船上，向南漂去时，围绕东京大都的运河就只能随之去了。康王赵构在宋州登基，升应天府（即今商丘）为"南京"，大运河的中心就在商丘驻足，一头连着江淮文化，一头连着黄河文化，粮商、盐商、茶商、丝商云集，一跃成为运河沿线上的一座繁华的大都市，造就了三商之源、商祖圣地的繁华。俯仰之间，南京不保，宋高宗自睢阳大码头再登木船，仓皇南蹿，也把运河带走了。

又是千年。大宋京都开封，载动漕纲的古汴水或被黄河淹埋，或被时光消蚀，依稀可辨的河床上生长着挺拔的白杨和农人植下用以养蚕的桑树，古河堤外是千重麦浪，中原佳气郁郁葱葱。历史和历史的土地一样肥沃，既可以蔓延野草，也可以生长大树，而且，紧挨着麦浪千重。也许，历史是可以看见的，它就隐蔽在野草或大树的根部，需要每一个想看它的人去扒开围着它们的泥土。

又是千年。南宋南京繁盛一瞬的大运河早已干涸，只留下一座叠压在层层黄沙下被发掘出来的北宋码头。在坦荡如砥的豫东平原古运河码头发掘现场，传来高适对商丘梁苑的吟诵："悠悠一千年，陈迹唯高台。寂寞向秋草，悲风千里来。"

全长 800 里的通济渠承载过隋炀帝三下扬州的历史沉重，承载过唐王朝自盛而衰的壮美和哀伤。它在退过商丘之后，退到了柳永看人斗茶的泗州。奇迹在泗州发生了：1400 余年过去，贯穿县境的通济渠故道有遗留，虽不能通航，却从未干涸。

在泗县曹苗村绵延数千米的古河上，绿色浮萍铺满隋时通济渠的水面，数只鸭子在浮萍空出的唐朝广济渠里悠闲地划动，不时将

渐退渐远

细长的脖子没进大宋汴河的水里，撩起一柱元代漕渠里的水珠甩到身上，"嘎嘎"欢叫。它贮积了太多的朝代，于是也就没有了朝代，就是眼前的鲜活。

泗县境内的运河故道长28公里，不同的朝代有不同的名字，而泗县一直叫它"古汴河"。

举目望去，古汴河里站着一位大爷，挽着裤管，在拉网。网慢慢拢岸，有鱼在网中跃动，掀起浪花。网上岸，网眼上挂着十数条小鱼，在阳光下鳞光闪闪。

拉网的大爷姓苗，已是八十高龄，许是运河水的滋润，耳聪目明，精神矍铄。

说"运河水的滋润"，可不是随意的浮夸。千百年来，泗县人就用古道里的水灌溉五谷、浇润果蔬。麦子收割完后，还会种上青萝卜。曹苗村的青萝卜甜、脆、多汁，可以当水果一般生吃，口感甚好，闻名遐迩。中国大运河申请世界文化遗产时有国际专家来泗县考察，肯定这里古运河的水质优异，不用处理就可装瓶饮用，几近天然矿泉水。

沿着残存的通济渠大堤往前走，走近祖祖辈辈都居住在古汴河边的苗大爷的家。门前晒着一簸箕古河里捞上来的小鱼。苗大爷说，我们捉来这些小鱼并不鲜吃，而是收拾干净后晒干，然后用辣椒爆炒，就着饭吃，连皮带骨，有嚼劲；或者裹上一层面饼，称"小鱼锅贴"，也"管"（方言，"可以""带劲"的意思）。

就着小鱼锅贴，咪口小酒，运河的千年传说就恰到好处地飘到了桌面上。"隋炀帝下扬州，小米稷子拌香油。"这从皖北口音浓重的苗大爷嘴里淌出来，显得是那般的幽默，还带着几分滑稽。

古运河边有这样的传说：隋炀帝下扬州的龙舟至泗州段枯河头时，水涩舟止，不得不"纳粟行舟"，就是用小米稷子拌香油铺于河底，由两岸上的人拽船滑行通过枯河头段。

这终究是无从考证的民间传说。但在泗县，"枯河头"这个地名是有的，而且它大有来历。据传，当年虞姬自刎身亡，悲痛不已的项羽把虞姬的头颅割了下来，而把虞姬的身体就地掩埋。肩背虞姬头颅的项羽一路搏杀，终是寡不敌众，深知危境难脱了。他下马掩埋好爱姬的头颅，双手合十，遥天一拜之后，跃马乌江。掩埋虞姬身体的地方叫灵璧，掩埋虞姬头颅的地方就是泗县枯河头，民谣称："枯河头，哭活头。"

运河有多长，就有多少传说。运河总是与传说同在。

"汴水东流无限春，隋家宫阙已成尘。"（李益：《汴河曲》）"成尘"的只会是宫阙，而生活必定在小鱼锅贴的香气里伴着传说滚滚向前。

泗州向前，大运河进入了洪泽湖，进入了山阳渎，汇入了后来的京杭大运河，还在现实中流淌。让我们就在泗州且住对通济渠追寻的现实脚步，越过黄河，转向在华北大地上纵横的永济渠的"游子停车试问津"（崔致远：《汴河怀古》）。

永济渠吸收融入魏武时期的运河，于大业四年（公元608年）筑成，自洛阳直达涿郡（今北京），畅通700年。直至元朝裁弯取直、弃"弓"走"弦"，临清以北段汇入了京杭大运河会通河段，继续它樯帆为程的生命，被裁、被弃的临清至黄河北岸武陟"弯""弓"部分则留下了浚县段黎阳仓、云溪桥，留下了滑县段西街村码头、老庙街码头、顺河南街码头、顺河北街码头，留下了新乡卫辉段合河石桥……由盛而衰。在风华耗尽之后自然老化，也就步入了萧瑟晚景，

渐退渐远

步入了"隋堤寂寞没遗尘"（崔致远：《汴河怀古》）的无可奈何。中国的河流区域的分布极不平衡，北方河流少，河网密度低，黄河以北的河网密度仅为江南运河段的1%左右。永济渠南端一旦被裁、被弃，它曾经的河道、曾经的鲜活、曾经的脉动、曾经的波浪粼粼便很快与岁月一起渗入了泥土之中。永济渠的历史睡了，但时间醒着。放眼这片土地上如今蒸蒸日上的生活，就会听到古老文明水浪般的回响。

第八章

至珍千里

大运河在岁月里节节消退，它退过了海河、黄河、微山湖，全程减少了1200余里，仅剩下自鲁苏交界处的大沙河口至杭州市连结钱塘江船闸约1300里的航程。

未断航的京杭大运河义无反顾，豪情万丈地汇入了改变国家命运、民族命运的滚滚洪流。

在大运河堤上奔走的骡车上畅想的创党草图经15人在上海望志路106号李公馆内的激情描绘，运河城市嘉兴南湖一艘游船船舱里的再度刻画，化作了"中国共产党"的横空出世。这个政党历经艰苦卓绝的探索，历经前赴后继的浴血奋战，终于把国家和民族带向了独立解放的伟大历史。她领导的百万军队在夺取辽沈战役的完胜之后，沿京杭大运河古道，由北向南，铺展而去，展开了摧枯拉朽的平津战役、济南战役、淮海战役，直把风卷残云的解放战争推进到长江沿线。

京杭大运河今天通航可达的最北端——大沙河口

　　大运河如射向统治中国 30 余年的蒋家王朝的致命一箭，搭在如弯弓一般的长江之弦上。仅淮阴地区就聚集起 2145 只支前船只，与徐州地区、扬州地区驶来的各色木船一起，装满各种军用物资，沿运河南下，橹声帆影，青篙纤夫，铺满运河，浩浩荡荡，心潮逐浪，把人民军队送过长江，将在船头溅满运河浪花的旗帜高悬至总统府门楼上的旗杆。

　　大运河水淹没了又一个王朝。

　　新生的共和国十分重视京杭大运河。

1955 年，国家交通部水运规划设计院开始研究运河的治理工作，1958 年 2 月拿出了对运河黄河以北段、黄河至长江段、长江以南段进行分段治理的规划方案。然而，由于种种原因，规划止于规划，方案止于方案。23 年之后的 1981 年 7 月，还是这个设计院，编制了《京杭运河（济宁至杭州）续建工程可行性研究初步报告》。我们从几十年里同出一个规划设计院的规划方案中看到的是京杭大运河退却的踉跄身影。

　　大沙河口位于鲁、苏交界处。这是一处平凡至极、普通至极的地方。然而，因为它是雄视百代的大运河在今天通航可达的最北端，是通州的替身，使它有了特别的象征意义和历史意义。我不能不在这里驻足，不能不在这里流连。河面宽阔，船行如梭。举目南眺：左岸嘉禾万顷，右岸阡陌纵横。至珍千里，魂牵梦绕。

　　眼前的运河水道是经过三次大规模整治建设后的成就。

　　第一次大规模整治建设发生在解放初期。那时，由于战争造成航运阻断和长期对航道疏于管养，尽管大运河苏北段镇江至淮阴的 191 公里尚可维持全年通航，但水浅、道窄，是一条船民嘴里"船翘屁股狗跳河"的航道。出于军运、抢险、救灾、恢复国民经济的急迫需要，有重点地展开了对大运河的恢复、整理。各地的清障复航工作是作为一项群众运动全面展开的，仅淮安一县就在航道上挖土 18.2 万立方米，打捞沉石 274 立方米，拔除木桩 207 根，清除水草 15 公里。经过此番整治，大运河苏北段得以全年通航并载重 60 吨位的小型船队。

　　第二次大规模整治建设发生在"大跃进"时期。1958 年 3 月，江苏省交通厅水利厅联合组建大运河工程建设指挥部，指挥北起徐州蔺家坝、南达长江北岸天都庙全长404公里运河航道的拓宽浚深工程。指挥部举全省之力，时称"苏北会战"。工程按运河底宽70米，最低通航水深不小于4米，弯道半径800米，一般边坡1：3施工建设。参加航道拓浚的民工和技工先后达123万人次，最高时工人数达46.6万人（1959年冬）。母送子上开河工地、妻送郎上开河工地的事，乡乡有，村村有。人们干劲冲天，没日没夜地奋战在工地上。父亲肩挑竹筐，一头粮食一头铺盖，汇入了苏北会战的行列中。一辈子种地的他十分自豪地说："这辈子干的最值得开心的事是参加运河苏北大会战，它让我觉得我这个农民是和国家联系在一起的。"

自1958年10月至1961年冬天的三年多时间里，苏北会战累计完成1.3亿个工作日，共挖土石方1.4308亿立方米，建成现代化的大型船闸7座、公路桥3座、铁路桥2座、节制闸4座、穿运涵洞3座。

由于突然袭来的自然灾害和更加突然袭来的外援中断，声势浩大的会战未能以全胜鸣金。1962年10月，大运河建设指挥部奉命撤销，"苏北会战"半途而废。

半途而废的第二次大规模整治建设使京杭大运河苏北段的通航、输水能力比此前提高了近20倍，给运河沿岸的面貌带来了深刻的变化，我们可以从当年流传的一首民歌中体会出苏北运河沿岸农民的喜悦心情："百里长堤似城墙，霎眼一变换新装，一塘河藕一塘鱼，万株果树千排桑。"

第三次大规模整治建设发生在三千年来未有之变局的改革开放的年代里。1981年，时任国务院副总理的万里同志视察大运河。在改革的春天里，国家把能源交通列为发展国民经济的重点，运河以北、以西的晋、陕、豫、鲁及安徽的淮南、淮北等地是国家的重点煤炭基地；

而运河南部的沪、宁、杭是我国重要的工业区，它们迫切需要的能源（煤炭）均来自北方。通过津浦铁路南运，致使津浦铁路南段运力饱和。因此，利用南北大运河分流北煤南运势在必行。万里副总理视察大运河后，第三次大规模整治建设大运河徐州至扬州段的会战旋即打响。

这是一次国家战略行动。为了国家战略，为了改革开放，苏北人民无私忘我地投入到了艰苦卓绝的六年"徐扬会战"中。至1988年底，航道、船闸、港口、补水、通信等工程全面配套的崭新的大运河苏北段展现在世人面前。它是新中国成立以来国家投资最多、规模最大的内河建设工程。它的竣工使大运河苏北段具有了"苏北会战"想达到而没能达到的通航千吨级驳船的水平，单向通过能力达到 3000 万吨。大运河这只火凤凰在国家战略中涅槃，获得了前所未有的崭新生命。

千船过尽，万船始来。水没船帮的载重船在头船的牵引下，首尾相距数里长，逶迤在面阔水深的大运河上，为浦东送去动力，为长三角注入能量，加入到前所未有的经济建设之中。就在这些大吨位驳船往返穿梭的十余年里，中国沿运河东部地区的经济总量实现了翻两番的宏伟目标。惊人的发展！惊人的速度！一位外国记者站在大运河边向世界发出感慨："中国的改革开放从根本上改善了国力与大多数人的生存状况，也改写了全球经济与战略格局。"

节约环境、能源消耗比较低的优势注定运河在国家经济发展建设中作用巨大。2016 年，京杭大运河江苏段运输量达 3.1 亿吨，相当于沿苏北运河的公路网上每天增加 4.2 万辆中型载重货车或者增开 1000 列货运列车。

屏息谛听，运河两岸沉积着一朝又一朝船夫纤客们悲凉的号子或苍凉的滩歌。时空流转，换了人间。昨天满纸泪痕的历史册页终被岁月之风翻过，人类历史文明进程亦如眼前奔腾的运河水，推陈出新，一往无前。

与大运河"徐扬会战"胜利结束同一年，1988 年，中国第一条高速公路建成通车。此后，高速公路每年以约 5000 公里的速度增长，像铺地毯一样，很快将中国铺成了高速公路通行里程世界第一的国家。而大运河沿岸省市则是高速公路网最为密集的地区。

2011 年，中国第一条高速铁路建成通车。此后，高速铁路平均

淮安古运河

每年以数百公里的速度延长，直将中国建成为高速铁路通行里程世界第一的国家。而大运河沿岸省市也是高速铁路网最密集的地区。

随着环境文明被列为国策，经济增长方式的改变成为必然，新能源时代开启了。

三者合一，大运河在国家发展、民生需求上的地位和作用发生了历史性的改变。这种改变不能简单地理解为像1877年铁路、1913年公路在中国出现时的那种作用的下降，伴生断航、消退、湮灭，成了遗产。时间过去100多年，相似的是境遇，绝不相似的是国家力量。大运河在强大的国家力量面前注定不朽。

运河是遗产，但不仅是遗产，更是依然流动在民族伟大复兴现实中的巨大文化存在。它从遥远的邗沟流来，激荡在历史的时空中，

至
珍
千
里

将春秋豪情写满希望的土地。淮安市委市政府喊响"保护运河遗产、传承运河文明"的口号，注释着大运河新的历史命运。

淮安，运河重镇。这里留存着中国运河最早足迹的末口，还有浓缩古建筑精华的镇淮楼，还有蕴含着技术智慧的淮安双金闸、淮安清江大闸，还有洪泽湖大堤上三千年里纤夫踩下的永不磨灭的足迹，还有纪念大文学家枚乘的故居，还有韩侯祠，还有下河镇石板路上被两淮盐商运盐到运河边时独轮车轧出的石沟，还有积满岁月风尘的总督漕运部院、水次仓库和钞关，还有因河而兴的各家会馆，还有运河上不时飘来的《浣纱女》歌声……淮安市投资260亿元，打造淮安里运河文化带，串起清江浦板块、漕运板块、河下古镇板块、洪泽湖古堰板块运河风景，渲染自强不息、厚德载物、包容仁厚、外柔内刚的运河精神。这正是运河不朽的意义。

乘坐运河监理船乘风破浪，越过列入中国大运河世界文化遗产名录的宝应刘堡减水闸，大运河繁衍出的一座名闻遐迩的江左名区、广陵首邑——高邮已铺展在了船头。

"往东南方向走，就是建筑很好、范围很大、很繁华的高邮。人民皆是崇拜偶像，用纸币，臣服大可汗。以经商和手艺为生。养生必需品俱极丰富，盛产鱼类，走兽飞禽各种野味皆甚多。用威尼斯银币一格鲁梭就能买到三只像孔雀那样大的雉。"意大利人马可·波罗写道。

"我们驶经高邮州……该城人口众多，几处郊区也人烟稠密，商业繁荣，景色优美。这里的土地非常广阔肥沃，适合种稻子。我们极目远眺，只见到处房舍叠栉邻比，连成一片，就犹如整片土地上只有一个大镇。"荷兰人约翰·尼霍夫写道。

淮安镇淮楼

淮安古运河上的船闸

淮安市内总督漕运部院

淮安河帅府

"淖，是一大片水，说是湖泊，似乎还不够，比一个池塘可要大得多，春夏水盛时，是颇为浩淼的。这是两条水道的河源。淖中央有一条狭长的沙洲。沙洲上长满茅草和芦荻。春初水暖，沙洲上冒出很多紫红色的芦芽和灰绿色的蒌蒿，很快就是一片翠绿了。夏天，茅草、芦荻都吐出雪白的丝穗，在微风中不住地点头。秋天，全都枯黄了，就被人割去，加到自己的屋顶上去了。冬天，下雪，这里总比别处先白。化雪的时候，也比别处化得慢。河水解冻了，发绿了，沙洲上的残雪还亮晶晶地堆积着。"汪曾祺写道。

43公里的大运河高邮段铺满名人写高邮的名句，令人神往。

大自然十分钟情于高邮，赐予它的是一片湖天沃土。周敬王三十四年（公元前486年）伍子胥凿邗沟，从高邮南的武广、陆阳二湖之间穿越，注入城北的樊梁湖，高邮成了运河要津。秦始皇统一中国后，于公元前233年在这里筑高台，置邮亭，设驿道，不仅赋予了它2000多年沿袭未改的"高邮"这一地名，更提升了它的历史地位。元、明两朝，境内先后设置界首驿和孟城驿，建立起境内递铺，形成了完备的邮驿网路，成了淮海论要地、秦家旧战图，成了"此地冲繁秦代邮，百千舟过泛中流"（韦柏森：《秦邮竹枝词》）的胜地。如果没有贯通南北的古邗沟，如果不是高邮地处邗沟要冲，秦王朝还会不会在这里置邮亭？历史就钟情于斯，千秋传承的邮驿火炬照亮了这片土地。邮是它的历史，镌刻着风云嬗变、岁月沧桑；邮是它的使命，系结着社稷兴亡、家国忧乐；邮是它的文枢，幻化出世代风流、无数传奇；邮是它的魂魄，凝聚着运河边这座城镇生生不息、执著奋进的神和气。

有着600年历史的孟城驿，驿名源自秦少游《咏乡》，现已辟为

至珍千里

邮驿博物馆。驿站规模宏大，是中国，也是世界上规模最宏大、保存得最完好的古驿站遗存。它的存在使中国2000年的邮政史变得可触可摸、可抚可感。驿马邮船穿越隋、唐、宋的风雨，谱成煌煌诗篇；差夫邮役饱经元、明沧桑，立下赫赫功勋。

这不是高邮历史地位的全部，也不是高邮历史精神的制高点。咸丰元年（公元1851年）授高邮州知州的魏源站在这片土地上"睁眼看世界"，把高邮带到中国近现代思想史的最前沿。这位19世纪末的中国改革开放先驱与时任江苏巡抚的林则徐往来甚密，提出了"以夷攻夷""以夷款夷""师夷之长技以制夷"，公务之余整理著述，将完成于道光二十二年（公元1842年）的50卷本《海国图志》修订增补至百卷，囊括了世界地理、历史、政制、经济、宗教、历法、文化、物产。他在运河流过的土地上思考、探索强国御侮、匡正时弊、振兴国脉之路，为黑暗如磐的中国推开光明的窗口。是他，自高邮开启了了解世界、向西方学习的新潮流；是他，自高邮竖起了中国思想从传统转向近代的标志。

高邮，一枚钤印在人类文明史上的神奇邮戳，出古入今，弥久弥珍；高邮，一枚深烙在中华民族改革开放史上的徽标，见识世界，见证中国。

马力全开的运河监理船离开"河湾水浅翘秋鹭，柳岸风微噪暮蝉"（徐铉：《邵伯埭下寄高邮陈郎中》）的高邮，天浮运河长，树入青山低，扬州在望。

首先映入眼帘的是"扬州船娘"的历史剪影："船娘的姿势也很优美；用以撑船的，是一根竹竿，使劲一撑，竹竿一弯，同时身体靠上去着力，臀部腰部的曲线和竹竿的线条配合得异常匀称，异常复杂。

若当暮雨潇潇的春日，雇一容颜姣好的船娘，携酒与菜，来瘦西湖上游半日，倒也是一种赏心的乐事。"（郁达夫：《扬州旧梦寄语堂》）

大运河把扬州洗涤得富丽堂皇，也滋生、培育了与之相匹配的民俗文化，船舫、戏馆、书场、面馆、酒肆之盛，难有相匹者。扬州的有钱有闲之人早晨逗留于茶社，午后则流连在浴室，就是所谓的"早上皮包水，午后水包皮"。也有说扬州人喜欢灌汤包和馄饨，前者皮包水，后者水包皮。而由运河水荡亮的扬州"三把刀"更是无人不晓，是运河扬州特色文化的一部分，是悠久历史的象征。

第一把是厨刀。扬州厨刀下诞生的淮扬菜是中国四大菜系之一，鲜淡平和，南北皆宜。清蒸蟹粉狮子头、扒烧整猪头、拆烩鲢子头这"三头"更把这一菜系的菜品推上了难以企及的高度。当然，"凡治菜以烹庖得宜为第一义，不在山珍海错之多，鸡猪鱼鸭之富也"（钱泳：《履园丛话》），而在化腐朽为神奇。淮扬菜中最闻名的不是什么山珍海味、河鲜异品，而是大煮干丝。豆腐丝而已。将1.5厘米厚的豆干片成24片，再切成薄如纸、细如线、均如发的丝，显示着扬州厨刀的功力。而文思豆腐羹则显示着扬州厨刀的出神入化：面前是一块鲜嫩的豆腐，大厨先将厨刀浸水润滑，右手握刀，左手食指轻抚豆腐，大拇指紧贴厨刀刀面，其他三指作支撑，刀落迅捷有力，案板发出"咄咄咄"脆而匀的声音。第一刀切完，大厨用刀面将切过的豆腐向一侧轻轻按压，让已成片的豆腐均匀地向一侧倾倒，用厨刀划些水淋在豆腐上，再切第二刀。又一阵更脆更匀的"咄咄"声响过，用刀面将切过的豆腐托起轻轻地置于放有清水的盆钵中，轻轻晃动盆钵，被切过的豆腐在水中散开，散成长短均匀、根根如发的豆腐丝，像纤细的珊瑚，令人叹为观止。

至珍千里

第二把是剃刀。剃头挑子的一头是一只有着三个抽屉的长方凳，抽屉里分别装着剃头用得着的各色工具；另一头是一只小火炉，炉子上置一只铜盆。阳光暖暖地照着，顾客坐在长方凳上，围着干净的白围布。剃头佬从抽屉中拿出剃刀。剃刀刀身长约三寸，脊厚刃薄，柄木质，中间枢纽相连。剃头佬先将剃刀在一块麂皮上荡几个来回，锋利了，再挥向头皮，长发旋转飘落。头发剃完了，小火炉上的水也差不多开了，兑好温水，给顾客洗头。洗过头，开始给顾客修面。在铜盆里搅出一块热毛巾敷到顾客脸上，过一会儿，揭去热毛巾，用一把软毛刷把皂角泡沫涂在被热毛巾敷软了的胡须上，手腕起，刀锋闪电般划过，一闪又一闪，被膨大的白色泡沫包裹着的胡须被轻轻柔柔地刮净。再给铜盆里加进热水，再搅一块热毛巾擦过顾客刮净的脸皮。毛巾划过，脸上腾起一层水气。剃头佬随手一甩，毛巾准确地搭在了三步之远的铜盆的边沿上。再拿出剃刀，将刀背横放在顾客的后颈，由上至下轻轻地一拖，紧接着，靠着手指的力度，拿捏着刀口也在后颈由上至下弹跳。这叫"弹刀"，非扬州剃头佬不能的"绝活"。如此这般反复几次，顾客微闭着眼睛，嘴里发出丝丝拉拉的声音——这是对"弹刀"带来的酥麻快感来自心底不由自主的赞美。接下来，剃头佬又用剃刀的顶端抵住顾客的眉心，然后轻盈地来回刮动，直至眉心处出现一块淡红的印记才最后收住剃刀，顾客顿觉神清气爽，鼻通开窍，通体舒泰。扬州剃头佬的这绝顶功夫被六下江南、六游扬州的乾隆御赐"一品刀"，也由此闻名天下。

第三把是修脚刀。"混堂，天下有之"，"纳一钱于主人，皆得入澡焉"（郎瑛：《七修类稿》）。混堂即浴室，也称湢，扬州称"澡堂子"。澡堂子由来已久，而澡堂子里的各类服务也是与时俱进，逐渐丰富起来了。至少到宋代，澡堂子里有了专门搓背的人：
"水垢何曾相受，细看两俱无有。寄语揩背人，尽日劳君挥肘。轻手，轻手，居士本来无垢。"（苏轼：《如梦令·水垢何曾相受》）而修脚佬则是自扬州澡堂子最先出现。他们拎一卷布包袱，包袱里包裹着口窄轻便的平刀、厚而坚硬的锛刀和嵌趾刀、刀薄柄扁的铲刀和刮刀，全套分大小两种，大套12把，小套6把，刀型不同，用途各异，专门为浴客提供修脚服务。他们围半长围裙，自带一张小矮凳坐在浴客面前，将浴客的脚抱到怀里，操刀上阵，锋利的修刀贴近脚趾甲轻轻一转，长出脚趾的那部分指甲纷纷脱落而绝不用担心会伤及皮肉；换一把刀，唰、唰、唰，将你脚跟脚掌的老皮削得细屑乱飞。削毕，拿热毛巾一擦，侍奉过的脚圆润光滑；或撕胼胝，或修嵌残甲，那份娴熟、那份专注，像是庖丁解牛，像是匠师雕玉。更神奇的是，他们由技而医，脚上的鸡眼、脚气之类，手到病除。大运河把扬州修脚佬带向四方，成为运河沿岸甚至更远的城镇浴室的标配，是浴室层级、品味和服务质量的象征。

　　"三把刀"无一把不是运河水镀亮的，足见扬州民俗文化的繁荣，足见扬州"水文化"的昌盛，几乎可以称之为运河城市水文化的代言者。

自瓜洲古渡越过长江，"潮平两岸阔，风正一帆悬"（王湾：《次北固山下》），有着"天下第一江山"美誉的镇江到了。

镇江，历史上称京口，因此，镇江的运河入江和引长江水入运河的设施大部分以"京口"称之。大京口、小京口、甘露港、丹徒口、谏壁口（又称越河口）等通江口是船舶通航和引潮水的设施，是经历漫长的年月，由许多朝代不断开挖、修建而成。这些沟通长江和江南运河的工程使镇江成为运河与长江交汇的水路要津，成为江南漕粮、贡赋、丝绸等物资北运京师的最重要的也是唯一的港口，成为北运物资最盛的码头。明永乐年间，仅年漕粮就有 160 万石，其商贸盛况在江南仅次于苏州而居第二。

江边待渡亭和亭内书着的"念难惜别，恭奉胜迎"嘉勉良言的汉白玉石刻、港口半亭和街道旧居门楼上的历代名人题刻、元代喇嘛教风格的昭关石塔（这也是江南唯一的过街塔）、沿街的飞阁重檐、青石拱门炫耀着的繁华与辉煌令再涉江南的我频频驻足。

也许，街旁某幢青苔侵阶、重帘深掩的骑楼窗口就是王安石写下"春风又绿江南岸，明月何时照我还"千古名句的地方；要不就是吴梅村应召入京，因风浪阻行、徘徊吟咏的借寓。谈迁的《北游录》、马可·波罗的《马可波罗游记》、陆游的《入蜀记》、范大成的《吴船录》对这些经典的倾心刻摹就是运河水珠随意溅洒在京口古渡或亭、或坊、或庙、或寺上的斑迹，就是留下了随处可觅的缠绵、随时可感受的温馨和浪漫。李白、孟浩然、张祜、苏轼、米芾、董其昌等历史上的文豪才人一生中只要出一次门，只要过一回江，那么他必经镇江，那么一定能在京口找到他们的行迹。他们在江山瑰丽、客况寥落时写下的名词佳作，则将长江与运河汇结的重镇直接推进了历史深处而千古流芳。

我们自谏壁船闸由长江进入了白居易描绘过的"平河七百里，沃壤二三州"的江南运河，也就是踏上了"机杼耕稼，……衣食半天下"（《全唐文》）的富饶之地。

我对长江连接京杭大运河的谏壁船闸有着特别的感情，它身上凝结着我的父老乡亲的汗水。它于1976年2月正式开工建设。我的父亲、我的乡亲像军人接到参战的命令那样，在那年那月接到了建设谏壁船闸的通知，收拾起简单的被褥，走过百里，加入了劳工队伍中。断断续续，先后5年，直至1981年1月，谏壁船闸宣告建成通航。

我问闸室净宽20米、长230米、门槛水深4米的船闸：你身上的哪一块石头是我父亲的双手打磨的？我问底宽40米、长800米的

长江连接京杭大运河的谏壁船闸

与大运河苏南段衔接的船闸引航道：你身上的哪一块石头是我的乡亲用双肩扛来的？我问底宽50米、长1500米的与长江相汇的引航道：在垒砌你的时候，我的父老乡亲呼喊着怎样的号子？船闸以它的厚重和坚固回答：以年2000万吨的通过量回报建设船闸的运河沿岸人民。

耸立的谏壁船闸不知疲倦地注视着有灵性的苏南运河与滔滔长江相遇时激荡出的一个又一个梦想般的旋涡，闸起闸落，放飞着运河的梦想。

"汉时，有金牛出山东石池，到曲阿，入栅断其道，牛因骤奔，故名。"（《舆地志》）这就是常州境内奔牛小镇的镇名的由来。

与蛮牛的传说相映成趣的是，一位国色天香的美人奔出此镇一个叫四亩地的村子，牵系了明清两朝的衰兴更替，她就是被吴梅村誉为"一代红妆照汗青"的薄命女子陈圆圆。

悠久的文化氛围、浓郁的书香墨芬使奔牛女陈圆圆不仅精于昆曲，且作得一手好词，一阕凄婉的《圆圆曲》令多少人吁叹长恨。当然，与镇史里2400多年运河的厚重比起来，这些就不值一提了。

北宋元符二年（公元1099年）晚些时候，作为江南运河最艰难的一段、漕运的"麻烦制造者"，大运河常州奔牛段被朝廷列作了重点治理的对象。斯年建成的奔牛闸代表了当时国家科技的最新成果，极大地改善了运河的通航和水源储备能力。它的修建使苏东坡"东来六月无井水，仰看古堰横奔牛"的感慨得以结束，财富与机遇也从此意外落在了这座小镇的头上。黄震在《黄氏日钞》中写道，这里仅"船脚、脚夫平生靠运米以谋食"的店铺就"数逾百家"，这自然还没算上饮食、绸缎、妓院、歌馆这些更赚钱的行业。

一百多年后。南宋嘉泰三年（公元1203年），常州知军州事赵善防再发重兵，对奔牛至常州的 30 余里运河进行重大维修。竣工后的次年，请出 81 岁高龄的大诗人陆游为新闸作记。浪漫主义诗人用现实主义的笔调写道："朝廷在故都时，实仰东南财赋，而吴中又为东南根柢。……苏常熟，天下足。故此闸尤为国用所仰，迟速丰耗，天下休戚在焉。"

岁历翻到 20 世纪 90 年代，对此段运河的整治工程再次登场。整个工程历时两年，使此段运河的航行困难得以彻底克服，货运量提高了 3 倍以上。

每次对江南运河治理，畅通的是运河，创造和留存下来的是与运河连结在一起的文化，使江南运河文化在这样的不断的历史积累中日益博大精深。

过奔牛，常州在望。

常州古称毗陵、延陵，是那位闻弦歌而知雅意的季札的封地，也是这位大儒弃世退隐的地方。由此大可揣量出常州历史文化的悠久、纯厚。

这是钟子期和俞伯牙赏琴的地方，高山流水成了这方土地永远的情怀；这是文化全才苏东坡前后十一次舣舟的地方，这位词、文、书法皆可雄视千年的文化巨匠最后定居在这里，直至仙逝；这是乾隆下江南驻足的地方，写下的"玉局风流"匾额迄今悬挂在这里……

"本府东西二门，官塘大道，西通京国，东接闽越，其间进献文物，部运钱粮，公干官员，并备送人夫，传递文书，日夜不绝，实朝廷筋脉之路，小民喉舌之道。"我默诵着弘治年间御史汤沐的奏疏，自西门进入常州。

常州，"江左大郡"（梁肃：《独孤公行状》），织造业、造职业、农桑、手工制品等名扬四海。元政府将常州升格为路，常州"江右各区，中吴要辅"的地位更高，都市经济也跟着愈加繁荣。自宋代起，常州城内就设有织罗务、窑务、造船场、药局、杂造局等官营手工业作坊，同时还有大量生产"晋绫绢"的私人作坊。官、私作坊生产的紧纱、龙凤细席等都是有名的贡品。常州运河边的毗陵驿是明清时代过往官船、驿马歇宿之所，又以生产篦箕著称，常州篦箕经大运河销往全国各地、世界各地。常州有条店铺林立的商业街，集散沿运河而来的南北各色水果，使之有了"千果巷"的名字。千果巷终日人声鼎沸，为商客服务的旅店、酒馆的生意红火得很，不预约根本住不进、吃不上。

常州的运河河道很宽，临河民宅枕河而筑，门对街市，后临运河。青石砌成的码头从岸边一直延伸到河中去，既当做靠船、上船和装卸货物的码头，又作为汲取生活用水和洗菜、淘米的站脚台。需要生活日用品的居民会从临河的窗户放下一只用绳子牵着的竹篮来，向乘船沿河叫卖的商贩说一声要什么，商贩应着将物品和找好的零钱一起置于竹篮中，居民再将竹篮吊回。木板搭就的露台悬挂着彩色的衣服，万国旗一般随风飘展。这幅祥和安逸的市衢图画令意大利人马可·波罗、荷兰人约翰·尼霍夫、英国人斯当东等凡见到过的外国人心旌摇荡，看得他们如痴如醉。光阴转换了时空，如今霓虹闪烁，灯光楼影，摄入运河的是一幅完全现代化的倒影。《红楼梦》第一百二十回写道，贾宝玉在毗陵古驿船头别父，被一僧一道挟持，飘然登岸而去。船头别父的贾宝玉见到的如果是今天的常州图景，不知道他还会不会遁入空门？还会不会走进佛佛道道的千年古庙？

常州是大运河江南段水源的重要分界线。以东部的戚墅堰为界，上引长江水，下接太湖浪。解放后对运河常州段进行过多次整治，以2002年开始、历时5年的常州段新运河开筑工程规模最大，概算总投资29.97亿元，使运河口宽达90米，底宽60米，设计水深3.2米，成为苏南第一条三级航道，运力比旧运河增加了11倍。

古水凝秀气，舣舟此地，听一曲高山流水；新河地运开，千秋传承，创一回玉局风流。漫步常州运河之滨，就是漫步在杰出人物的方阵之中。山川形胜与逶迤运河珠联璧合、交相辉映，缔造着名城的内涵，塑造着名城的个性，书写着名城的传奇，积淀着名城的华渥，累积着名城的灵性。瞿秋白、张太雷、史良、刘天华、刘半农、陈衡哲、袁静、

梅志、吴青霞、陆小曼、周璇等长河锦鳞，承续着千秋名城的绵长文脉，演绎着文化常州的姿韵风流。江南水色多名士，不教明月独千秋。

江南灵性，灵性江南，都离不开眼前这条灵性的河。

过常州，就进入了中国运河的源头——无锡。

太伯渎在这里，宛如一缕白色长髯，飘拂在民族历史的胸前。它的意义也只有盘古开天辟地那一次可以与之相提并论了。如果说有什么不同，仅在于前者是史实，后者是传说。它高贵地沉默着，因为它无须发声，三千年的历史荣耀都在蜿蜒的波光里。

无锡市区内，古运河与新运河交汇处有黄埠墩。天晴的日子看黄

京杭大运河今日常州段

无锡市区内古运河与新运河交汇处的黄埠墩

埠墩，有如一粒青螺置于银盘中。黄埠墩神奇！神奇在枯水时它在，涨水时它也在，从来没有人见过它因枯水而凋零，因涨水而被淹没。洪水淹不没，枯水不见底，水涨水落都在度外，就那样不惊不慌、从容不迫地矗立着，相伴运河到永远。

德佑二年（公元1276年）正月，宋廷任命文天祥为右丞相兼枢密使，前往元军大帐谈判。结果，不肯屈膝的文天祥被元军扣押。元军押着文天祥沿运河北上，运河两岸的大宋臣民一路跪送。囚船经无锡，泊于黄埠墩，文天祥吟悲歌一曲："英雄未死心为碎，父老相逢鼻欲辛。夜读程婴存赵事，一回惆怅一沾巾。"（文天祥：《无锡》）

大运河，源自太伯渎，魂在黄埠墩。

在中华大地上先后崛起过的灿若繁星的古城有周的成周、齐的临淄、鲁的曲阜、郑的新郑、宋的商丘、楚的郢、秦的雍……然而，它们在岁月脚步的踩踏下最终归于废圮湮灭，都在历史的天空中相继陨落。唯有苏州是个例外。自太伯的后人、吴王诸樊于公元前514年前后将都城自无锡梅里迁往这里始，2500多年过去，依然屹立在原来的版图上，依然生机勃勃。"苏州城之古为全国第一，尚是春秋时物；其次为成都，则战国时物。"（顾颉刚：《苏州史志笔记》）苏州，名副其实的中华"第一雄州"。

抚摸这里一块块泛着青光的墙砖，就是触摸悠久厚重的历史。风物雄丽的"江左一大都会"为什么能穿风越雨、经久不衰、历时弥新？最重要的原因之一是水，是水渗进了它的每一个毛孔，滋润出如此精美不朽的传奇。

吴王所筑的都城由小城、大城、外郭组成。小城四周有供吴王乘锦帆以游的濠；大城"陆门八，以象天之八风；水门八，以法地之八卦"（陆广微《吴地记》）；至于外郭，更是水网纵横，与运河相接。水是苏州的灵魂，运河是苏州的胆魄。离开了水，离开了运河，苏州就丧失了灵性，丧失了风采，就会像一朵枯萎的艳丽的花。"处处楼前飘管吹，家家门外泊舟航。云埋虎寺山藏色，月耀娃宫水放光。"尽管这是任刺史的白居易在"阊门闲望"时看到的苏州城里城外的景色，但我以为他同时看到了水城苏州繁华的理由。"水道脉分棹鳞次，里闾棋布城册方。人烟树色无隙罅，十里一片青茫茫"（白居易：《九日宴集醉题郡楼兼呈周殷二判官》），赞美的是苏州城市的空间布局和繁盛景象，其实也说出了苏州之所以繁盛的原因。

苏州因水生，因水兴，因水昌，因水盛，水使它成为东南之冠："嘉禾一穰，江淮为之康；嘉禾一歉，江淮为之俭。"（李翰：《苏州嘉兴屯田纪绩颂并序》）"况当今国用，多出江南；江南诸州，苏最为大。"（白居易：《白香山集》）运河与娄江在苏州交汇，使苏州具备了内河航运和海上交通的双重便利。于是，"山海所产之珍奇，外国所通之货贝，四方往来，千万里之商贾，骈肩辐辏"（《皇朝经世文编》）。于是，"长安南下几程途，得到邗沟吊绿芜。渚畔鲈鱼舟上钓，羡君归老向东吴"（崔颢：《维扬送友还苏州》）。天南海北的商贾云集苏州，同乡加同行的商人建立起的会馆如雨后春笋，遍布全城，最盛的明清时期，全城有160多处会馆，"最是红尘中一二等富贵风流之地"（曹雪芹：《红楼梦》）。

苏州素有"绣市"之称，美观实用的苏州丝绸产品久负盛名。一幅《姑苏繁华图》把苏州丝绸市场的盛况描绘得淋漓尽致。画面上有

230多家有市招的店铺，其中最大、最突出的正是丝绸业店铺。七间门面、两层楼的丝绸大店，气势赫然，长达六间门面的横幅广告悬挂在楼上，上书24个大字："本铺拣选汉府八丝壮莽大缎宫绸茧绸哗吱羽毛等货发客。"宋锦、绫锦、苏绣使水滨苏州如云霓般灿烂。

运河苏州久负"城里半园亭"的美名。拙政园、留园、网师园、环秀山庄、沧浪亭、狮子林、艺圃、藕园、退思园等遍布城廓的园墅是一道文化奇观，它们在有限的空间里，以山池、亭阁、花木参差点缀，加以潺潺流水，虚实相间，动静结合，创造出"咫尺山林"的艺术境界。凿运河的春秋战国时代在城内和郊外山水间建造的夏驾湖、姑苏台、梧桐园是苏州园林的滥觞。之后的苏州人将之发扬光大，不断出奇、出新，聚石引水，植林开涧，少时繁密，有若自然。至于明清，第宅园林达到了巅峰，亭台间出，桥梁浮波，平淡疏朗，简约朴素，成为运河名城典雅别致的名片。苏州园林是水的结晶，是运河载来的繁荣的经济之树上开出的花朵，是翻卷的运河浪花凝固在一座城市里的绝美结晶。

"君到姑苏见，人家尽枕河。古宫闲地少，水港小桥多。夜市卖菱藕，春船载绮罗。遥知未眠月，乡思在渔歌。"（杜荀鹤：《送人游吴》）这是晚唐诗人眼中的苏州。今天的苏州是两岸高楼耸立，大厦崛起，运河穿城过，经济随河飞。苏州的繁荣是历史合乎逻辑的延伸，是大运河积淀在这片土地上的巨大力量的必然迸发。

苏州就是运河文化的标本，就是运河精神、运河魂魄的一个传奇神话。

至明代，苏松一带出现了资本主义萌芽，运河沿岸呈现出五里一集、十里一镇、五十里一城的盛况。横塘，运河之畔的又一个普通小镇，因处运河渡口而热闹非凡。震泽镇，元时仅有数十户居民，因运河流经这里，到清乾隆晚期时已是民居百倍于昔，绫绸之聚亦且十倍。四方大贾辇金至者无虚日，每日为中市，舟楫塞港，街道摩肩。

这些在历史上先后崛起的城镇不仅是古代经济繁荣的象征，也是文化昌盛的标志。大运河在开凿过程中所建的堰、坝、塘、磴创造出了与运河连结在一起的运河水文化。航行在大运河上，就是行走在一条瑰丽无比、深邃无比的文化长廊上，因运河而建、仗运河而兴的闸、寺庙、书院，还有沿岸比比皆是的镇水之塔、过河之桥、渡口之亭、造船修船之坞，把长廊渲染得璀璨、辉煌。

过苏州，我们航行在吴江与平望之间。正值薄暮时分，水底夕阳的残美令人惊惧。眼前这清澈的水波是京杭大运河中最古老的部分，它出生于吴王夫差、越王勾践的年代，在中国大地上以它特有的激情与风姿流淌了2000多年，在邗沟还远在吴王的思考之外时，此处河面上的船只已经在破浪剪水，积蓄着吴、越间争霸的力量了。

曾是3000多里的京杭大运河，现在唯有此处可见历史的纤道。为了保证运河的正常航行，当年的人们专门在河堤边修筑供纤夫拉纤行走的通道，它是运河设施的组成部分。由于技术和财力方面的原因，隋代以前的运河河堤几乎全采用将土方夯实的原始方法。日晒雨淋，雪压霜侵，特别是汛期时湍急的水流冲击土岸引发的河道塌陷，致使纤道坑坑洼洼，长年累月行走在上面的纤夫们十分辛苦、十分艰难。

唐元和五年（公元810年），新任吴江知县来到运河边察看。严重的塌方与堵塞一定令他很不安，纤道的凹凸不平也一定使他很感慨。于是，他下决心在自己的任期内使吴江段的运河堤岸面貌发生改观。

是仿效晋时吴兴太守殷康开狄塘用的方法，还是学习杨广时代沿岸植柳固堤，还是照搬北宋江淮发运使李溥抛石固岸？新任吴江知县觉得这些办法都不牢靠，都不能久远。最好的办法是用石砌护岸，由此建成的纤道更有利于纤夫行走和使力，船只的航行速度也会因此而加快。

接下来的日子里，新任吴江知县征来民夫和石匠，民夫负责采石，石匠负责垒砌。由三四吨重的青石垒筑的驳岸傲然在吴江与平望之间的运河沿岸！

由于江南采石困难，也由于这项工程过于艰难繁重，这样的塘道在这位佚名的吴江知县任内只完成了短短几公里。

然而，就是这短短的几公里，成了三千里运河上的"唯一"。"吴江塘道"成为京杭大运河历史上的亮色和荣耀。

横卧在暮色水波里的塘道，黝黑光滑，苔痕深深，在落日残照中闪显着一位古代地方官员的政绩和品格的光辉。眼前的这些经人工打磨过的石块犹如书页，犹如简洁的文字，在时间中打开，叙说一个民族的智慧和力量。

孔门七十二贤之一的澹台灭明来到苏南，在吴江塘道一侧的湖边上收徒讲学，为苏南的文明大厦垒砌儒道的基座，后人将这个湖称作"澹台湖"。

运河因为有吴江塘道而变得生动，而澹台湖提升着运河文化的底蕴。

苏州的古运河从传说被乾隆皇帝错念的浒关南下，到"月落乌啼"的寒山寺前东拐，进入土塘河，再进入阊门外的护城河，过胥门，奔吴江塘道，穿过鸭子坝，进入江南运河浙江段。

苏州胥门

京杭大运河浙江段出平望，有东线、中线、西线之分，三线均达杭州。历史上以东线为正线，今天则以全长200里的中线为正线。中线上有乌镇、练市、新市、塘栖，它们无一不是运河岸畔名声赫赫、经济翘楚的文化重镇，以骄人的业绩享誉杭嘉湖地区。

我们选择走东线，一是因为中线是自然河流，无法满足我凭古览史、风云烟雨的襟怀；二是因为深情的运河流经嘉兴时留下了一艘永远的红船。

不是有水的地方都可被称为天堂，但可以被称为天堂的地方一定在水一方。譬如杭州，江、河、湖、海、溪，五水滋养，独一无二。

隋大业六年（公元610年）冬十二月，穿凿江南运河，自京口至余杭800余里，广10余丈，直抵杭州城北。大运河的开通使杭州及其附近城镇川泽沃野，有海陆之饶、珍

京杭大运河与杭州西湖连接处

异所聚，故商贾并凑。唐代开筑的运河与杭州城市区直接沟通，杭州由此成为东南名郡，咽喉吴越，势雄江海，骈樯二十里，开肆三万室，变得"路溢新城市，农开旧废田"（元稹：《代杭民答乐天》），变得舟楫辐凑，望之不见首尾，由是钱塘富庶，盛于东南。

南宋定都于此，开挖疏通运河，穿钱塘市而入于江，第一次将穿城而过的运河与钱塘江连接起来，直通东海。杭州自此变得朝昏晴雨，四序总宜。明正统七年（公元1442年），巡抚都御史周忱自北新桥起，筑塘岸万尺，建桥72座，水陆并行，迤北而东至崇德县界，运河与城内水系畅通，杭州市区内的运河因此面貌一新。清代，因为"运塘河路，利济攸关"，康熙九年（公元1670年）再兴工治理下塘河，"历一载，筑成石塘四千三百八十三丈，桥六百二十三洞。虽以工费不继，未及竣工，然来往利涉漕艘通行，民商称便焉"（《杭州府志》）。在运河的带动下，杭州城"东北隅数千家之男女"皆谋织业，"东园中，轧轧机声，朝夕不辍"。民间机户万计之数，拥有千台织机，三四千人的大型丝织工场已经出现，孩儿巷、贡院后及万安桥西一带三鼓则万手雷动。

"绿浪东南西北水。"运河把黄河文明、长江文明、海河文明、淮河文明带到这里，沉淀到这里，渐渐人烟生聚，民物阜蕃，市井坊陌，铺席骈盛，通衢坊巷，连门俱是。春之燕语莺歌，夏之荷钱榴火，秋之金凤玉露，冬之梅红雪白，四时之美，齐集于斯，使这里有了红栏三百九十桥，有了人间天堂的资格和底蕴。一座富丽堂皇的城市因运河的兴盛而矗立在东海之滨。

东南形胜，三吴都会，钱塘自古繁华。烟柳画桥，风帘翠幕，参差十万人家。云树绕堤沙，怒涛卷霜雪，天堑无涯。市列珠玑，户盈罗绮，竞豪奢。重湖叠巘清嘉，有三秋桂子，十里荷花。羌管弄晴，菱歌泛夜，嬉嬉钓叟莲娃。千骑拥高牙，乘醉听箫鼓，吟赏烟霞。异日图将好景，归去凤池夸。

——柳永：《望海潮》

"曲家圣人"关汉卿驻足杭州，赞美这里"普天下锦绣乡，寰海内风流地"。

马可·波罗在他的游记中更以欣羡的笔调赞美这座城市："这座城市的庄严和秀丽，堪为世界其他城市之冠，是一座'天城'。街道宽广，运河宽阔，交通四通八达。城内除了不计其数的店铺，还有许多广场和市场，有许多人来此交易。在距运河较近的那一边岸上，建有容量达百万石的石筑仓库，供给从印度和其他东方来的商人，储存货物及财产之用。运河将全国各地的物品运来杭州。杭州亦是个大海港，吸引着许多外国蕃客商旅。杭州西湖增添着杭州的美丽，有许多高官贵人在此修筑房屋，又有不少庙宇寺院。湖心有两个小岛，岛上有壮丽的建筑物，居民时常在这里举行婚礼、宴会。"

没有写进游记里的还有马可·波罗对杭州女子的赞美："这里的女性多是发髻高峨，衣饰华丽，还不单是一个'华丽'能了得的！到杭州时已经入夏，杭州女子的衣着薄如蝉翼而无袂，罗裳轻柔飘漫，皆半袒酥胸，玉臂磊落，即便是在街面之上，丝毫也不避讳摩肩接踵的男人，朗朗嬉笑如常，款款落落地一路走去，裙裾婆屑，毕现了的体态婀娜，美艳无限。"

这就是"天下美女出苏杭"的盛景了。她们是天堂水做的。她们是天堂水漉洗出来的。水做的她们走在如珠之水的西湖边，淡妆浓抹总相宜。

千年过去，大运河杭州段仍然是新的历史时期水上交通的重要通道，担负着全市50%以上的货运量。铁路、公路等运输方式难以完成的大宗货物、特大件和超笨重货物的运输令大运河杭州段发挥着独特的运载优势。

很长时间里，我们一直在说大运河沟通了我国五大水系，其实，由于整个河段水位不一，大运河并未能真正与钱塘江连成一起，江、河并不通达，这从根本上梗阻着大运河的畅通，制约着运河货运量的增大，制约着杭嘉湖地区日益增长的经济总量对交通需求的热切呼唤。杭州人从打通运河与钱塘江的连接开始，拉开了全面整治大运河的浩大工程。

他们投资亿元，在大运河与钱塘江的连接处建设三堡一线船闸。经过三年奋战，建成通航，实现了大运河与钱塘江的真正沟通。由北向南穿越杭州市区的大运河携带沿岸不断崛起的城乡经济赋予的巨大推动力量，冲过闸门，汇入汹涌澎湃的钱塘江潮。

江河贯通，大运河杭州段成了沟通皖南、浙西、浙东、上海和苏南的水上大通道，千船驶过万船至，过闸的船舶上升到每昼夜4000余艘，平均每分钟2.7艘，三堡成了黄金之闸。然而，此时，大运河杭州段航道现状的问题又凸显出来。例如，市河河面，最窄处只有13米，一段5公里的航道有5处急弯，通行能力受限，事故频发。有的段落，河床露出水面，成了两岸市民的天然垃圾场，加上两岸房屋陈旧，让人觉得杭州很破败。

不下重手，难有巨变。浙江省和杭州市投巨资用于改造旧河道，开挖河道，砌石护坡，裁弯取直，新建桥梁，终于把运河改造成护岸坚固、河宽水深、平直畅通的新航道。

接着，他们乘胜追击，对杭州市区以北的大运河段展开大规模整治工程，打通40多公里航道上的六大瓶颈，改造了所有碍航桥梁，航道全线加宽、浚深，加大弯曲半径，提高桥梁净空高度，改五级航道为四级航道标准。

连接京杭大运河与钱塘江的杭州三堡二线船闸

杭州运河港码头是一个千年古港，是由围堰造岸式自然岸坡发展而成，陈旧简陋。港内濮京码头更是破旧不堪。杭州人引进瑞士政府优惠贷款，建港口，修码头，设施先进、年吞吐量达100万吨的新码头诞生在大运河的最南端。杭州人一鼓作气，再建成江、河、海配套的钱塘江六堡海运河码头。现代化码头像是至珍千里的大运河的最后句点，点落在天堂水边，孕育万艘相衔的当代壮举，书写舟飞船来的现代文章。

　　再接着，杭州人投入更大的资金，开辟京杭大运河第二通道，工程完成之后，大吨位运输船舶改走下沙八堡船闸，大运河杭州市区段则可以得到更多的保护，以发展旅游和推动历史文化的保护传承，这种"双轨制"的实现使千古大运河实现了在保护中开发、在开发中保护的愿景。

　　如今，京杭大运河杭州段南起钱塘江三堡船闸，北至武林关码头，全长37公里，贯穿杭州市余杭、拱墅、下城、江干四个城区，一碧如洗，水清鱼跃，两岸绿树成荫，成为与"天堂"之誉相称的风景，蜿蜒城中。

　　登上古老的拱宸桥，遥想康熙、乾隆下江南泛舟运河的盛况；抑或徜徉于桥西历史街区，领略明清民国大运河沿线市井生活；抑或流连于大批由近现代工业厂房改造成的博物馆区，大运河的前世今生扑面而来……不一样的水上杭州，值得"再留一夜"。

三岁那年，我病了。病势很凶，高烧不止，烧得昏昏沉沉，气息奄奄。父亲求来那穷乡僻壤方圆二十里内唯一的一位瘸腿郎中问诊，郎中一看，神色严峻地说："我无力回天。"

奶奶一听，"哇"地大哭起来。自爷爷那辈起，蔡家就是一脉单传，我是父母的第一个儿子，怎么能接受瘸腿郎中的这个宣判？

迎着初冬凛冽的寒风，拉纤的父亲拼尽力气，一夜奔过80里水路，把母亲怀中气若游丝的我拉到了运河边的常州市卜弋桥医院。一检查，不过是急性扁桃腺炎。一瓶青霉素输入，我重获新生。

自父亲拉着我离开家，我的奶奶就搬出一张凳子坐到河边，不吃不喝，向着我们离去的地方眺望着，等着她的孙子归来。

第四天傍晚，当我的父亲弓腰拉纤的影子淡淡地映现在运河岸边，映进奶奶眼帘的那一瞬，奶奶立马从凳子上弹了起来，像头受惊的老牛，向运河那端急蹿过去，边跑边喊："孙儿！我的孙儿呢？"当她得到她的孙儿平安归来的回答时，收住了奔跑的脚步，看着渐渐拢过来的船，使了使劲，躬身向小船跳去。船离岸尚远，奶奶掉在了运河里……

这是运河给我的第一个印象——给予生命。

运河北端乍暖还寒，运河南端早已春情融融、麦节声声。春来运河桃花水，鱼儿的隐情也就被触动了。它们欢跃地浮上日渐温暖的水面，开始了交尾。江南运河人将之称为"啸子"。"鱼爱"在一刻之间萌发，呼啸而起，呼啸而来，非"啸"不能摹其状、传其神。乡人用字精准，一个"啸"字，把大胆袒露的敞朗和急不可待的疯狂生动托出。

雌性鲤鱼性起，跃动，蹿出水面，"轰嗵"一声划破或黄昏或清晨的宁静。伴随着这爱的跃动，雌性鲤鱼旋即浑身溢满香气。这香气出自性腺，现代高科技的香精都不及其万一。这也是故乡人昵称雌性鲤鱼"香婆子"的缘故。在"香婆子"香气的刺激下，周围的雄性鲤鱼像短跑运动员听到发令枪响，立时飞箭般追逐开来，飞游、蹿跳、咬尾、翻滚……运河里的浪花团团簇簇，一片喧哗。在水草里蹿游的雌性鲤鱼产下鱼卵，尾随其后的雄性鲤鱼一边排放鱼精一边频频扇尾，鱼卵与鱼精结合了，无数小鲤鱼就在这翻卷着的水花中孕育出来。

在这个季节里，少年的我手持鱼罩走在河岸上，专捉啸子鱼。它们身子笨重，又爱得迷迷糊糊、呆呆傻傻，很容易被罩住。下罩时，雄性鱼灵活，一闪，躲脱。原以为它们会逃之夭夭，然而不是，最初的一闪是本能，它们很快又折回来，围着鱼罩打转，接着用嘴拼命地啄着罩墙，拼命地往里钻、向里撬，钻脱了皮、撬出了血也绝不离开。它们是与罩中的雌性鲤鱼心连心啊，决绝地要同生死、共命运。斯情斯景，撼魄摇魂。

这是大运河给我的第二个印象——生长爱情。

长到十一二岁时，尚未发育健全的我和村上的男劳力一起拉船去常州，将城市里的粪便拉回来肥田。载重十几吨的船，就靠五六个人轮换着拉，那份沉重，没有经历过的人是无法想象的。热辣的太阳晒得上半身由白变红，由红变紫，由紫变焦。一船大粪，往返三天，200 里水路，返回到家时，脚筋像是断了般的疼痛。脚后跟先是疯起一串血泡，继而破裂出血，接着就是溃烂；两肩和胸背全部都被纤绳勒破了，鲜红的肉往外翻着，很快感染化脓。伴着高烧，经受炼狱般的磨难整整 20 天，换下来的带血带脓的纱布饱蘸着亲人心痛的泪水，装满了一箩筐。伤口慢慢结痂，然而，少年原本光洁如玉的两肩和胸背上留下了永不会消失的隐隐伤痕。

这是运河给我的第三个印象——流动苦难。

高中毕业之后，我进了一家做汽车灯罩的社办企业做销售，有机会沿门前的运河走出更远。

第一次来到运河边的名城无锡时正是傍晚。"宫柳犹遮旧女墙，角声孤起送斜阳。英雄百战成廖落，吴楚平分自渺茫。寒雁带愁离塞远，暮江流恨入云长。今古天地谁非客，何用登临独感伤。"（浦源：《西城远眺》）运河里的西垂夕阳，运河边城墙上的点点晚霞，它们悄然牵手，向我铺陈着悠久的历史、通俗的哲学和壮美的生命意义。

一夜过去。清晨，当我被运河的水浪摇醒，走出幽暗的船舱，站立船头，立即被眼前的情景惊呆了：太阳沿宽阔的运河滚滚而来，直扑胸怀！那份辉煌眩目惊心，那份壮美慑魂动魄！

这是运河给我的第四个印象——蓄满辉煌。

这些印象随着时间渐沉渐潜至记忆的潭底。这深潭平素波澜不惊，倒映着蓝天星空，闪闪烁烁，一旦有感应的石子投来，瞬间波腾浪叠，翻涌不已，靡丽绚烂。本书的写作就是向深潭投进的感应石子，深度唤醒了我亲历的运河记忆，让我遥思绵绵，让我渴望奋力掰开小小一滴水，领略运河的大开大阖，倾听运河的大喜大悲。

公元前 1122 年，周王室长子太伯在无锡梅里率土著人掘起第一筐土，开启了中国的运河时代。这是了不起的开端，由大禹被动治水走向了主动开凿，潜含着盘古开天辟地、女娲补天、精卫填海、羿射九日等创世神话的精蕴，书写出中华民族自觉改天换地的最新乐章。我们这个民族从此开始摆脱自然，抓住自身命运的缰绳，重新安排河山，重新排列人在自然中的位置，开创属于人的自然的崭新纪元。87 里长的太伯渎永传绁缧，书写的是梅里文明的序言。梅里文明的晨曦美丽着中国的历史天空。

之后，云梦通渠、胥渎、胥浦、百尺渎、邗沟、荷水、鸿沟、郑国渠、灵渠等运河如焰火，在春秋战国的天空中肆意绽放。无疑，这时的大运河是战神的翅膀，伴随着战争飞翔，装满王者的意志、王者的雄心，激荡着王者的理想流向远方。

司马迁青春的脚步走遍了他那个时代所能够抵达的地方。一次次穿越奔腾在大地上的运河不可能不进入他雄阔的视野。

这是伟大的中国运河与伟大的历史学家的目光第一次相遇，两边都蕴含着一种不可言喻的澎湃。任何智者将目光投向大运河时都会振奋，何况是司马迁的目光；只要是司马迁的目光，任何图景都会变得深远辽阔，何况是中国运河。

司马迁用无垠的空间来捕捉邈远的时间，"夏书曰：禹抑洪水十三年，过家不入门"就成了《史记·河渠书》最恰当的起点，自然之"河"与人工之"渠"（运河）交织，微缩成纹理，在司马迁的竹简上肆意流淌。

司马迁对河渠不是作静态的描述，而是满怀热情，浓墨重彩地描绘河道的疏浚、开凿、治理之过程，阐述人们变水害为水利的伟大实践。水由此变得人文起来，激荡起来，一路奔流，流成中华文明史的壮美篇章。

公元前90年的中国运河属于司马迁，我们不能做任何补充。后司马迁时代的中国运河更壮阔、更磅礴、更多彩。从东汉的阳渠到曹魏"十二河"，是春秋战国的血脉，同时也流动着《史记》灌注的精神。即使处在苦难中，也不放弃流动、沟通、融合，冲刷苦难，凝聚统一的力量。

统一的力量凝聚起四分五裂的大地，大一统的隋王朝强劲诞生，它随之开拓了此前中国历史最大的版图。辽阔的版图若是没有大运河的纵横洗礼，实在是一种从物质到精神的双重贫困。这是一个需要大运河也诞生了大运河的时代。隋炀帝将此前中国的全部运河统统置于皇土之上，仍嫌不足，再以王者的意志、伟力，不断开凿，用六年时间挖掘出由海河流域到黄河流域的永济渠、黄淮之间的通济渠、淮河与长江之间的山阳渎、京口至余杭之间的江南运河，将江淮地区、中原地区和河北平原紧密地联系起来，也就是将中国南

尾
声

部财富之区、中部文化昌炽之区和华北战略重地紧密地联系在一起，形成了一个以洛阳为中心，西通关中盆地，北抵河北大地，南至太湖流域，全长5000里的庞大运河系统，将中国运河推向史无前例的辉煌高峰。

王者以统治者的名义实行的强权措施往往在客观上推动着历史的大步前进。文明是要付出代价的，有时，这样的代价巨大到令现实中人倒吸一口冷气。文明的分娩伴随的是泪水和血腥。隋炀帝的五千里长河就有这样的味道。

隋炀帝从土里掘出了潜藏的民族繁华、昌盛的地气和宝藏，留给了大唐王朝。大唐气象由五千里大运河的水气凝结，激越浩荡，云蒸霞蔚。盛唐之盛，盛在运河；大唐之大，大在运河。站在盛唐中心的，不是帝王，不是贵妃，不是文武大臣，而是长安望春楼下自隋流来的大运河。凭望春楼栏，向隋运河深深一拜！

宋王朝的运河流淌在《清明上河图》上。画作标题透露出的是不祥的消息。无论做怎样的解读，清明就是清明。"清明"的含义自晋文公开始已经确定了千年。张择端在这一天上河，当然是祭祀，祭奠汴河。汴河配得上隆重的仪典。于是，他用精致的工笔绘尽其繁华，蔚为大观，终成绝唱，为运河未知的命运壮行，也祭祀大宋，凭吊一个王朝的末日。绢本，淡设色，无论怎样的鎏金毓璜都是余光斜晖、如血残阳。

运河经隋唐，穿过大宋的清明，流进了少数民族建立的元朝。这个全国政权最少保守思想，以汉人想都不敢想的魄力，将国都牢牢地铆定在黄河流域之外的燕山南麓，再以逆天的伟力，开山劈道，破岗袭陇，历经36年，顽强的意志、百折不饶的精神终于化作了自大都直线通达杭州的伟大运河，将中国历史运河的优秀传统、中国历史运河的厚重文化、中国历史运河的精神魂魄浓缩进1789公里的河流里，奔腾不息。

京杭大运河比巴拿马运河（81公里）、基尔运河（98公里）、苏伊士运河（161公里）、莱茵河－多瑙河运河（171公里）、南运河（380公里）、伊利运河（581公里）全部加在一起还要长，比有"运河之王"之称的土库曼运河长400多公里，是世界运河之冠，无愧于大运河的这"大"字。因了这个"大"，它惊天地，动魂魄，泣鬼神，振古烁今。

京杭大运河流经北京、天津、河北、山东、江苏、浙江四省二市，将在大地上生活了亿万年却不能牵手的长江、黄河、淮河、海河、钱塘江连接沟通了起来，使长江得以携带雪山的风采、惊涛的气概，携带流经的十多个省份不同音调的歌赋、故事、风俗及习惯，汇入运河；使黄河得以带着睿智无比的老子诠释宇宙万物演变的《道德经》及其"道法自然"的真谛，带着枕石梦蝶的庄子灿若云锦、汪洋恣肆的《逍遥游》，带着它的天籁地音，带着伟大先哲孔子著就"治邦安国平天下"的《论语》，带着它的"礼"与"和谐"的理想，带着思想的大儒孟子和它的"民贵君轻"的民本观念，汇入运河；使海河、淮河、钱塘江得以带着各自的豪情、各自的风骨、各自的性格汇入运河。五大水系的文化云气在这里际会融合。大运河凝聚起日月精华，凝聚起天地灵气，凝聚起东方文明，流进民族的心灵深处；大运河，峡谷影蜿蜒，潜形阅古今，以世间绝无仅有的肚量，从容潇洒地吞吐五大水系，横向流淌北方的大野南国的沃土，纵向创造中华文明，雕刻中国人的性格，以一泻五千里的豪迈，开启中华民族奋袂而起的激情闸门……

在自然界，我们不可能见到"十字"交叉的河流。水往低处流，一条河不可能穿过另一条河流淌，大运河却与五大水系发生了5次"十字"交叉，这是大运河在技术上的伟大之处。它是靠闸做到的。船闸调节了高高低低的水系。这是大运河与自然河流迥然不同的地方。这是大运河不同凡响的地方。大运河的开凿是古代劳动人民利用水的伟大创举，是历代水利专家和千百万劳动人民血汗的结晶。它以上苍的杰作、生命的奇观的身份成为世界自然遗产中最瑰丽的花朵。

京杭大运河穿越暖温带、半湿润季风气候带和亚热带湿润季风气候带，一水串起棕色森林土、褐色土、棕色荒漠土和红壤、黄壤、黄褐土，一河捧起苹果、梨、葡萄的丰盛和亚热带季雨林、季风常绿阔叶林、混生常绿落叶林的奇丽，以自己漫长的线条，连接起多样性的气候、多样性的温度，酿造出两岸一步一风景的神奇。

京杭大运河是沟通华夏南北的大动脉，是一个集通航、灌溉、防洪、排涝于一身的伟大工程。它的开凿成功直接造就了中国古代社会交通的便利、经济的繁荣、文化的昌盛。美国地理学家施坚雅在深入而慎密的研究基础上完成的《中华帝国晚期的城市》一书中告诉我们："与大运河有直接水系联系的地区的发展水平明显高于没有水系联系、支撑的地区。"大运河流域再没有闭塞僻壤，它以它极强的通气性、渗透性和吸附性，滋润所有的田野、村庄、城镇、市衢。凡水珠溅及的地方，一年一年地涌动着辽远温馨的波浪，田塍，炊烟，节日，五谷，漫漫水声深处，希望静静升起，弥散自身光芒，将无声的岁月敲响。

京杭大运河把"天人合一"的哲学思想直观地书写在锦绣大地上。

以自然之子的身份，将自己的生命自觉地交付给自然，在漫长岁月的流淌中成为自然不可分割的组成部分，最后融为一体。大运河受自然的营养，也营养着自然，在一种相濡以沫的神奇循环中优化着环境、美化着环境，唤来自然多样化的快乐呈现。

在自然历史和人类历史的进程中，在世界东方古老的华夏大地，唯有同属人工工程的万里长城勉强可以与大运河相比拟。如果说长城是中华民族挺立的脊梁，那么，大运河则是奔涌在民族胸膛上的一脉血管；如果说长城是以魁梧的身躯阻挡外力入侵以保家卫国的父亲，那么，大运河则是位有着水的柔情的勤劳质朴的母亲；如果说长城是一个健美壮实的勇士，护佑着它的子民，那么，大运河则是一位风姿绰约的少妇，用甘甜的乳汁，毫不吝啬地喂养着怀中儿女。长城和运河，一个凸起，一个凹陷，一雄一雌，一刚一柔，一阴一阳，成为民族情感和智慧、韧性和意志的象征。

大运河比万里长城更加伟大，更加可歌可泣。如果说筑长城是为了设置难以逾越的障碍，是为了隔绝和封闭，虽是积极防御，但基调是阻挡。大运河则全然不同，它的诞生是为了尽可能的沟通和交流，是为了最大限度的贯通和融合。无论开挖者有怎样的初衷，一旦凿成，它就再不受初掘者动机的支配和束缚，客观上释放着促进统一的威力，显示着中华文化中积极进取、追求融合的宝贵质地。作为古代最浩大的军事工程，建造长城的意义早已不复存在。意义的丧失也就是价值的丧失，长城在这种丧失中仅剩观赏性。大运河不是这样。大运河自诞生那天起所具有的全部意义，不但一点都没有丧失，还随着时间的日益积累而日益丰富、日益多彩。它如一根生命的长藤，连缀起一座接一座的城镇集市，以水的浪漫和激情，激荡中华民族的勇敢和智慧。它接纳百川，包容天雨，广收水源，改善水质，长藤串湖，调蓄并举，川流不息，滋润大地，养育苍生。任凭沧桑变幻、斗转星移，它贯穿南北，横亘古今，依然年轻。三千年运河史和三千年运河文化精神史就浓缩在依然畅通、容光焕发、生机勃勃的1300里水道中，厚重沉雄，任你解读，任你品味，任你吸取。

有了大运河，就有了军事的、政治的、经济的、文化的载体，就有了大地的通经活络。大运河是历史赠给这片土地的一幕威武雄壮的话剧，上演着沿岸的千古传奇。大运河在履行自己的神圣使命的伟大历程中不断演化，演化成了偌大的文化符号，演化成了一条精神的大河，每朵翻飞的浪花上都闪烁着敢为天下先的精神灵光；茂盛的青枝绿叶间结满人文景观与自然景观的累累硕果，泛着诱人的光泽：城有北京、沧州、聊城、济宁、扬州、常州、无锡、苏州、嘉兴、杭州，物有陶瓷、丝绸、茶叶、园林，桥有万福、清明、宝带、广济、拱宸，书有三国、水浒、西游、红楼、三言二拍，音乐有二泉映月、评弹、昆曲、越剧。至于运河两岸诞生的名人，无法尽数。大运河伴随历史一路豪歌，永恒为雄视百代的人间奇迹，永恒为傲视千秋的文化奇观，凝结在华夏历史与传统文明的骨髓中，流动在东方文明的血脉里。

可以设想没有长城的崇山峻岭的样子，但不能设想没有与世作甘霖的大运河的土地是个什么样子。沿岸还会有这么多的明星城镇吗？经济还能这么繁荣吗？文化还能这么多姿吗？如果说长城是一曲曾经嘹亮在峻岭间的战歌，那么，大运河则是一首摇篮曲，一首传唱不息、流播在大地上的民族史诗。

在内外部原因的双重影响下，江汉运河、鸿沟、郑国渠、广通渠，阳渠、通济渠、永济渠、京杭大运河北方段的生命历程有的已经终结，有的正在终结，成为文化遗址遗产。然而，即便干涸了，运河古道上的人们对大运河的情感没有消退，人们对它的怀想不会消退。无论是清澈还是浑浊，无论是浩瀚还是简约，它终究是我们历史的一个巨大存在，在人们心里都是永生的精灵；无论还剩下多少里航程，在人们心里都是一股奔腾不息的血脉。大运河就是真的完全死了，它也是大地上一袭无可比拟的龙骨，没有什么可以与它同腐朽；大运河就是真的彻底干涸了，在它当年的河床下面，一定存留着我们这个民族不竭的心泉：给予生命，生长爱情，蓄满辉煌！

2018 年 6 月 22 日

于北京仁心堂

尾
声

主要参考书目

01. 〔清〕孙星衍：《尚书今古文注疏》，中华书局，1986 年。

02. 〔汉〕司马迁：《史记》，中华书局，1959 年。

03. 〔汉〕赵晔：《吴越春秋》，江苏古籍出版社，1986 年。

04. 周振甫：《诗经译注》，中华书局，2002 年。

05. 〔清〕阮元校刻：《十三经注疏》，中华书局，1985 年。

06. 〔清〕彭定求等编：《全唐诗》，中华书局，1999 年。

07. 〔春秋〕孙武：《孙子兵法》，解放军出版社，1998 年。

08. 汤炳正等校注：《楚辞今注》，上海古籍出版社，1996 年。

09. 刘利、纪凌云译注：《左传》，中华书局，2007 年。

10. 王范之选注：《吕氏春秋选注》，中华书局，1981 年。

11. 〔战国〕韩非子：《韩非子》，山西古籍出版社，2003 年。

12. 《昌黎集》，商务印书馆，1933 年。

13. 〔唐〕韩愈：《水经注校正》，中华书局，2007 年。

14. 〔汉〕刘向集录：《战国策》，上海古籍出版社，1978 年。

15. 徐元诰撰、王树民等点校：《国语集解》，中华书局，2002 年。

16. 顾馨、徐明校点：《春秋左传》，辽宁教育出版社，1997 年。

17. 《越绝书》，商务印书馆，1956 年。

18. 〔宋〕王溥：《唐会要》：中华书局，1955 年。

19. 〔清〕徐松：《宋会要辑稿》，中华书局，1957 年。

20. 〔唐〕郑綮：《开天传信记》，上海天宝书局，1911 年。

21. 〔宋〕司马光：《资治通鉴》，中华书局，1956 年。

22. 赵尔巽等：《清史稿》，中华书局，1977 年。

23. 冯克诚、田晓娜：《中国通史全编》，青海人民出版社，1998 年。

24. 〔清〕贺长龄辑：《皇朝经世文编》，艺芸书局藏版。

25. 西北师范学院地理系：《中国自然地理图集》，地图出版社，1984 年。

26. 〔南朝〕萧子显：《南齐书》，中华书局，1996 年。

27. 〔南朝〕范晔：《后汉书》，中华书局，2000 年。

28. 〔唐〕李延寿：《北史》，中华书局，1974 年。

29. 〔唐〕房玄龄：《晋书》，中华书局，1996 年。

30. 〔唐〕姚思廉：《陈书》，中华书局，1972 年。

31. 〔唐〕李延寿：《南史》，中华书局，1975 年。

32. 〔唐〕魏征：《隋书》，中华书局，1997 年。

33. 〔唐〕令狐德棻：《周书》，中华书局，1971 年。

34. 〔宋〕薛居正：《旧五代史》，中华书局，1976 年。

35. 〔宋〕欧阳修《新五代史》，中华书局，1974 年。

36. 〔宋〕陶岳：《五代史补》，中华书局，1985 年。

37. 〔元〕脱脱：《金史》，中华书局，1975 年。

38. 〔宋〕宋敏求：《唐大诏令集》，商务印书馆，1959 年。

39. 何汝泉《唐代转运使初探》，西南师范大学出版社，1987 年。

40. 〔明〕李濂：《汴京遗迹志》，中华书局，1999 年。

41. 〔清〕朱彭：《南宋古迹考》，浙江人民出版社，1983 年。

42. 郭正忠：《宋代盐业经济史》，人民出版社，1990 年。

43. 傅宗文：《宋代草市镇研究》，福建人民出版社，1989 年。

44. 沈怡、赵世暹、郑道隆：《黄河年表》，国民政府军事委员会，1935 年。

45. 王钟翰：《清史列传》，中华书局，1987 年。

46. 〔英〕崔瑞德、鲁惟一编：《剑桥中国秦汉史》，中国社会科学出版社，1992 年。

47. 〔英〕崔瑞德编：《剑桥中国隋唐史》，中国社会科学出版社，1990 年。

48. 〔英〕崔瑞德、[美]牟复礼编：《剑桥中国明代史》，中国社会科学出版社，1992 年。

49. 〔美〕费正清、刘广京编：《剑桥中国晚清史》，中国社会科学出版社，1993 年。

50. 范文澜、蔡美彪：《中国通史》（1—10 册），人民出版社，1994 年。

51. 胡云冀选注：《宋词选》，中华书局，1962 年。

52. 〔明〕王琼：《漕河图志》，上海古籍出版社，1995 年。

53. 〔明〕万恭：《治水筌蹄》，水利电力出版社，1985 年。

54. 〔明〕潘季驯：《河防一览》，台湾学生书局，1965 年。

55. 〔清〕靳辅：《治河方略》，海南出版社，2001 年。

56. 傅泽洪辑录：《行水金鉴》，《文津阁四库全书》第一九三册，商务印书馆，
    2005 年。

57. 黎世序等纂修：《续行水金鉴》，商务印书馆，1937 年。

58. 中国水利水电科学研究院水利史研究室编校：《再续行水金鉴》，湖北人
    民出版社，2004 年。

59. 姚汉源：《中国水利史纲要》，水利电力出版社，1987 年。

60. 郑肇经：《中国水利史》，商务印书馆，1939 年。

61. 钮茂生：《中国的水》，河海大学出版社，1996 年。

62. 张含英：《历代治河方略探讨》，水利电力出版社，1982 年。

63. 张含英：《明清治河概论》，水利电力出版社，1986 年。

64. 唐兆民：《灵渠文献粹编》，中华书局，1982 年。

65. 《太湖水利史稿》编写组：《太湖水利史稿》，河海大学出版社，1993 年。

66. 邓拓：《中国救荒史》，北京出版社，1986 年。

67. 席龙飞：《中国造船史》，湖北教育出版社，2000 年。

68. 史念海：《河山集》，三联书店，1963 年。

69. 史念海：《河山集二集》，生活·读书·新知三联书店，1981 年。

70. 胡欣编著：《中国经济地理（第五版）》，立信会计出版社，2005 年。

71. 邹逸麟主编：《黄淮海平原历史地理》，安徽教育出版社，1993 年。

72. 王文轩编著：《中国历代水利名人传略》，贵州科技出版社，1993 年。

73. 〔意大利〕马可·波罗：《马可·波罗游记》，梁生智译，中国文史出版社，
    1998 年。

74. 〔意大利〕利玛窦：《利玛窦中国札记》，何高济等译，中华书局，1983 年。

75. 〔宋〕沈括：《梦溪笔谈》，中央民族大学出版社，2002 年。

76. 罗振玉影印：《鸣沙石室佚书正续编》，北京图书馆出版社，2004 年。

77. 林庚：《中国文学简史》，北京大学出版社，1995 年。

78. 周一良：《魏晋南北朝史论集》，中华书局，1963 年。

79. 董楚平：《吴越文化新探》，浙江人民出版社，1988 年。

80. 陆侃如、冯沅君：《中国诗史》，山东大学出版社，1996 年。

81. 冯天瑜等：《中华文化史》，上海人民出版社，1990 年。

82. 郑师渠总主编：《中国文化通史》，中共中央党校出版社，2000 年。

83. 史善刚：《河洛文化论纲》，河南人民出版社，1994 年。

84. 周宝珠：《〈清明上河图〉与清明上河学》，河南大学出版社，1997 年。

除上列诸书、文中注释外，本书还参考了大量地方志和沿运河省市县区编撰的运河史料，限于篇幅，恕未逐一列出。

图书在版编目（CIP）数据

天下在河上：中国运河史传 / 蔡桂林著 . -- 上海：
华东师范大学出版社，2019
（中外著名江河史传丛书）
ISBN 978-7-5675-8820-2

Ⅰ. ①天… Ⅱ. ①蔡… Ⅲ. ①运河－历史－中国
Ⅳ. ① K928.42
中国版本图书馆 CIP 数据核字 (2019) 第 034509 号

中外著名江河史传丛书
天下在河上——中国运河史传

著　　者　蔡桂林
策划编辑　王　焰　张俊玲
项目编辑　黄诗韵
审读编辑　周　佳
责任校对　邱红穗
装帧设计　高　山　陈燕静　张晶灵

出版发行　华东师范大学出版社
社　　址　上海市中山北路 3663 号　邮编 200062
网　　址　www.ecnupress.com.cn
电　　话　021-60821666　行政传真　021-62572105
客服电话　021-62865537　门市（邮购）电话　021-62869887
地　　址　上海市中山北路 3663 号华东师范大学校内先锋路口
网　　店　http://hdsdcbs.tmall.com

印 刷 者　上海昌鑫龙印务有限公司
开　　本　787×1092　16 开
印　　张　22.5
字　　数　231 千字
版　　次　2019 年 4 月第 1 版
印　　次　2019 年 4 月第 1 次
书　　号　ISBN 978-7-5675-8820-2/K・526
定　　价　78.00 元

出 版 人　王　焰